# GARZANTI
GUIDE LINGUISTICHE

# *Verbi* italiano

Marina Stoppelli

GARZANTI
LINGUISTICA

www.garzantilinguistica.it



Finito di stampare nel mese di settembre 2013 L.E.G.O. S.p.A. - Stabilimento di Lavis (TN)

| Ristampa | Anno |
|---|---|
| 3 4 | 2013 2014 |

I *Verbi di Italiano* sono stati concepiti come uno strumento di consultazione, destinato a quanti, italiani o stranieri, vogliano orientarsi con sicurezza fra i verbi italiani e risolvere rapidamente dubbi di coniugazione, di grafia o d'uso.

Il volume si compone di tre parti, consultabili autonomamente ma allo stesso tempo strettamente correlate:

- Un'essenziale grammatica del verbo, dove si delineano brevemente e con chiarezza i fenomeni fondamentali che interessano la coniugazione verbale, l'uso dei modi e dei tempi, le regole e le consuetudini d'uso.
- 104 tavole di coniugazione: i verbi ausiliari, la coniugazione riflessiva e passiva, i verbi modello delle tre coniugazioni (amare tav. 5, temere tav. 18, sentire tav. 94) seguiti dai verbi irregolari di ciascun gruppo. Le tavole dalla 6 alla 17 sono rappresentative delle "famiglie" di verbi della prima coniugazione che presentano comuni particolarità d'accento, grafiche o fonetiche. Le tavole dalla 19 alla 93 riguardano invece i verbi irregolari della seconda coniugazione. Ai verbi della terza coniugazione sono dedicate le tavole dalla 94 alla 103. Tutte le tavole sono commentate; le particolarità o le irregolarità di ciascun verbo sono dunque trattate in modo esauriente.
- L'indice dei verbi, che raccoglie più di 7600 verbi della lingua italiana in ordine alfabetico. Per ciascun verbo si rimanda alla tavola di coniugazione di riferimento, si indica se sia transitivo, intransitivo o pronominale, si danno informazioni sull'ausiliare; i verbi difettivi sono presenti in elenco ma privi di rimando alle tavole, poiché il rinvio è alla sezione a essi specificamente dedicata.

Nel consultare il volume si ricordi che l'accento tonico viene indicato solo nei casi in cui non cada sulla penultima sillaba: in altre parole l'accento grafico è segnato solo sulle parole sdrucciole e bisdrucciole. La vocale accentata è evidenziata in corsivo. Nelle tavole di coniugazione le forme con particolarità o irregolarità rispetto al verbo modello sono evidenziate in blu; nel caso in cui tutte le forme di un tempo presentino la stessa particolarità, viene evidenziata in blu solo la prima.

## SOMMARIO

# GRAMMATICA DEL VERBO

## GRAMMATICA DEL VERBO

Il verbo è l'elemento della frase che descrive l'azione compiuta dal soggetto, il suo modo di essere o lo stato in cui esso si trova.

## Le forme verbali

Le forme verbali sono costituite da due parti: la radice e la desinenza.

La radice è generalmente invariabile (fatta eccezione per alcuni verbi irregolari), e serve a esprimere il significato del verbo.

Nei verbi regolari la radice si ottiene togliendo dall'infinito le desinenze *-are -ere* o *-ire*:

| | | |
|---|---|---|
| *am -are* | *tem -ere* | *fin -ire* |

La desinenza è invece la parte terminale e variabile del verbo, e trasmette numerose informazioni sullo stato del soggetto, sul tempo in cui si svolge l'azione e sul modo in cui essa è svolta o subita (dal soggetto). Per i prospetti delle desinenze delle tre coniugazioni si veda a pp. 30, 33, 35.

L'insieme di tutte le forme verbali – determinate dalla combinazione di radice e desinenza – si definisce coniugazione.

## La persona

La persona identifica il soggetto, che compie o subisce l'azione, sia esso chi parla (prima persona), chi ascolta (seconda persona) oppure qualcuno o qualcosa di cui si parla (terza persona).

Le persone del verbo sono sei:

| | singolare | plurale |
|---|---|---|
| I | io | noi |
| II | tu | voi |
| III | egli - ella - esso - essa - lui - lei | essi - esse - loro |

Nell'uso contemporaneo, i pronomi *lui*, *lei* e *loro* hanno sostituito i pronomi *egli*, *ella*, *esso*, *essa*, *essi*, sempre più spesso anche nella lingua scritta.

Le informazioni sulla persona sono espresse dalla desinenza (*am-o*: io, I singolare; *am-ate*: voi: II plurale). Per questa ragione, in italiano non è obbligatorio esplicitare il soggetto della frase e si parla allora di soggetto sottinteso.

La seconda persona singolare e plurale, tu e voi, si usa per rivolgersi a qualcuno con cui si è in rapporto di familiarità oppure ai bambini.

Il pronome lei si usa invece per rivolgersi a una persona, sia di sesso femminile sia maschile, con la quale non si è in rapporto di familiarità o verso la quale si intende esprimere deferenza. Questo uso del pronome, che si accompagna a un verbo coniugato alla terza persona singolare, è definito di cortesia.

*Giorgio, tu vieni?* *Signor Rossi, lei verrà?*

## L'accordo soggetto-verbo

I verbi italiani si accordano con il soggetto nella persona (I, II, III; *io*, *tu*, *lui*, *lei*, *noi*, *voi*, *loro*) e nel numero (singolare o plurale): *io parto*; *tu resti*; *Sofia torna*; *i gatti miagolano*.

Quando un verbo si riferisce a più soggetti• l'accordo avviene secondo le regole seguenti:

- se uno dei soggetti è di I persona, il verbo si coniuga sempre alla I persona plurale: *io e te camminiamo*; *io e Luca siamo andati*; *io, mio fratello e i miei genitori viviamo a Roma*;
- se i soggetti sono di II e III persona singolare o plurale, il verbo va sempre alla II persona plurale: *tu e lei sedetevi lì*; *tu e i tuoi amici tornerete a pranzo?*; *voi e loro potreste fermarvi*;
- se i soggetti sono tutti di III persona singolare o plurale, il verbo si accorda in tutti i casi alla III persona plurale: *Lino e Pino sono fratelli*; *Gino e i suoi amici tornano dopo*;
- se il soggetto è un nome collettivo (nome di numero singolare che tuttavia indica una molteplicità di cose o persone, come *stormo*, *branco*, *gruppo*, *maggioranza* ecc.), il verbo può essere accordato al plurale (costruzione a senso), anche se è comunque preferibile l'accordo grammaticale al singolare:

*un branco di bisonti pascolavano tranquilli*
meglio:
*un branco di bisonti pascolava tranquillo*

*la maggioranza dei votanti sono contrari*
meglio:
*la maggioranza dei votanti è contraria*

• Attenzione a non confondere più soggetti (*tu e i tuoi amici*) con un soggetto singolare seguito da un complemento di compagnia (*tu insieme con i tuoi amici*); in quest'ultimo caso il verbo va al singolare: *tu insieme con i tuoi amici fai troppa confusione*; *tu e i tuoi amici fate troppa confusione*.

## Il modo

La desinenza contiene anche informazioni sull'atteggiamento di chi parla rispetto all'azione descritta o al modo di essere del soggetto:

- certezza e obiettività: indicativo (*io am-o*);
- desiderio, timore, supposizione: congiuntivo (*io am-i*);
- possibilità o condizionamento: condizionale (*io amerei*): *se potessi, andrei volentieri al mare*;
- comando, esortazione: imperativo (*am-a!*).

Indicativo, congiuntivo, condizionale e imperativo sono modi finiti, che cioè definiscono la persona che compie l'azione.

A essi si aggiungono i tre modi indefiniti, che cioè non definiscono la persona che compie l'azione:

- participio (*amante – amato*);
- infinito (*amare – avere amato*);
- gerundio (*amando – avendo amato*).

## Il tempo

L'ultima, fondamentale, dimensione espressa dal verbo è quella temporale, cioè il tempo in cui si svolge l'azione rispetto al momento in cui si parla:

- presente (*io amo*);
- passato (*io amavo*);
- futuro (*io amerò*).

Per ciascuna di queste dimensioni esistono vari tempi verbali (p. es. per il passato, l'imperfetto, il passato prossimo, il passato remoto, il trapassato remoto dell'indicativo) che possono essere:

- semplici, cioè formati da una sola parola (*amavo*);
- composti, cioè formati da più parole, con l'ausilio del verbo *essere* o del verbo *avere* (*ho amato*; *sono caduto*).

Riassumendo, la coniugazione del verbo è costituita dall'insieme dei seguenti modi e tempi:

| | **MODI FINITI** | | | | | | | |
|---|---|---|---|---|---|---|---|---|
| | **indicativo** | | **congiuntivo** | | **condizionale** | | **imperativo** | |
| | **tempi semplici** | **tempi composti** | **tempi semplici** | **tempi composti** | **tempi semplici** | **tempi composti** | **tempi semplici** | **tempi composti** |
| **sente** | presente | | presente | | presente | | presente | |
| **ssato** | | passato prossimo | | passato | | passato | | |
| | imperfetto | trapassato prossimo | imperfetto | trapassato | | | | |
| | passato remoto | trapassato remoto | | | | | | |
| **uro** | futuro semplice | futuro anteriore | | | | | | |

| | **MODI INDEFINITI** | | | | | |
|---|---|---|---|---|---|---|
| | **infinito** | | **participio** | | **gerundio** | |
| | **tempi semplici** | **tempi composti** | **tempi semplici** | **tempi composti** | **tempi semplici** | **tempi composti** |
| **sente** | presente | | presente | | presente | |
| **ssato** | | passato | | passato | | passato |

## Transitivi e intransitivi

Secondo un fondamentale criterio di classificazione i verbi si distinguono in: transitivi e intransitivi.

I verbi transitivi sono seguiti da un complemento oggetto, sul quale "ricade" l'azione compiuta dal soggetto:

*io mangio la mela.*

I verbi transitivi possono essere usati anche senza complemento oggetto: *Luigi mangia, Simone guarda, Chiara aspetta.* In questo caso si dice che sono usati in forma assoluta.

I verbi intransitivi non possono essere seguiti da un complemento oggetto:

*tu cammini, Giorgio corre.*

Alcuni verbi intransitivi possono reggere un complemento oggetto che ha una relazione strettissima di significato con il verbo stesso: *dormire sonni tranquilli, vivere la vita, piangere lacrime amare.* In questi casi, si parla di complemento oggetto interno.

Tutti i verbi transitivi formano i tempi composti con l'ausiliare *avere*•:

*io leggo un libro* *tu* hai *letto un libro.*

Alcuni verbi intransitivi formano i tempi composti con l'ausiliare *essere*, altri con *avere*:

*Fabio* ha *corso* *Luigi* è *arrivato*
*Emma* è *impallidita* *Anna* è *arrossita*

• I verbi *essere* e *avere* sono utilizzati, oltre che in senso proprio, anche per formare i tempi composti. In questo caso sono definiti ausiliari (da ausilio 'aiuto').

## Forma attiva e passiva

I verbi transitivi hanno forma attiva quando il soggetto della proposizione compie l'azione descritta dal verbo:

*Il bambino lancia un sasso*

*Il bambino* [soggetto]
*lancia* [azione compiuta dal soggetto]
*un sasso* [complemento oggetto].

I transitivi hanno forma passiva quando il soggetto subisce l'azione indicata dal verbo:

*Un sasso è lanciato dal bambino*

*Un sasso* [soggetto]
*è lanciato* [azione subita dal soggetto]
*dal bambino* [colui che compie l'azione:
complemento d'agente].

Il passivo si forma con la coniugazione dell'ausiliare essere, seguito dal participio passato del verbo:

| | |
|---|---|
| *il gatto insegue il topo* | *il topo è inseguito dal gatto* |
| *Giacomo amava Silvia* | *Silvia era amata da Giacomo* |
| *gli studenti apprenderanno la lezione* | *la lezione sarà appresa dagli studenti* |

La coniugazione completa di un verbo alla forma passiva si trova alla tav. 4.

Esistono, tuttavia, altri modi di costruire il passivo:

- con il verbo venire, in luogo di *essere*, + il participio passato: *il topo viene inseguito*;

- con il pronome personale si combinato con un verbo alla III persona singolare o plurale: *cose che si fanno* [che sono fatte]; *fatti che si sono considerati* [che sono stati considerati]; in questo caso, la forma del verbo è attiva, ma la costruzione e il senso sono passivi;
- con il verbo andare + il participio passato: *i documenti sono andati perduti* [sono stati perduti]; *una norma che non va trasgredita*: in questo caso la costruzione acquisisce anche il significato di "dovere" [una norma che non deve essere trasgredita];
- per esprimere la conclusione di un evento, di un'azione, con i verbi rimanere, restare + il participio passato: *due persone sono rimaste ferite*.

## Forma negativa

La forma negativa si costruisce:

- in linea generale, introducendo il non prima del verbo: *non sento*; *non ho capito*; *non verrà*;
- alla II persona singolare dell'imperativo, con non + infinito: *non parlare!*; *non muoverti!*

Nelle frasi con pronomi e aggettivi indefiniti negativi (*nessuno*, *nulla*, *niente*) la forma negativa si costruisce:

- con il non, se il pronome o l'aggettivo seguono il verbo: *non ho mangiato niente*; *non si è fatto vedere nessuno*;
- senza il non, se il pronome o l'aggettivo precedono il verbo: *nessuno si è fatto vedere*; *niente sarà fatto*.

## Forma interrogativa

La forma interrogativa viene espressa:

- con l'intonazione della voce nel parlato, e nello scritto con l'inserimento di un punto interrogativo alla fine della frase (costruita normalmente): *Pietro è arrivato? Simone mangia qui?*

- oltre a quanto detto sopra (intonazione e punto interrogativo), con un'inversione fra soggetto e verbo: *è arrivato Pietro? Mangia qui Simone?*

## I verbi pronominali

Si definiscono pronominali• i verbi le cui forme sono accompagnate da uno dei pronomi riflessivi mi, ti, si, ci, vi.

I pronominali si dividono in riflessivi e intransitivi pronominali.

I riflessivi sono verbi transitivi che esprimono un'azione che ricade sul soggetto: *Mario si lava*; *Luisa si veste*.

Se l'azione è compiuta da più soggetti e ricade reciprocamente su di essi abbiamo un verbo riflessivo reciproco: *Mario e Luisa si salutano*; *Ada e Ugo si odiano* [si = complemento oggetto].

Abbiamo invece un riflessivo apparente se l'azione compiuta dal soggetto non ricade direttamente su di lui, ma comunque va a suo vantaggio o lo riguarda: *Anna si sta lavando i capelli*; *Enzo si è tolto le scarpe* [si = complemento di termine].

• Nell'indice dei verbi italiani [p. 159] sono indicati con una P i verbi transitivi o intransitivi che possono avere anche forma pronominale: p. es. *abbattere*, *addormentare*, *annoiare*, che hanno anche le coniugazioni pronominali: *abbattersi*, *addormentarsi*, *annoiarsi*.

Gli intransitivi pronominali sono verbi intransitivi che si coniugano con le particelle pronominali senza che queste svolgano una reale funzione: *non ci arrendiamo mai*; *si vergogna di tutto*.

La coniugazione degli intransitivi pronominali è uguale a quella dei riflessivi [cfr. tav. 3]. Entrambe le categorie formano i tempi composti con l'ausiliare essere: *si sono salutati*; *non ci siamo arresi*.

Alcuni verbi transitivi – non riflessivi – si accompagnano alle particelle pronominali per rafforzarne il significato, per esprimere un'enfasi particolare: *ti sei bevuto due litri di birra!*; *si è fatto tutto il viaggio senza parlare*.

## I verbi impersonali

I verbi impersonali non hanno un soggetto determinato, si usano soltanto nei modi indefiniti e alla III persona singolare dei modi finiti.

I verbi impersonali si dividono in:

- verbi stabilmente impersonali, di solito non costruiti in altro modo; si tratta dei verbi che indicano fenomeni atmosferici: (*piovere*, *nevicare*, *far caldo*, *tuonare*); talvolta questi verbi, se usati in senso metaforico, ammettono anche la costruzione personale: *piovono pietre*; *grandinavano insulti*;
- verbi che ammettono sia il costrutto impersonale sia quello personale; si tratta di verbi che esprimono l'accadere di un fenomeno, una necessità, una convenienza, un'apparenza: *basta saperlo*; *occorre partire*; *sembra piacergli*.

In realtà, questi verbi hanno costruzione impersonale solo apparentemente: il soggetto è infatti definito dalla proposizione che segue: *saperlo* [soggetto] *basta*; *partire* [soggetto] *occorre*.

Si noti che qualsiasi verbo può essere costruito impersonalmente, premettendo la particella si alla III persona singolare:

| | |
|---|---|
| *alle riunioni parlano inglese* | *si parla inglese* |
| *mangiamo alle otto* | *si mangia alle otto* |

Tutti i verbi usati impersonalmente richiedono l'ausiliare essere (*è bastato conoscerlo*; *si è mangiato alle otto*).

I verbi che indicano fenomeni atmosferici ammettono sia l'ausiliare essere sia avere (*ha piovuto*; *è piovuto*).

## I verbi servili

I verbi servili (o modali) si costruiscono con un altro verbo al modo infinito per esprimere una particolare modalità con cui il soggetto svolge l'azione:

- è obbligato a compierla: dovere (*devo camminare*)
- ha la volontà di compierla: volere (*voglio camminare*)
- è nella possibilità di compierla: potere (*posso camminare*)

- ha l'abitudine di compierla: solere (*soglio camminare*)
- è capace di compierla: sapere (*so camminare*).

I verbi servili adottano nei tempi composti l'ausiliare del verbo al quale si accompagnano (*ho camminato*, *ho dovuto camminare*); questa norma è talvolta contraddetta nell'uso corrente (*ha corso, è dovuto correre, ha dovuto correre; è partito*, *è voluto partire*, *ha voluto partire*).

## I verbi fraseologici

I verbi fraseologici si impiegano in unione con un altro verbo di modo indefinito per esprimere:

- un'azione che sta per iniziare:

| | | |
|---|---|---|
| stare per | + infinito | *sta per partire* |
| essere sul punto di | + infinito | *è sul punto di piangere* |
| accingersi a | + infinito | *mi accingo a illustrare la questione* |

- un'azione che inizia:

| | | |
|---|---|---|
| cominciare a | + infinito | *comincia a piovere* |
| mettersi a | + infinito | *ora mi metto a studiare* |

- un'azione che si svolge:

| | | |
|---|---|---|
| stare | + gerundio | *sto arrivando* |
| andare | + gerundio | *va bussando di casa in casa* |

| | | |
|---|---|---|
| venire | } + gerundio | *ma cosa vieni dicendo?* |
| stare a | } + infinito | *sta a dormire* |

► un'azione che continua:

| | | |
|---|---|---|
| continuare a | + infinito | *continua a seguirmi* |
| seguitare a | | *seguito a frequentare le lezioni* |
| insistere a / nel | | *insiste a dire che lui non c'era* |
| ostinarsi a | | *si ostina a credere alle favole* |

► un'azione che si conclude:

| | | |
|---|---|---|
| finire di | + infinito | *finisci di mangiare!* |
| cessare di | | *ha cessato di piovere* |
| smettere di | | *non smetteva mai di piangere.* |

## I verbi difettivi

I difettivi sono verbi che non hanno una coniugazione completa, ma mancano ('difettano') di alcune voci: le forme mancanti sono cadute in disuso o non sono mai esistite.

La gran parte di tali verbi è arcaica e desueta, oggi impiegata con intenti perlopiù ironici o limitatamente ad alcune espressioni codificate (*non mi cale*, *nulla osta*).

Un elenco dei principali verbi difettivi si può consultare a p. 153.

## I verbi sovrabbondanti

I verbi sovrabbondanti sono verbi che hanno la stessa radice ma appartengono a due coniugazioni diverse, la prima e la terza. Essi possono essere divisi in due gruppi:

- ► i verbi che cambiano il significato al mutare della coniugazione (*abbonare / abbonire*; *arrossare / arrossire*; *fallare / fallire*; *impazzare / impazzire*; *sfiorare / sfiorire* ecc.);
- ► i verbi che conservano lo stesso significato al mutare della coniugazione (*adempiere / adempire*; *ammansare / ammansire*; *compiere / compire*; *dimagrare / dimagrire*; *empiere / empire*; *riempiere / riempire*; *starnutare / starnutire*).

# GLI AUSILIARI

Sebbene dotati di un significato proprio, i verbi *essere* ('esistere, stare') e *avere* ('tenere, possedere') sono utilizzati nella formazione dei tempi composti degli altri verbi e nella costruzione passiva (sono cioè di 'ausilio', di aiuto alla coniugazione degli altri verbi).

## Essere

Il verbo *essere* si usa:

- in senso proprio (nel significato di 'stare', 'esistere'): *sono nel mio ufficio*;
- come copula (legame fra soggetto e predicato nominale): *la porta è aperta*;
- per costruire la forma passiva dei verbi transitivi: *il topo è inseguito dal gatto*.
- Come ausiliare:
  - dei verbi riflessivi: *Mario si è lavato*;
  - dei pronominali: *mi sono stupito dell'accaduto*;
  - degli impersonali e dei verbi usati impersonalmente: *è successo all'improvviso*; *è bastato guardarlo*;
  - di moltissimi verbi intransitivi: *è tornata a casa*; *siamo partiti alle cinque*;
  - dello stesso verbo essere: *è stato bello conoscerti*.

## Avere

Il verbo *avere* è usato:

- in senso proprio (nel significato di 'possedere', 'tenere'): *avevo una bella casa*; *ha la situazione in pugno*;

- come ausiliare:
  - dei verbi transitivi attivi: *ho visto il film*; *avrai già capito*;
  - di gran parte di quelli intransitivi: *il cane ha abbaiato*; *ho agito d'istinto*;
  - dello stesso verbo avere: *dalla vita ha avuto tutto*.

**Essere o avere?**

La scelta dell'ausiliare per i verbi intransitivi non è sempre semplice, e sono moltissimi i verbi che ammettono sia *essere* sia *avere*.

Possono essere coniugati sia con *avere* sia con *essere*:

- i verbi che indicano fenomeni atmosferici•: *ha piovuto \ è piovuto*;
- i verbi che indicano uno stato, un modo di essere, una condizione fisica o morale (come *appartenere*, *durare*, *trasalire*, *vivere*): *ha vissuto* / *è vissuto all'estero*; *la situazione ha durato* / *è durata a lungo*;
- i verbi di movimento: *siamo approdati* / *abbiamo approdato*; *è inciampata* / *ha inciampato*.

Alcuni verbi possono essere coniugati con entrambi gli ausiliari, ma assumono diverse sfumature di significato o diverse costruzioni a seconda che siano coniugati con *avere* o *essere*:

> *sono corso verso di lei* [verso una meta] /
> *hanno corso per tre kilometri* [l'azione in sé]
>
> *la pioggia è cessata* /
> *la pioggia ha cessato di cadere* [di + infinito].

• Fanno eccezione *albeggiare*, *annottare*, *imbrunire*, *rischiarare* che si coniugano soltanto con essere.

# LA CONIUGAZIONE

## Le tre coniugazioni regolari

I verbi italiani si classificano in tre gruppi di coniugazione sulla base della terminazione dell'infinito:

- -are: prima coniugazione (*contare*, *guardare*, *lodare*, *pensare* ecc.);
- -ere: seconda coniugazione (*credere*, *leggere*, *temere*, *vedere* ecc.);
- -ire: terza coniugazione (*agire*, *ferire*, *offrire*, *sentire* ecc.).

Le vocali a, e, i, che definiscono ciascun gruppo, sono chiamate vocali tematiche.

La formazione dei tempi semplici dei verbi regolari si basa sulla combinazione della radice con desinenze fisse, che identificano la persona, il tempo e il modo di ciascuna forma verbale.

I tempi composti si costruiscono invece con la coniugazione dell'ausiliare *essere* o *avere*, seguito dal participio passato del verbo.

I verbi che si discostano dal modello della coniugazione alla quale appartengono sono detti verbi irregolari.

## La prima coniugazione: i verbi in -are

Il primo gruppo è quello senz'altro più numeroso ed è continuamente incrementato dall'ingresso di nuovi verbi, i quali quando entrano nella nostra lingua si modellano di norma sulla prima coniugazione regolare.

La coniugazione tipo del primo gruppo è data alla tav. 5: *amare*.

## PROSPETTO DELLE DESINENZE

### indicativo

**presente**

| | |
|---|---|
| *io* | -o |
| *tu* | -i |
| *egli* | -a |
| *noi* | -iamo |
| *voi* | -ate |
| *essi* | -ano |

**passato prossimo**

| | | |
|---|---|---|
| *io* | ho | -ato |
| *tu* | hai | -ato |
| *egli* | ha | -ato |
| *noi* | abbiamo | -ato |
| *voi* | avete | -ato |
| *essi* | hanno | -ato |

**imperfetto**

| | |
|---|---|
| *io* | -avo |
| *tu* | -avi |
| *egli* | -ava |
| *noi* | -avamo |
| *voi* | -avate |
| *essi* | -àvano |

**trapassato prossimo**

| | | |
|---|---|---|
| *io* | avevo | -ato |
| *tu* | avevi | -ato |
| *egli* | aveva | -ato |
| *noi* | avevamo | -ato |
| *voi* | avevate | -ato |
| *essi* | avévano | -ato |

**passato remoto**

| | |
|---|---|
| *io* | -ai |
| *tu* | -asti |
| *egli* | -ò |
| *noi* | -ammo |
| *voi* | -aste |
| *essi* | -àrono |

**trapassato remoto**

| | | |
|---|---|---|
| *io* | ebbi | -ato |
| *tu* | avesti | -ato |
| *egli* | ebbe | -ato |
| *noi* | avemmo | -ato |
| *voi* | aveste | -ato |
| *essi* | èbbero | -ato |

**futuro semplice**

| | |
|---|---|
| *io* | -erò |
| *tu* | -erai |
| *egli* | -erà |
| *noi* | -eremo |
| *voi* | -erete |
| *essi* | -eranno |

**futuro anteriore**

| | | |
|---|---|---|
| *io* | avrò | -ato |
| *tu* | avrai | -ato |
| *egli* | avrà | -ato |
| *noi* | avremo | -ato |
| *voi* | avrete | -ato |
| *essi* | avranno | -ato |

### congiuntivo

**presente**

| | |
|---|---|
| *io* | -i |
| *tu* | -i |
| *egli* | -i |
| *noi* | -iamo |
| *voi* | -iate |
| *essi* | -ino |

**passato**

| | | |
|---|---|---|
| *io* | àbbia | -ato |
| *tu* | àbbia | -ato |
| *egli* | àbbia | -ato |
| *noi* | abbiamo | -ato |
| *voi* | abbiate | -ato |
| *essi* | àbbiano | -ato |

**imperfetto**

| | |
|---|---|
| *io* | -assi |
| *tu* | -assi |
| *egli* | -asse |
| *noi* | -àssimo |
| *voi* | -aste |
| *essi* | -àssero |

**trapassato**

| | | |
|---|---|---|
| *io* | avessi | -ato |
| *tu* | avessi | -ato |
| *egli* | avesse | -ato |
| *noi* | avéssimo | -ato |
| *voi* | aveste | -ato |
| *essi* | avéssero | -ato |

### condizionale

**presente**

| | |
|---|---|
| *io* | -erei |
| *tu* | -eresti |
| *egli* | -erebbe |
| *noi* | -eremmo |
| *voi* | -ereste |
| *essi* | -erèbbero |

**passato**

| | | |
|---|---|---|
| *io* | avrei | -ato |
| *tu* | avresti | -ato |
| *egli* | avrebbe | -ato |
| *noi* | avremmo | -ato |
| *voi* | avreste | -ato |
| *essi* | avrèbbero | -ato |

### imperativo

**presente**

| | |
|---|---|
| ... | |
| -a | *tu* |
| -i | *egli* |
| -iamo | *noi* |
| -ate | *voi* |
| -ino | *essi* |

### infinito

| **presente** | **passato** |
|---|---|
| -are | essere -ato |

### participio

| **presente** | **passato** |
|---|---|
| -ante | -ato |

### gerundio

| **presente** | **passato** |
|---|---|
| -ando | essendo -ato |

## Particolarità e irregolarità

I verbi in -care e -gare (tavv. 6 e 7) mantengono sempre il suono velare della c e della g (cioè il suono che la *c* ha nella parola *cane* e la *g* ha nella parola *gatto*): per questa ragione inseriscono h davanti alle desinenze che cominciano per e o per i: *tu giochi*; *noi cerchiamo*; *noi leghiamo*.

Nei verbi in -ciare e -giare (tavv. 8 e 9) la i ha valore diacritico, serve cioè solo a indicare il suono palatale della c o della g che precede (suono come quello della *c* di *cena* o della *g* di *genio*). Dunque essa non compare davanti a tutte le desinenze che cominciano per e o per i, poiché davanti a e e i il segno c o g indica sempre un suono palatale.

I verbi in -iare si dividono in due gruppi: quelli che conservano la i della radice (perché accentata) davanti alle desinenze che cominciano per i: *tu invì-i* (tav. 10); e quelli che perdono la i (perché non accentata): *tu stud-i* (tav. 11).

Un gruppo consistente di altri verbi fa registrare un arretramento dell'accento tonico sulla terzultima sillaba nella I, II, III persona singolare dell'indicativo e del congiuntivo presente, e nella II e III singolare dell'imperativo; sulla quartultima sillaba nella III persona plurale dell'indicativo e del congiuntivo presente e dell'imperativo: *tu nàvighi*; *io àbito*; *essi modìficano* (tavv. 16 e 17).

I verbi della prima coniugazione completamente irregolari sono tre: andare (tav. 13); dare (tav. 14); stare (tav. 15).

## La seconda coniugazione: i verbi in -ere

La seconda coniugazione raccoglie tutti i verbi italiani terminanti in -ere.

Essi si dividono in due gruppi:

- i verbi che hanno l'accento sulla desinenza (*temére*, *sapére*, *vedére* ecc.), derivati dalla II classe dei verbi latini (terminanti in *-ĕre*, e accentati perciò sulla terzultima sillaba);
- i verbi che hanno l'accento sulla radice (*crédere*, *lèggere*, *conóscere* ecc.), derivati dalla III classe dei verbi latini (terminanti in *-ēre*, e accentati perciò sulla penultima sillaba).

Il fatto di derivare dall'accorpamento di due classi latine diverse conferisce alla seconda coniugazione italiana un carattere di marcata disomogeneità, che spiega in parte l'abbondanza di verbi considerati "irregolari".

A dispetto delle loro terminazioni, rispettivamente in *-are* e *-ire*, i verbi fare e dire si considerano appartenenti alla seconda coniugazione perché derivati dai verbi latini *facĕre* e *dicĕre*. Per la medesima ragione etimologica appartengono al secondo gruppo i verbi in -arre, -orre e -urre (*trarre*, *porre*, *condurre*).

La coniugazione regolare, esemplificata da quella del verbo *temere* (cfr tav. 18), al passato remoto contempla le doppie desinenze ei / -etti, -é / -ette, -erono / -ettero.

L'uso corrente preferisce invece le forme -etti, -ette, -ettero; la maggior parte dei verbi con la radice terminante in t (*battere*, *potere* ecc.) predilige invece la serie -ei, -é, -erono.

## PROSPETTO DELLE DESINENZE

### indicativo

**presente**

| | |
|---|---|
| *io* | -o |
| *tu* | -i |
| *egli* | -e |
| *noi* | -iamo |
| *voi* | -ete |
| *essi* | -ono |

**passato prossimo**

| | | |
|---|---|---|
| *io* | ho | -uto |
| *tu* | hai | -uto |
| *egli* | ha | -uto |
| *noi* | abbiamo | -uto |
| *voi* | avete | -uto |
| *essi* | hanno | -uto |

**imperfetto**

| | |
|---|---|
| *io* | -evo |
| *tu* | -evi |
| *egli* | -eva |
| *noi* | -evamo |
| *voi* | -evate |
| *essi* | -évano |

**trapassato prossimo**

| | | |
|---|---|---|
| *io* | avevo | -uto |
| *tu* | avevi | -uto |
| *egli* | aveva | -uto |
| *noi* | avevamo | -uto |
| *voi* | avevate | -uto |
| *essi* | avévano | -uto |

**passato remoto**

| | |
|---|---|
| *io* | -ei, -etti |
| *tu* | -esti |
| *egli* | -é, -ette |
| *noi* | -emmo |
| *voi* | -este |
| *egli* | -érono, -éttero |

**trapassato remoto**

| | | |
|---|---|---|
| *io* | ebbi | -uto |
| *tu* | avesti | -uto |
| *egli* | ebbe | -uto |
| *noi* | avemmo | -uto |
| *voi* | aveste | -uto |
| *essi* | èbbero | -uto |

**futuro semplice**

| | |
|---|---|
| *io* | -erò |
| *tu* | -erai |
| *egli* | -erà |
| *noi* | -eremo |
| *voi* | -erete |
| *egli* | -eranno |

**futuro anteriore**

| | | |
|---|---|---|
| *io* | avrò | -uto |
| *tu* | avrai | -uto |
| *egli* | avrà | -uto |
| *noi* | avremo | -uto |
| *voi* | avrete | -uto |
| *essi* | avranno | -uto |

### congiuntivo

**presente**

| | |
|---|---|
| *io* | -a |
| *tu* | -a |
| *egli* | -a |
| *noi* | -iamo |
| *voi* | -iate |
| *essi* | -ano |

**passato**

| | | |
|---|---|---|
| *io* | àbbia | -uto |
| *tu* | àbbia | -uto |
| *egli* | àbbia | -uto |
| *noi* | abbiamo | -uto |
| *voi* | abbiate | -uto |
| *essi* | àbbiano | -uto |

**imperfetto**

| | |
|---|---|
| *io* | -essi |
| *tu* | -essi |
| *egli* | -esse |
| *noi* | -éssimo |
| *voi* | -este |
| *essi* | -éssero |

**trapassato**

| | | |
|---|---|---|
| *io* | avessi | -uto |
| *tu* | avessi | -uto |
| *egli* | avesse | -uto |
| *noi* | avéssimo | -uto |
| *voi* | aveste | -uto |
| *essi* | avéssero | -uto |

### condizionale

**presente**

| | |
|---|---|
| *io* | -erei |
| *tu* | -eresti |
| *egli* | -erebbe |
| *noi* | -eremmo |
| *voi* | -ereste |
| *essi* | -erèbbero |

**passato**

| | | |
|---|---|---|
| *io* | avrei | -uto |
| *tu* | avresti | -uto |
| *egli* | avrebbe | -uto |
| *noi* | avremmo | -uto |
| *voi* | avreste | -uto |
| *essi* | avrèbbero | -uto |

### imperativo

**presente**

| | |
|---|---|
| ... | |
| -i | *tu* |
| -a | *egli* |
| -iamo | *noi* |
| -ete | *voi* |
| -ano | *essi* |

### infinito

| presente | passato |
|---|---|
| -ere | avere -uto |

### participio

| presente | passato |
|---|---|
| -ente | -uto |

### gerundio

| presente | passato |
|---|---|
| -endo | avendo -uto |

### Particolarità e irregolarità

La maggior parte delle tavole di coniugazione di questo volume sono dedicate ai verbi irregolari della seconda coniugazione (tavv. 19-94). Si rimanda dunque alle tavole per una descrizione dettagliata delle irregolarità e delle caratteristiche di ciascun gruppo di verbi.

Gli scostamenti dalla norma riguardano nella maggior parte dei casi il cambiamento di radice e desinenza al passato remoto (I e III persona singolare e III plurale) e al participio passato; in un numero più limitato di casi l'irregolarità della radice interessa anche altri modi e tempi (futuro e condizionale; presente indicativo).

Altre particolarità puramente grafiche possono riguardare i verbi la cui radice termina all'infinito con c, g o sc palatali: alcuni di questi verbi inseriscono infatti una i davanti alle desinenze che cominciano per a, o, u (*cresciuto*, *piaciuto*); lo stesso fenomeno si verifica per i verbi della I coniugazione (cfr. p. 31).

## La terza coniugazione: i verbi in -ire

I verbi regolari del terzo gruppo si suddividono in due sottogruppi:

- quelli che si coniugano come sentire (tav. 95);
- quelli che si coniugano come finire• (tav. 96), e inseriscono il gruppo -isc- prima della desinenza alla I, II, III persona singolare e alla III plurale del presente indicativo e congiuntivo e dell'imperativo: *io finisco*, *tu finisci* ecc.

• Alcuni verbi (*aborrire*, *applaudire*, *assorbire* ecc. ) ammettono entrambi i modelli di coniugazione, sebbene nell'uso sia quasi sempre preferita la coniugazione sul modello di *sentire*.

# PROSPETTO DELLE DESINENZE

## indicativo

**presente**

| | |
|---|---|
| *io* | -(isc)o |
| *tu* | -(isc)i |
| *egli* | -(isc)e |
| *noi* | -iamo |
| *voi* | -ite |
| *essi* | -(isc)ono |

**passato prossimo**

| | | |
|---|---|---|
| *io* | ho | -ito |
| *tu* | hai | -ito |
| *egli* | ha | -ito |
| *noi* | abbiamo | -ito |
| *voi* | avete | -ito |
| *essi* | hanno | -ito |

**imperfetto**

| | |
|---|---|
| *io* | -ivo |
| *tu* | -ivi |
| *egli* | -iva |
| *noi* | -ivamo |
| *voi* | -ivate |
| *essi* | -ìvano |

**trapassato prossimo**

| | | |
|---|---|---|
| *io* | avevo | -ito |
| *tu* | avevi | -ito |
| *egli* | aveva | -ito |
| *noi* | avevamo | -ito |
| *voi* | avevate | -ito |
| *essi* | avévano | -ito |

**passato remoto**

| | |
|---|---|
| *io* | -ii |
| *tu* | -isti |
| *egli* | -ì |
| *noi* | -immo |
| *voi* | -iste |
| *essi* | -ìrono |

**trapassato remoto**

| | | |
|---|---|---|
| *io* | ebbi | -ito |
| *tu* | avesti | -ito |
| *egli* | ebbe | -ito |
| *noi* | avemmo | -ito |
| *voi* | aveste | -ito |
| *essi* | èbbero | -ito |

**futuro semplice**

| | |
|---|---|
| *io* | -irò |
| *tu* | -irai |
| *egli* | -irà |
| *noi* | -iremo |
| *voi* | -irete |
| *essi* | -iranno |

**futuro anteriore**

| | | |
|---|---|---|
| *io* | avrò | -ito |
| *tu* | avrai | -ito |
| *egli* | avrà | -ito |
| *noi* | avremo | -ito |
| *voi* | avrete | -ito |
| *essi* | avranno | -ito |

## condizionale

**presente**

| | |
|---|---|
| *io* | -irei |
| *tu* | -iresti |
| *egli* | -rebbe |
| *noi* | -iremmo |
| *voi* | -ireste |
| *essi* | -irèbbero |

**passato**

| | | |
|---|---|---|
| *io* | avrei | -ito |
| *tu* | avresti | -ito |
| *egli* | avrebbe | -ito |
| *noi* | avremmo | -ito |
| *voi* | avreste | -ito |
| *essi* | avrèbbero | -ito |

## imperativo

**presente**

| | |
|---|---|
| ... | |
| -(isc)i | *tu* |
| -(isc)a | *egli* |
| -iamo | *noi* |
| -ite | *voi* |
| -(isc)ano | *essi* |

## congiuntivo

**presente**

| | |
|---|---|
| *io* | -(isc)a |
| *tu* | -(isc)a |
| *egli* | -(isc)a |
| *noi* | -iamo |
| *voi* | -iate |
| *essi* | -(isc)ano |

**passato**

| | | |
|---|---|---|
| *io* | àbbia | -ito |
| *tu* | àbbia | -ito |
| *egli* | àbbia | -ito |
| *noi* | abbiamo | -ito |
| *voi* | abbiate | -ito |
| *essi* | àbbiano | -ito |

**imperfetto**

| | |
|---|---|
| *io* | -issi |
| *tu* | -issi |
| *egli* | -isse |
| *noi* | -issimo |
| *voi* | -iste |
| *essi* | -ìssero |

**trapassato**

| | | |
|---|---|---|
| *io* | avessi | -ito |
| *tu* | avessi | -ito |
| *egli* | avesse | -ito |
| *noi* | avéssimo | -ito |
| *voi* | aveste | -ito |
| *essi* | avéssero | -ito |

## infinito

| **presente** | **passato** |
|---|---|
| -ire | avere -ito |

## participio

| **presente** | **passato** |
|---|---|
| -ente | -ito |

## gerundio

| **presente** | **passato** |
|---|---|
| -endo | avendo -ito |

### Particolarità e irregolarità

I verbi irregolari del terzo gruppo non sono particolarmente numerosi, e le irregolarità riguardano essenzialmente:

- la modificazione di radice e desinenza in alcune forme del presente indicativo e congiuntivo (*apparire*, *morire*, *salire*, *udire*, *uscire* e *venire*);
- la modificazione di radice e desinenza al participio passato (*apparire*, *aprire*, *morire* e *venire*);
- la modificazione di radice e desinenza al passato remoto (*apparire*, *venire*);
- inserimento di una i prima della desinenza -ente del participio presente (*salire*, *venire*);
- al futuro semplice e al condizionale, la copresenza di forme regolari e forme contratte (*morire*, *udire*).

Una descrizione esauriente delle irregolarità di ciascun verbo si trova alle tavole 97 (*apparire*), 98 (*aprire*), 100 (*morire*), 101 (*salire*), 102 (*udire*), 103 (*uscire*), 104 (*venire*).

Cucire (tav. 99) e i suoi composti, per mantenere il suono palatale della c, al presente indicativo e congiuntivo e all'imperativo inseriscono una i prima delle desinenze che cominciano per a e o.

# USO DEI MODI
# E DEI TEMPI

## L'indicativo

L'indicativo è il modo del verbo che esprime la realtà, la certezza. Ha quattro tempi semplici (presente, imperfetto, passato remoto, futuro) e quattro tempi composti (passato prossimo, trapassato prossimo, trapassato remoto, futuro anteriore).

Il presente si usa:

- per indicare un evento che si verifica mentre si parla: *Ugo legge* (mentre io lo dico);
- per esprimere un evento che si verifica abitualmente: *la mattina esco alle sette*;
- per affermare qualcosa che è sempre vera: *il sole sorge a Oriente*;
- per raccontare fatti del passato con immediatezza (presente storico): *Garibaldi sbarca a Marsala l'11 maggio del 1860*;
- nell'uso parlato, per indicare un'azione che si svolgerà nel futuro: *io domani parto*.

Il passato prossimo si usa:

- per indicare un'azione accaduta da poco e che ha ancora effetti sul presente: *siamo arrivati a Bologna ieri*.

Nell'uso contemporaneo il passato prossimo sta sostituendo il passato remoto (vedi p. 41) anche per esprimere azioni avvenute nel passato e concluse: *dieci anni fa siamo stati in vacanza in Corsica*; *si sono incontrati una sola volta molto tempo fa!*

Il futuro semplice si usa:

- per indicare un evento che si verificherà dopo il momento in cui se ne parla: *l'anno prossimo andrò a lavorare in Francia*;
- per indicare un evento che si verifica mentre si parla, del quale non si è completamente sicuri: *staranno arrivando*... [credo stiano arrivando, ma non ne sono certo];
- per esprimere una concessione: *sarà pure ricco e famoso, ma quanto è brutto!*

Il futuro anteriore si usa:

- per indicare un evento che si verificherà nel futuro, ma prima di un altro evento che avverrà anch'esso nel futuro (espresso con il futuro semplice): *uscirai dopo che avrai finito i compiti*.

L'imperfetto si usa:

- per indicare un evento che ha avuto una certa durata: *osservava con interesse la scena*;
- per indicare un evento che si è ripetuto più volte nel passato: *da bambini andavamo in campeggio*;
- per narrare eventi avvenuti nel passato (imperfetto storico o narrativo): *Dante nasceva a Firenze nel 1265*;
- nel registro familiare, per esprimere un desiderio nel presente o nel passato: *volevo* [vorrei] *due caffè, grazie*; *potevi* [avresti potuto] *pure avvertirmi*;
- nel registro familiare (sconsigliabile, e comunque da evitare nella lingua scritta) nei periodi ipotetici: *se lo sapevo non venivo* [se lo avessi saputo non sarei venuto].

Il trapassato prossimo si usa:

- per indicare un evento accaduto nel passato prima di un altro evento anch'esso avvenuto nel passato (espresso all'imperfetto o al passato remoto): *era felice perché aveva vinto il concorso*; *era rientrato da poco quando squillò il telefono*.

Il passato remoto si usa per:

- indicare un evento accaduto nel passato e che non produce più alcun effetto sul presente: *Leopardi nacque a Recanati nel 1798*.

Il trapassato remoto si usa (ormai quasi solo nella lingua scritta):

- per indicare un evento accaduto nel passato prima di un altro evento anch'esso avvenuto nel passato (ed espresso al passato remoto): *quando ebbe finito, uscì di casa*.

## Il congiuntivo

Il congiuntivo è il modo che esprime:

- il dubbio, l'incertezza: *non credo sia giusto*; *non sono sicuro che abbia capito*;
- la possibilità: *vado in macchina, in caso piovesse*; *se volesse potrebbe aiutarti* (periodo ipotetico);
- il timore, la preoccupazione: *ho paura che non facciano in tempo*; *è in ritardo: che gli sia successo qualcosa?*
- il desiderio, l'augurio: *volesse il cielo!*; *si risolvesse questa situazione!*

Il congiuntivo ha quattro tempi: il presente, il passato, l'imperfetto, il trapassato.

Quando il congiuntivo è in una proposizione indipendente:

- il presente e l'imperfetto si usano in riferimento al presente:

  *vada via!*; *volesse il cielo!*

- il passato e il trapassato in riferimento al passato:

  *fossimo andati via!*; *avessimo potuto evitarlo!*

Quando il congiuntivo è invece in una proposizione dipendente:

- se il verbo della proposizione principale è al tempo presente, se si vuole esprimere contemporaneità si deve usare il congiuntivo presente, se si vuole esprimere anteriorità si deve usare il passato:

  *non so* (presente) *che cosa succeda* (contemporaneità)
  *non so* (presente) *che cosa sia successo* (anteriorità);

- se il verbo della principale è al tempo passato, se si vuole esprimere contemporaneità si deve usare il congiuntivo imperfetto, se si vuole esprimere anteriorità si deve usare il congiuntivo trapassato:

  *non sapevo* (passato) *che cosa succedesse* (contemporaneità)
  *non sapevo* (passato) *che cosa fosse successo* (anteriorità);

- se il verbo della principale è al tempo futuro, si usa il congiuntivo passato per esprimere anteriorità (se si vuole esprimere contemporaneità si usa invece l'indicativo futuro):

  *non saprò* (futuro) *che cosa sia successo* (anteriorità)
  *non saprò* (futuro) *che cosa succederà* (contemporaneità).

## Il condizionale

Il condizionale si usa per esprimere:

- l'eventualità, la possibilità legata a una certa condizione (periodo ipotetico): *se mi invitasse, verrei*; *se mi avesse invitato, sarei venuto*;
- il futuro nel passato: *ha detto che sarebbe venuto*;
- una supposizione: *secondo alcune indiscrezioni, il presidente sarebbe sul punto di dimettersi*; *potrebbe tornare fra un paio di mesi*;
- nelle formule di cortesia, per esprimere richieste, ordini o suggerimenti in modo attenuato: *potrebbe aiutarmi per favore?*; *dovresti riflettere prima di agire*.

Il condizionale presente esprime l'eventualità nel presente: *mi piacerebbe conoscerlo* [se potessi].

Il condizionale passato esprime l'eventualità nel passato: *mi sarebbe piaciuto conoscerlo* [se avessi potuto, ora non è più possibile].

## L'imperativo

L'imperativo è il modo del comando, dell'invito, dell'esortazione e dell'ammonimento. Ha solo il tempo presente.

L'imperativo non ha la prima persona, dato che non si può dare un ordine a sé stessi; come forma "propria" ha solo la II persona singolare (*va'!*; *torna!*) e prende in prestito dal congiuntivo la III persona singolare e plurale, dal presente congiuntivo o indicativo la I plurale, dal presente indicativo la II plurale e le tre persone plurali dal presente congiuntivo o indicativo (*torni! torniamo! tornate! tornino!*).

La seconda persona singolare dell'imperativo negativo si rende con la forma dell'infinito presente preceduta da *non* (*non mentire!*).

## L'infinito

L'infinito si usa:

- in funzione di verbo nelle proposizioni dipendenti: *spero di vederlo*;
- per svolgere le funzioni di un nome: *ballare è divertente*;
- per esprimere un ordine, un'esortazione: *circolare, prego!*

L'infinito presente esprime:

- contemporaneità rispetto al tempo della proposizione principale: *credo di conoscerlo*;
- posteriorità rispetto al tempo della proposizione principale: *aspetto di conoscerlo.*

Il passato esprime invece:

- anteriorità rispetto al tempo della proposizione principale: *vorrei averlo conosciuto.*

## Il participio

Il participio ha due tempi, il presente e il passato.

Il participio si usa:

- per formare i tempi composti (participio passato);
- nella coniugazione passiva (participio passato);
- in vari tipi di proposizioni dipendenti: *analizzato il problema, presero una decisione*; *sebbene sorpreso, non ha fatto domande*;

- con funzione di aggettivo: *un film divertente; gli alunni bocciati*;
- con funzione di nome: *i vincenti; i perdenti; gli esclusi.*

**L'accordo del participio passato**

Nella formazione dei tempi composti e della coniugazione passiva l'accordo è regolato come segue:

- se il participio segue l'ausiliare essere, si accorda in genere e numero con il soggetto: *Marco è partito*; *i ragazzi sono partiti*; *le ragazze sono partite*; *Anna e Marco sono partiti* (in caso di due soggetti di genere diverso, l'accordo è al maschile plurale);
- se il participio segue l'ausiliare avere rimane di norma invariato: *Marco ha mangiato due pesche*; *i ragazzi hanno mangiato una pesca*;
- se il complemento oggetto del verbo è uno dei pronomi personali atoni lo, la, li, le, il participio passato si accorda con il complemento oggetto: *Mario le ha guardate*; *Mario li ha guardati*; *Giovanni è qui: l'hai avvertito tu?*; *Giovanna è qui: l'hai avvertita tu?*;
- se il complemento oggetto del verbo è uno dei pronomi personali mi, ti, ci, vi, il participio passato può accordarsi con il complemento oggetto o rimanere invariato: *nessuno ci aveva avvertiti* oppure *nessuno ci aveva avvertito*; *Anna ha detto: Marco mi ha lasciata* oppure *Anna ha detto: Marco mi ha lasciato*;
- se il participio passato è usato senza ausiliare, si accorda in genere e numero col sostantivo a cui si riferisce: *lasciato il paese, viaggiarono a lungo*; *visti i tipi, meglio non frequentarli.*

## Il gerundio

Il gerundio si utilizza soprattutto nelle proposizioni dipendenti per esprimere:

- un modo, un mezzo: *cammina saltellando; sbagliando s'impara*;
- una causa: *avendo visto tutto, si recò alla polizia*;
- una contiguità temporale: *andando a scuola ha incontrato un amico*,
- una condizione: *partendo presto si riesce ad arrivare prima di sera*.
- una concessione: *pur avendo studiato, non ha superato l'esame*.

Il gerundio presente esprime contemporaneità rispetto al tempo della proposizione principale: *lavora cantando*.

Il gerundio passato esprime anteriorità rispetto al tempo della principale: *avendo dormito mi sento riposato*; *avendo studiato molto era certo di superare l'esame*.

Occorre tener presente che è obbligatorio esplicitare il soggetto del gerundio nel caso in cui esso sia diverso dal soggetto della proposizione principale: *avendo Giulio studiato molto, il padre era certo che avrebbe superato l'esame*.

Il gerundio presente si usa poi in alcune perifrasi, per esprimere la durata, lo svolgimento di un'azione:

- stare + gerundio, la forma più utilizzata: *sta cambiando*; *stavo leggendo*;
- andare + gerundio, per sottolineare la ripetitività: *da tempo va lamentandosi con tutti*.

# TAVOLE
# DI CONIUGAZIONE

# legenda

Dopo la coniugazione completa dei verbi ausiliari, (*essere*, tav. 1; *avere*, tav. 2), si dà esempio della coniugazione riflessiva e passiva (rispettivamente *lavarsi* tav. 3 ed *essere amato* tav. 4).
Le tavole successive sono organizzate in base al gruppo di coniugazione al quale appartengono; per ciascun gruppo di coniugazione sono innanzitutto presentati i verbi-modello (*amare*, primo gruppo, tav. 5; *temere*, secondo gruppo, tav. 18; *sentire* e *finire*, terzo gruppo, tav. 94 e 95).
Le tavole dalla 6 alla 17 sono rappresentative delle "famiglie" di verbi della prima coniugazione che mostrano comuni particolarità d'accento, grafiche o fonetiche.
Le tavole dalla 19 alla 93 riguardano invece i verbi irregolari della seconda coniugazione, classificati in ordine alfabetico.
Ai verbi irregolari della terza coniugazione sono dedicate le tavole dalla 94 alla 103.

L'accento tonico, oltre che ovviamente sulle forme tronche, viene indicato anche nei casi in cui cada sulla terzultima sillaba (parole sdrucciole) o sulla quartultima sillaba (parole bisdrucciole). La vocale accentata è evidenziata in *corsivo*.

Le forme che presentano particolarità o irregolarità rispetto al verbo modello sono evidenziate in blu; nel caso in cui tutte e sei le forme di un tempo presentino la stessa particolarità, viene evidenziata in blu solo la prima.

# èssere 1

## indicativo

### presente

| | |
|---|---|
| *io* | sono |
| *tu* | sei |
| *egli* | è |
| *noi* | siamo |
| *voi* | siete |
| *essi* | sono |

### passato prossimo

| | | |
|---|---|---|
| *io* | sono | stato |
| *tu* | sei | stato |
| *egli* | è | stato |
| *noi* | siamo | stati |
| *voi* | siete | stati |
| *essi* | sono | stati |

### imperfetto

| | |
|---|---|
| *io* | ero |
| *tu* | eri |
| *egli* | era |
| *noi* | eravamo |
| *voi* | eravate |
| *essi* | èrano |

### trapassato prossimo

| | | |
|---|---|---|
| *io* | ero | stato |
| *tu* | eri | stato |
| *egli* | era | stato |
| *noi* | eravamo | stati |
| *voi* | eravate | stati |
| *essi* | èrano | stati |

### passato remoto

| | |
|---|---|
| *io* | fui |
| *tu* | fosti |
| *egli* | fu |
| *noi* | fummo |
| *voi* | foste |
| *essi* | fùrono |

### trapassato remoto

| | | |
|---|---|---|
| *io* | fui | stato |
| *tu* | fosti | stato |
| *egli* | fu | stato |
| *noi* | fummo | stati |
| *voi* | foste | stati |
| *essi* | fùrono | stati |

### futuro semplice

| | |
|---|---|
| *io* | sarò |
| *tu* | sarai |
| *egli* | sarà |
| *noi* | saremo |
| *voi* | sarete |
| *essi* | saranno |

### futuro anteriore

| | | |
|---|---|---|
| *io* | sarò | stato |
| *tu* | sarai | stato |
| *egli* | sarà | stato |
| *noi* | saremo | stati |
| *voi* | sarete | stati |
| *essi* | saranno | stati |

## condizionale

### presente

| | |
|---|---|
| *io* | sarei |
| *tu* | saresti |
| *egli* | sarebbe |
| *noi* | saremmo |
| *voi* | sareste |
| *essi* | sarèbbero |

### passato

| | | |
|---|---|---|
| *io* | sarei | stato |
| *tu* | saresti | stato |
| *egli* | sarebbe | stato |
| *noi* | saremmo | stati |
| *voi* | sareste | stati |
| *essi* | sarèbbero | stati |

## imperativo

### presente

| | |
|---|---|
| ... | |
| sii | *tu* |
| sia | *egli* |
| siamo | *noi* |
| siate | *voi* |
| sìano | *essi* |

## congiuntivo

### presente

| | |
|---|---|
| *io* | sia |
| *tu* | sia |
| *egli* | sia |
| *noi* | siamo |
| *voi* | siate |
| *essi* | sìano |

### passato

| | | |
|---|---|---|
| *io* | sia | stato |
| *tu* | sia | stato |
| *egli* | sia | stato |
| *noi* | siamo | stati |
| *voi* | siate | stati |
| *essi* | sìano | stati |

### imperfetto

| | |
|---|---|
| *io* | fossi |
| *tu* | fossi |
| *egli* | fosse |
| *noi* | fóssimo |
| *voi* | foste |
| *essi* | fóssero |

### trapassato

| | | |
|---|---|---|
| *io* | fossi | stato |
| *tu* | fossi | stato |
| *egli* | fosse | stato |
| *noi* | fóssimo | stati |
| *voi* | foste | stati |
| *essi* | fóssero | stati |

## infinito

| presente | passato |
|---|---|
| essere | essere stato |

## participio

| presente | passato |
|---|---|
| essente | stato |

## gerundio

| presente | passato |
|---|---|
| essendo | essendo stato |

Il verbo *essere* si usa, oltre che in senso proprio (nel significato di 'esistere o 'stare') e come copula (legame fra soggetto e predicato nominale), per costruire la forma passiva dei verbi transitivi e come ausiliare dei verbi riflessivi, dei pronominali, degli impersonali, di moltissimi verbi intransitivi e dello stesso verbo *essere*.
Il participio *essente* non è in uso.

# 2 avere

## indicativo

**presente**

| | |
|---|---|
| *io* | ho |
| *tu* | hai |
| *egli* | ha |
| *noi* | abbiamo |
| *voi* | avete |
| *essi* | hanno |

**imperfetto**

| | |
|---|---|
| *io* | avevo |
| *tu* | avevi |
| *egli* | aveva |
| *noi* | avevamo |
| *voi* | avevate |
| *essi* | avévano |

**passato remoto**

| | |
|---|---|
| *io* | ebbi |
| *tu* | avesti |
| *egli* | ebbe |
| *noi* | avemmo |
| *voi* | aveste |
| *essi* | èbbero |

**futuro semplice**

| | |
|---|---|
| *io* | avrò |
| *tu* | avrai |
| *egli* | avrà |
| *noi* | avremo |
| *voi* | avrete |
| *essi* | avranno |

**passato prossimo**

| | | |
|---|---|---|
| *io* | ho | avuto |
| *tu* | hai | avuto |
| *egli* | ha | avuto |
| *noi* | abbiamo | avuto |
| *voi* | avete | avuto |
| *essi* | hanno | avuto |

**trapassato prossimo**

| | | |
|---|---|---|
| *io* | avevo | avuto |
| *tu* | avevi | avuto |
| *egli* | aveva | avuto |
| *noi* | avevamo | avuto |
| *voi* | avevate | avuto |
| *essi* | avévano | avuto |

**trapassato remoto**

| | | |
|---|---|---|
| *io* | ebbi | avuto |
| *tu* | avesti | avuto |
| *egli* | ebbe | avuto |
| *noi* | avemmo | avuto |
| *voi* | aveste | avuto |
| *essi* | èbbero | avuto |

**futuro anteriore**

| | | |
|---|---|---|
| *io* | avrò | avuto |
| *tu* | avrai | avuto |
| *egli* | avrà | avuto |
| *noi* | avremo | avuto |
| *voi* | avrete | avuto |
| *essi* | avranno | avuto |

## condizionale

**presente**

| | |
|---|---|
| *io* | avrei |
| *tu* | avresti |
| *egli* | avrebbe |
| *noi* | avremmo |
| *voi* | avreste |
| essi | avrèbbero |

**passato**

| | | |
|---|---|---|
| *io* | avrei | avuto |
| *tu* | avresti | avuto |
| *egli* | avrebbe | avuto |
| *noi* | avremmo | avuto |
| *voi* | avreste | avuto |
| *essi* | avrèbbero | avuto |

## imperativo

**presente**

| | |
|---|---|
| ... | |
| abbi | *tu* |
| àbbia | *egli* |
| abbiamo | *noi* |
| abbiate | *voi* |
| àbbiano | *essi* |

## congiuntivo

**presente**

| | |
|---|---|
| *io* | àbbia |
| *tu* | àbbia |
| *egli* | àbbia |
| *noi* | abbiamo |
| *voi* | abbiate |
| *essi* | àbbiano |

**imperfetto**

| | |
|---|---|
| *io* | avessi |
| *tu* | avessi |
| *egli* | avesse |
| *noi* | avéssimo |
| *voi* | aveste |
| *essi* | avéssero |

**passato**

| | | |
|---|---|---|
| *io* | àbbia | avuto |
| *tu* | àbbia | avuto |
| *egli* | àbbia | avuto |
| *noi* | abbiamo | avuto |
| *voi* | abbiate | avuto |
| *essi* | àbbiano | avuto |

**trapassato**

| | | |
|---|---|---|
| *io* | avessi | avuto |
| *tu* | avessi | avuto |
| *egli* | avesse | avuto |
| *noi* | avéssimo | avuto |
| *voi* | aveste | avuto |
| *essi* | avéssero | avuto |

## infinito

| presente | passato |
|---|---|
| avere | avere avuto |

## participio

| presente | passato |
|---|---|
| avente | avuto |

## gerundio

| presente | passato |
|---|---|
| avendo | avendo avuto |

Il verbo *avere* è usato, oltre che in senso proprio (nel significato di 'possedere, tenere'), come ausiliare dei verbi transitivi attivi e di gran parte di quelli intransitivi.
La h che introduce le prime tre persone e la terza plurale del presente indicativo (*io ho, tu hai, egli ha, essi hanno*) ha valore diacritico, cioè serve a distinguere le forme del verbo dalla congiunzione *o*, dalla preposizione articolata *ai*, dalla preposizione semplice *a*, dal sostantivo *anno*. Il verbo *riavere* si coniuga come *avere*, fatta eccezione per le tre persone singolari e la terza plurale del presente indicativo *io riò, tu riai, egli rià, essi rianno*, che non prendono l'h perché non ci sono altre parole con le quali potrebbero confondersi.

# lavarsi 

## indicativo

**presente**

| | | |
|---|---|---|
| *io* | mi | lavo |
| *tu* | ti | lavi |
| *egli* | si | lava |
| *noi* | ci | laviamo |
| *voi* | vi | lavate |
| *essi* | si | l**à**vano |

**imperfetto**

| | | |
|---|---|---|
| *io* | mi | lavavo |
| *tu* | ti | lavavi |
| *egli* | si | lavava |
| *noi* | ci | lavavamo |
| *voi* | vi | lavavate |
| *essi* | si | lav**à**vano |

**passato remoto**

| | | |
|---|---|---|
| *io* | mi | lavai |
| *tu* | ti | lavasti |
| *egli* | si | lavò |
| *noi* | ci | lavammo |
| *voi* | vi | lavaste |
| *essi* | si | lav**à**rono |

**futuro semplice**

| | | |
|---|---|---|
| *io* | mi | laverò |
| *tu* | ti | laverai |
| *egli* | si | laverà |
| *noi* | ci | laveremo |
| *voi* | vi | laverete |
| *essi* | si | laveranno |

**passato prossimo**

| | | | |
|---|---|---|---|
| *io* | mi | sono | lavato |
| *tu* | ti | sei | lavato |
| *egli* | si | è | lavato |
| *noi* | ci | siamo | lavati |
| *voi* | vi | siete | lavati |
| *essi* | si | sono | lavati |

**trapassato prossimo**

| | | | |
|---|---|---|---|
| *io* | mi | ero | lavato |
| *tu* | ti | eri | lavato |
| *egli* | si | era | lavato |
| *noi* | ci | eravamo | lavati |
| *voi* | vi | eravate | lavati |
| *essi* | si | **è**rano | lavati |

**trapassato remoto**

| | | | |
|---|---|---|---|
| *io* | mi | fui | lavato |
| *tu* | ti | fosti | lavato |
| *egli* | si | fu | lavato |
| *noi* | ci | fummo | lavati |
| *voi* | vi | foste | lavati |
| *essi* | si | f**ù**rono | lavati |

**futuro anteriore**

| | | | |
|---|---|---|---|
| *io* | mi | sarò | lavato |
| *tu* | ti | sarai | lavato |
| *egli* | si | sarà | lavato |
| *noi* | ci | saremo | lavati |
| *voi* | vi | sarete | lavati |
| *essi* | si | saranno | lavati |

## condizionale

**presente**

| | | |
|---|---|---|
| *io* | mi | laverei |
| *tu* | ti | laveresti |
| *egli* | si | laverebbe |
| *noi* | ci | laveremmo |
| *voi* | vi | lavereste |
| *essi* | si | laver**è**bbero |

**passato**

| | | | |
|---|---|---|---|
| *io* | mi | sarei | lavato |
| *tu* | ti | saresti | lavato |
| *egli* | si | sarebbe | lavato |
| *noi* | ci | saremmo | lavati |
| *voi* | vi | sareste | lavati |
| *essi* | si | sar**è**bbero | lavati |

## imperativo

**presente**

| | |
|---|---|
| ... | |
| l**à**vati | *tu* |
| si lavi | *egli* |
| lavi**à**moci | *noi* |
| lav**à**tevi | *voi* |
| si l**à**vino | *essi* |

## congiuntivo

**presente**

| | | |
|---|---|---|
| *io* | mi | lavi |
| *tu* | ti | lavi |
| *egli* | si | lavi |
| *noi* | ci | laviamo |
| *voi* | vi | laviate |
| *essi* | si | l**à**vino |

**imperfetto**

| | | |
|---|---|---|
| *io* | mi | lavassi |
| *tu* | ti | lavassi |
| *egli* | si | lavasse |
| *noi* | ci | lav**à**ssimo |
| *voi* | vi | lavaste |
| *essi* | si | lav**à**ssero |

**passato**

| | | | |
|---|---|---|---|
| *io* | mi | sia | lavato |
| *tu* | ti | sia | lavato |
| *egli* | si | sia | lavato |
| *noi* | ci | siamo | lavati |
| *voi* | vi | siate | lavati |
| *essi* | si | siano | lavati |

**trapassato**

| | | | |
|---|---|---|---|
| *io* | mi | fossi | lavato |
| *tu* | ti | fossi | lavato |
| *egli* | si | fosse | lavato |
| *noi* | ci | f**ó**ssimo | lavati |
| *voi* | vi | foste | lavati |
| *essi* | si | f**ó**ssero | lavati |

## infinito

| **presente** | **passato** |
|---|---|
| lavarsi | **è**ssersi lavato |

## participio

| **presente** | **passato** |
|---|---|
| lav**à**ntesi | lav**à**tosi |

## gerundio

| **presente** | **passato** |
|---|---|
| lav**à**ndosi | ess**è**ndosi lavato |

---

L'ausiliare dei riflessivi e dei pronominali è *essere*.
Il participio passato si accorda in genere e numero con il soggetto (*Ugo si è lavato*); quando il complemento oggetto è diverso dalla particella pronominale (*Ugo si è lavato le mani*), il participio può anche accordarsi con il complemento (*Ugo si è lavate le mani*), anche se l'accordo con il soggetto è comunque preferibile.

## indicativo

**presente**

| | | |
|---|---|---|
| *io* | sono | amato |
| *tu* | sei | amato |
| *egli* | è | amato |
| *noi* | siamo | amati |
| *voi* | siete | amati |
| *essi* | sono | amati |

**passato prossimo**

| | | |
|---|---|---|
| *io* | sono | stato amato |
| *tu* | sei | stato amato |
| *egli* | è | stato amato |
| *noi* | siamo | stati amati |
| *voi* | siete | stati amati |
| *essi* | sono | stati amati |

**imperfetto**

| | | |
|---|---|---|
| *io* | ero | amato |
| *tu* | eri | amato |
| *egli* | era | amato |
| *noi* | eravamo | amati |
| *voi* | eravate | amati |
| *essi* | **è**rano | amati |

**trapassato prossimo**

| | | |
|---|---|---|
| *io* | ero | stato amato |
| *tu* | eri | stato amato |
| *egli* | era | stato amato |
| *noi* | eravamo | stati amati |
| *voi* | eravate | stati amati |
| *essi* | **è**rano | stati amati |

**passato remoto**

| | | |
|---|---|---|
| *io* | fui | amato |
| *tu* | fosti | amato |
| *egli* | fu | amato |
| *noi* | fummo | amati |
| *voi* | foste | amati |
| *essi* | f**ù**rono | amati |

**trapassato remoto**

| | | |
|---|---|---|
| *io* | fui | stato amato |
| *tu* | fosti | stato amato |
| *egli* | fu | stato amato |
| *noi* | fummo | stati amati |
| *voi* | foste | stati amati |
| *essi* | f**ù**rono | stati amati |

**futuro semplice**

| | | |
|---|---|---|
| *io* | sarò | amato |
| *tu* | sarai | amato |
| *egli* | sarà | amato |
| *noi* | saremo | amati |
| *voi* | sarete | amati |
| *essi* | saranno | amati |

**futuro anteriore**

| | | |
|---|---|---|
| *io* | sarò | stato amato |
| *tu* | sarai | stato amato |
| *egli* | sarà | stato amato |
| *noi* | saremo | stati amati |
| *voi* | sarete | stati amati |
| *essi* | saranno | stati amati |

## condizionale

**presente**

| | | |
|---|---|---|
| *io* | sarei | amato |
| *tu* | saresti | amato |
| *egli* | sarebbe | amato |
| *noi* | saremmo | amati |
| *voi* | sareste | amati |
| *essi* | sar**è**bbero | amati |

**passato**

| | | |
|---|---|---|
| *io* | sarei | stato amato |
| *tu* | saresti | stato amato |
| *egli* | sarebbe | stato amato |
| *noi* | saremmo | stati amati |
| *voi* | sareste | stati amati |
| *essi* | sar**è**bbero | stati amati |

## imperativo

**presente**

| | |
|---|---|
| ... | |
| sii amato | *tu* |
| sia amato | *egli* |
| siamo amati | *noi* |
| siate amati | *voi* |
| s**ì**ano amati | *essi* |

## congiuntivo

**presente**

| | | |
|---|---|---|
| *io* | sia | amato |
| *tu* | sia | amato |
| *egli* | sia | amato |
| *noi* | siamo | amati |
| *voi* | siate | amati |
| *essi* | s**ì**ano | amati |

**passato**

| | | |
|---|---|---|
| *io* | sia | stato amato |
| *tu* | sia | stato amato |
| *egli* | sia | stato amato |
| *noi* | siamo | stati amati |
| *voi* | siate | stati amati |
| *essi* | s**ì**ano | stati amati |

**imperfetto**

| | | |
|---|---|---|
| *io* | fossi | amato |
| *tu* | fossi | amato |
| *egli* | fosse | amato |
| *noi* | f**ó**ssimo | amati |
| *voi* | foste | amati |
| *essi* | f**ó**ssero | amati |

**trapassato**

| | | |
|---|---|---|
| *io* | fossi | stato amato |
| *tu* | fossi | stato amato |
| *egli* | fosse | stato amato |
| *noi* | f**ó**ssimo | stati amati |
| *voi* | foste | stati amati |
| *essi* | f**ó**ssero | stati amati |

## infinito

| presente | passato |
|---|---|
| essere amato | essere stato amato |

## participio

| presente | passato |
|---|---|
| ... | stato amato |

## gerundio

| presente | passato |
|---|---|
| essendo amato | essendo stato amato |

L'ausiliare della forma passiva è *essere*. Tuttavia in italiano esistono altri modi per costruire la forma passiva: cfr p. 15.

# amare 5

## indicativo

### presente

| | |
|---|---|
| *io* | amo |
| *tu* | ami |
| *egli* | ama |
| *noi* | amiamo |
| *voi* | amate |
| *essi* | àmano |

### imperfetto

| | |
|---|---|
| *io* | amavo |
| *tu* | amavi |
| *egli* | amava |
| *noi* | amavamo |
| *voi* | amavate |
| *essi* | amàvano |

### passato remoto

| | |
|---|---|
| *io* | amai |
| *tu* | amasti |
| *egli* | amò |
| *noi* | amammo |
| *voi* | amaste |
| *essi* | amàrono |

### futuro semplice

| | |
|---|---|
| *io* | amerò |
| *tu* | amerai |
| *egli* | amerà |
| *noi* | ameremo |
| *voi* | amerete |
| *essi* | ameranno |

### passato prossimo

| | | |
|---|---|---|
| *io* | ho | amato |
| *tu* | hai | amato |
| *egli* | ha | amato |
| *noi* | abbiamo | amato |
| *voi* | avete | amato |
| *essi* | hanno | amato |

### trapassato prossimo

| | | |
|---|---|---|
| *io* | avevo | amato |
| *tu* | avevi | amato |
| *egli* | aveva | amato |
| *noi* | avevamo | amato |
| *voi* | avevate | amato |
| *essi* | avévano | amato |

### trapassato remoto

| | | |
|---|---|---|
| *io* | ebbi | amato |
| *tu* | avesti | amato |
| *egli* | ebbe | amato |
| *noi* | avemmo | amato |
| *voi* | aveste | amato |
| *essi* | èbbero | amato |

### futuro anteriore

| | | |
|---|---|---|
| *io* | avrò | amato |
| *tu* | avrai | amato |
| *egli* | avrà | amato |
| *noi* | avremo | amato |
| *voi* | avrete | amato |
| *essi* | avranno | amato |

## condizionale

### presente

| | |
|---|---|
| *io* | amerei |
| *tu* | ameresti |
| *egli* | amerebbe |
| *noi* | ameremmo |
| *voi* | amereste |
| *essi* | amerèbbero |

### passato

| | | |
|---|---|---|
| *io* | avrei | amato |
| *tu* | avresti | amato |
| *egli* | avrebbe | amato |
| *noi* | avremmo | amato |
| *voi* | avreste | amato |
| *essi* | avrèbbero | amato |

## imperativo

### presente

| | |
|---|---|
| ... | |
| ama | *tu* |
| ami | *egli* |
| amiamo | *noi* |
| amate | *voi* |
| àmino | *essi* |

## congiuntivo

### presente

| | |
|---|---|
| *io* | ami |
| *tu* | ami |
| *egli* | ami |
| *noi* | amiamo |
| *voi* | amiate |
| *essi* | àmino |

### imperfetto

| | |
|---|---|
| *io* | amassi |
| *tu* | amassi |
| *egli* | amasse |
| *noi* | amàssimo |
| *voi* | amaste |
| *essi* | amàssero |

### passato

| | | |
|---|---|---|
| *io* | àbbia | amato |
| *tu* | àbbia | amato |
| *egli* | àbbia | amato |
| *noi* | abbiamo | amato |
| *voi* | abbiate | amato |
| *essi* | àbbiano | amato |

### trapassato

| | | |
|---|---|---|
| *io* | avessi | amato |
| *tu* | avessi | amato |
| *egli* | avesse | amato |
| *noi* | avéssimo | amato |
| *voi* | aveste | amato |
| *essi* | avéssero | amato |

## infinito

| **presente** | **passato** |
|---|---|
| amare | avere amato |

## participio

| **presente** | **passato** |
|---|---|
| amante | amato |

## gerundio

| **presente** | **passato** |
|---|---|
| amando | avendo amato |

È il modello della prima coniugazione.
I verbi che terminano in -gnare (come *bagnare*, *sognare* ecc.) alla I persona plurale del presente indicativo e alla I e II plurale del presente congiuntivo presentano la variante grafica *bagniamo / bagnamo*, *bagniamo / bagnamo*, *bagniate / bagnate*. È comunque consigliabile l'uso della forma con i.

## indicativo

**presente**

| | |
|---|---|
| *io* | cerco |
| *tu* | cerchi |
| *egli* | cerca |
| *noi* | cerchiamo |
| *voi* | cercate |
| *essi* | cércano |

**imperfetto**

| | |
|---|---|
| *io* | cercavo |
| *tu* | cercavi |
| *egli* | cercava |
| *noi* | cercavamo |
| *voi* | cercavate |
| *essi* | cercàvano |

**passato remoto**

| | |
|---|---|
| *io* | cercai |
| *tu* | cercasti |
| *egli* | cercò |
| *noi* | cercammo |
| *voi* | cercaste |
| *essi* | cercàrono |

**futuro semplice**

| | |
|---|---|
| *io* | cercherò |
| *tu* | cercherai |
| *egli* | cercherà |
| *noi* | cercheremo |
| *voi* | cercherete |
| *essi* | cercheranno |

**passato prossimo**

| | | |
|---|---|---|
| *io* | ho | cercato |
| *tu* | hai | cercato |
| *egli* | ha | cercato |
| *noi* | abbiamo | cercato |
| *voi* | avete | cercato |
| *essi* | hanno | cercato |

**trapassato prossimo**

| | | |
|---|---|---|
| *io* | avevo | cercato |
| *tu* | avevi | cercato |
| *egli* | aveva | cercato |
| *noi* | avevamo | cercato |
| *voi* | avevate | cercato |
| *essi* | avévano | cercato |

**trapassato remoto**

| | | |
|---|---|---|
| *io* | ebbi | cercato |
| *tu* | avesti | cercato |
| *egli* | ebbe | cercato |
| *noi* | avemmo | cercato |
| *voi* | aveste | cercato |
| *essi* | èbbero | cercato |

**futuro anteriore**

| | | |
|---|---|---|
| *io* | avrò | cercato |
| *tu* | avrai | cercato |
| *egli* | avrà | cercato |
| *noi* | avremo | cercato |
| *voi* | avrete | cercato |
| *essi* | avranno | cercato |

## congiuntivo

**presente**

| | |
|---|---|
| *io* | cerchi |
| *tu* | cerchi |
| *egli* | cerchi |
| *noi* | cerchiamo |
| *voi* | cerchiate |
| *essi* | cérchino |

**imperfetto**

| | |
|---|---|
| *io* | cercassi |
| *tu* | cercassi |
| *egli* | cercasse |
| *noi* | cercàssimo |
| *voi* | cercaste |
| *essi* | cercàssero |

**passato**

| | | |
|---|---|---|
| *io* | àbbia | cercato |
| *tu* | àbbia | cercato |
| *egli* | àbbia | cercato |
| *noi* | abbiamo | cercato |
| *voi* | abbiate | cercato |
| *essi* | àbbiano | cercato |

**trapassato**

| | | |
|---|---|---|
| *io* | avessi | cercato |
| *tu* | avessi | cercato |
| *egli* | avesse | cercato |
| *noi* | avéssimo | cercato |
| *voi* | aveste | cercato |
| *essi* | avéssero | cercato |

## condizionale

**presente**

| | |
|---|---|
| *io* | cercherei |
| *tu* | cercheresti |
| *egli* | cercherebbe |
| *noi* | cercheremmo |
| *voi* | cerchereste |
| *essi* | cercherèbbero |

**passato**

| | | |
|---|---|---|
| *io* | avrei | cercato |
| *tu* | avresti | cercato |
| *egli* | avrebbe | cercato |
| *noi* | avremmo | cercato |
| *voi* | avreste | cercato |
| *essi* | avrèbbero | cercato |

## imperativo

**presente**

| | |
|---|---|
| ... | |
| cerca | *tu* |
| cerchi | *egli* |
| cerchiamo | *noi* |
| cercate | *voi* |
| cérchino | *essi* |

## infinito

| **presente** | **passato** |
|---|---|
| cercare | avere cercato |

## participio

| **presente** | **passato** |
|---|---|
| cercante | cercato |

## gerundio

| **presente** | **passato** |
|---|---|
| cercando | avendo cercato |

I verbi in -care mantengono sempre il suono velare della c (cioè il suono che la *c* ha nella parola *cane*): per questa ragione si inserisce h davanti alle desinenze che cominciano per e o per i.
I verbi *cecare* e *accecare* seguono questo modello, ma aggiungono una i puramente grafica alla e nelle forme in cui l'accento tonico cade sulla radice: *io accièc-o, noi accech-iàmo.*
Anche i verbi in -icare seguono il modello, ma con un arretramento dell'accento nella I, II e III persona singolare e nella III plurale dell'indicativo presente, del congiuntivo presente e dell'imperativo (cfr. tav. 17).

## indicativo

**presente**

| | |
|---|---|
| *io* | lego |
| *tu* | leghi |
| *egli* | lega |
| *noi* | leghiamo |
| *voi* | legate |
| *essi* | légano |

**imperfetto**

| | |
|---|---|
| *io* | legavo |
| *tu* | legavi |
| *egli* | legava |
| *noi* | legavamo |
| *voi* | legavate |
| *essi* | legàvano |

**passato remoto**

| | |
|---|---|
| *io* | legai |
| *tu* | legasti |
| *egli* | legò |
| *noi* | legammo |
| *voi* | legaste |
| *essi* | legàrono |

**futuro semplice**

| | |
|---|---|
| *io* | legherò |
| *tu* | legherai |
| *egli* | legherà |
| *noi* | legheremo |
| *voi* | legherete |
| *essi* | legheranno |

**passato prossimo**

| | | |
|---|---|---|
| *io* | ho | legato |
| *tu* | hai | legato |
| *egli* | ha | legato |
| *noi* | abbiamo | legato |
| *voi* | avete | legato |
| *essi* | hanno | legato |

**trapassato prossimo**

| | | |
|---|---|---|
| *io* | avevo | legato |
| *tu* | avevi | legato |
| *egli* | aveva | legato |
| *noi* | avevamo | legato |
| *voi* | avevate | legato |
| *essi* | avévano | legato |

**trapassato remoto**

| | | |
|---|---|---|
| *io* | ebbi | legato |
| *tu* | avesti | legato |
| *egli* | ebbe | legato |
| *noi* | avemmo | legato |
| *voi* | aveste | legato |
| *essi* | èbbero | legato |

**futuro anteriore**

| | | |
|---|---|---|
| *io* | avrò | legato |
| *tu* | avrai | legato |
| *egli* | avrà | legato |
| *noi* | avremo | legato |
| *voi* | avrete | legato |
| *essi* | avranno | legato |

## congiuntivo

**presente**

| | |
|---|---|
| *io* | leghi |
| *tu* | leghi |
| *egli* | leghi |
| *noi* | leghiamo |
| *voi* | leghiate |
| *essi* | léghino |

**imperfetto**

| | |
|---|---|
| *io* | legassi |
| *tu* | legassi |
| *egli* | legasse |
| *noi* | legàssimo |
| *voi* | legaste |
| *essi* | legàssero |

**passato**

| | | |
|---|---|---|
| *io* | àbbia | legato |
| *tu* | àbbia | legato |
| *egli* | àbbia | legato |
| *noi* | abbiamo | legato |
| *voi* | abbiate | legato |
| *essi* | àbbiano | legato |

**trapassato**

| | | |
|---|---|---|
| *io* | avessi | legato |
| *tu* | avessi | legato |
| *egli* | avesse | legato |
| *noi* | avéssimo | legato |
| *voi* | aveste | legato |
| *essi* | avéssero | legato |

## condizionale

**presente**

| | |
|---|---|
| *io* | legherei |
| *tu* | legheresti |
| *egli* | legherebbe |
| *noi* | legheremmo |
| *voi* | leghereste |
| *essi* | legherèbbero |

**passato**

| | | |
|---|---|---|
| *io* | avrei | legato |
| *tu* | avresti | legato |
| *egli* | avrebbe | legato |
| *noi* | avremmo | legato |
| *voi* | avreste | legato |
| *essi* | avrèbbero | legato |

## imperativo

**presente**

| | |
|---|---|
| ... | |
| lega | *tu* |
| leghi | *egli* |
| leghiamo | *noi* |
| legate | *voi* |
| léghino | *essi* |

## infinito

| presente | passato |
|---|---|
| legare | avere legato |

## participio

| presente | passato |
|---|---|
| legante | legato |

## gerundio

| presente | passato |
|---|---|
| legando | avendo legato |

I verbi in -gare mantengono sempre il suono velare della g (cioè il suono che la *g* ha nella parola *gatto*): per questa ragione si inserisce h davanti alle desinenze che cominciano per e o per i.

# cominciare

## indicativo

**presente**

| | |
|---|---|
| *io* | comincio |
| *tu* | cominci |
| *egli* | comincia |
| *noi* | cominciamo |
| *voi* | cominciate |
| *essi* | comìnciano |

**passato prossimo**

| | | |
|---|---|---|
| *io* | ho | cominciato |
| *tu* | hai | cominciato |
| *egli* | ha | cominciato |
| *noi* | abbiamo | cominciato |
| *voi* | avete | cominciato |
| *essi* | hanno | cominciato |

**imperfetto**

| | |
|---|---|
| *io* | cominciavo |
| *tu* | cominciavi |
| *egli* | cominciava |
| *noi* | cominciavamo |
| *voi* | cominciavate |
| *essi* | cominciàvano |

**trapassato prossimo**

| | | |
|---|---|---|
| *io* | avevo | cominciato |
| *tu* | avevi | cominciato |
| *egli* | aveva | cominciato |
| *noi* | avevamo | cominciato |
| *voi* | avevate | cominciato |
| *essi* | avévano | cominciato |

**passato remoto**

| | |
|---|---|
| *io* | cominciai |
| *tu* | cominciasti |
| *egli* | cominciò |
| *noi* | cominciammo |
| *voi* | cominciaste |
| *essi* | cominciàrono |

**trapassato remoto**

| | | |
|---|---|---|
| *io* | ebbi | cominciato |
| *tu* | avesti | cominciato |
| *egli* | ebbe | cominciato |
| *noi* | avemmo | cominciato |
| *voi* | aveste | cominciato |
| *essi* | èbbero | cominciato |

**futuro semplice**

| | |
|---|---|
| *io* | comincerò |
| *tu* | comincerai |
| *egli* | comincerà |
| *noi* | cominceremo |
| *voi* | comincerete |
| *essi* | cominceranno |

**futuro anteriore**

| | | |
|---|---|---|
| *io* | avrò | cominciato |
| *tu* | avrai | cominciato |
| *egli* | avrà | cominciato |
| *noi* | avremo | cominciato |
| *voi* | avrete | cominciato |
| *essi* | avranno | cominciato |

## condizionale

**presente**

| | |
|---|---|
| *io* | comincerei |
| *tu* | cominceresti |
| *egli* | comincerebbe |
| *noi* | cominceremmo |
| *voi* | comincereste |
| *essi* | comincerèbbero |

**passato**

| | | |
|---|---|---|
| *io* | avrei | cominciato |
| *tu* | avresti | cominciato |
| *egli* | avrebbe | cominciato |
| *noi* | avremmo | cominciato |
| *voi* | avreste | cominciato |
| *essi* | avrèbbero | cominciato |

## imperativo

**presente**

| | |
|---|---|
| ... | |
| comincia | *tu* |
| cominci | *egli* |
| cominciamo | *noi* |
| cominciate | *voi* |
| comìncino | *essi* |

## congiuntivo

**presente**

| | |
|---|---|
| *io* | cominci |
| *tu* | cominci |
| *egli* | cominci |
| *noi* | cominciamo |
| *voi* | cominciate |
| *essi* | comìncino |

**passato**

| | | |
|---|---|---|
| *io* | àbbia | cominciato |
| *tu* | àbbia | cominciato |
| *egli* | àbbia | cominciato |
| *noi* | abbiamo | cominciato |
| *voi* | abbiate | cominciato |
| *essi* | àbbiano | cominciato |

**imperfetto**

| | |
|---|---|
| *io* | cominciassi |
| *tu* | cominciassi |
| *egli* | cominciasse |
| *noi* | cominciàssimo |
| *voi* | cominciaste |
| *essi* | cominciàssero |

**trapassato**

| | | |
|---|---|---|
| *io* | avessi | cominciato |
| *tu* | avessi | cominciato |
| *egli* | avesse | cominciato |
| *noi* | avéssimo | cominciato |
| *voi* | aveste | cominciato |
| *essi* | avéssero | cominciato |

## infinito

| presente | passato |
|---|---|
| cominciare | avere cominciato |

## participio

| presente | passato |
|---|---|
| cominciante | cominciato |

## gerundio

| presente | passato |
|---|---|
| cominciando | avendo cominciato |

Nei verbi in -ciare la i ha valore diacritico, serve cioè solo a indicare il suono palatale della c che precede (suono come quello della *c* di *cena*). Dunque essa non compare davanti a tutte le desinenze che cominciano per e o per i, poiché davanti a e e i il segno c indica sempre un suono palatale (II persona singolare e I plurale del presente indicativo; tutte le persone del congiuntivo presente, del condizionale presente e del futuro semplice; III singolare, I e III plurale dell'imperativo).
Il verbo *associare* segue il modello regolarmente, tranne al futuro e al condizionale dove, per analogia con il resto della coniugazione, conserva la i diacritica della radice: *io associerò*, *io associerei* ecc.

## indicativo

| presente | | passato prossimo | | |
|---|---|---|---|---|
| *io* | mangio | *io* | ho | mangiato |
| *tu* | mangi | *tu* | hai | mangiato |
| *egli* | mangia | *egli* | ha | mangiato |
| *noi* | mangiamo | *noi* | abbiamo | mangiato |
| *voi* | mangiate | *voi* | avete | mangiato |
| *essi* | màngiano | *essi* | hanno | mangiato |
| **imperfetto** | | **trapassato prossimo** | | |
| *io* | mangiavo | *io* | avevo | mangiato |
| *tu* | mangiavi | *tu* | avevi | mangiato |
| *egli* | mangiava | *egli* | aveva | mangiato |
| *noi* | mangiavamo | *noi* | avevamo | mangiato |
| *voi* | mangiavate | *voi* | avevate | mangiato |
| *essi* | mangiàvano | *essi* | avévano | mangiato |
| **passato remoto** | | **trapassato remoto** | | |
| *io* | mangiai | *io* | ebbi | mangiato |
| *tu* | mangiasti | *tu* | avesti | mangiato |
| *egli* | mangiò | *egli* | ebbe | mangiato |
| *noi* | mangiammo | *noi* | avemmo | mangiato |
| *voi* | mangiaste | *voi* | aveste | mangiato |
| *essi* | mangiàrono | *essi* | èbbero | mangiato |
| **futuro semplice** | | **futuro anteriore** | | |
| *io* | mangerò | *io* | avrò | mangiato |
| *tu* | mangerai | *tu* | avrai | mangiato |
| *egli* | mangerà | *egli* | avrà | mangiato |
| *noi* | mangeremo | *noi* | avremo | mangiato |
| *voi* | mangerete | *voi* | avrete | mangiato |
| *essi* | mangeranno | *essi* | avranno | mangiato |

## condizionale

| presente | | | passato | | |
|---|---|---|---|---|---|
| *io* | mangerei | | *io* | avrei | mangiato |
| *tu* | mangeresti | | *tu* | avresti | mangiato |
| *egli* | mangerebbe | | *egli* | avrebbe | mangiato |
| *noi* | mangeremmo | | *noi* | avremmo | mangiato |
| *voi* | mangereste | | *voi* | avreste | mangiato |
| *essi* | mangerèbbero | | *essi* | avrèbbero | mangiato |

## imperativo

**presente**

| | |
|---|---|
| ... | |
| mangia | *tu* |
| mangi | *egli* |
| mangiamo | *noi* |
| mangiate | *voi* |
| màngino | *essi* |

## congiuntivo

| presente | | passato | | |
|---|---|---|---|---|
| *io* | mangi | *io* | àbbia | mangiato |
| *tu* | mangi | *tu* | àbbia | mangiato |
| *egli* | mangi | *egli* | àbbia | mangiato |
| *noi* | mangiamo | *noi* | abbiamo | mangiato |
| *voi* | mangiate | *voi* | abbiate | mangiato |
| *essi* | màngino | *essi* | àbbiano | mangiato |
| **imperfetto** | | **trapassato** | | |
| *io* | mangiassi | *io* | avessi | mangiato |
| *tu* | mangiassi | *tu* | avessi | mangiato |
| *egli* | mangiasse | *egli* | avesse | mangiato |
| *noi* | mangiàssimo | *noi* | avéssimo | mangiato |
| *voi* | mangiaste | *voi* | aveste | mangiato |
| *essi* | mangiàssero | *essi* | avéssero | mangiato |

## infinito

| presente | passato |
|---|---|
| mangiare | avere mangiato |

## participio

| presente | passato |
|---|---|
| mangiante | mangiato |

## gerundio

| presente | passato |
|---|---|
| mangiando | avendo mangiato |

Nei verbi in -giare la i ha valore diacritico, serve cioè a indicare il suono palatale della g che precede (come il suono che la *g* ha nella parola *giorno*). Dunque essa non compare davanti a tutte le desinenze che cominciano per e o per i, poiché davanti a e e i il segno g indica sempre un suono palatale (II persona singolare e I plurale del presente indicativo; tutte le persone del congiuntivo presente, del condizionale presente e del futuro semplice; III singolare, I e III plurale dell'imperativo).
Il verbo *effigiare* segue il modello regolarmente, tranne al futuro e al condizionale dove, per analogia con il resto della coniugazione, conserva la i diacritica della radice: *io effigierò*, *io effigierei*.

# inviare

## indicativo

| presente | | passato prossimo | | |
|---|---|---|---|---|
| *io* | invio | *io* | ho | inviato |
| *tu* | invii | *tu* | hai | inviato |
| *egli* | invia | *egli* | ha | inviato |
| *noi* | inviamo | *noi* | abbiamo | inviato |
| *voi* | inviate | *voi* | avete | inviato |
| *essi* | invìano | *essi* | hanno | inviato |

| imperfetto | | trapassato prossimo | | |
|---|---|---|---|---|
| *io* | inviavo | *io* | avevo | inviato |
| *tu* | inviavi | *tu* | avevi | inviato |
| *egli* | inviava | *egli* | aveva | inviato |
| *noi* | inviavamo | *noi* | avevamo | inviato |
| *voi* | inviavate | *voi* | avevate | inviato |
| *essi* | inviàvano | *essi* | avévano | inviato |

| passato remoto | | trapassato remoto | | |
|---|---|---|---|---|
| *io* | inviai | *io* | ebbi | inviato |
| *tu* | inviasti | *tu* | avesti | inviato |
| *egli* | inviò | *egli* | ebbe | inviato |
| *noi* | inviammo | *noi* | avemmo | inviato |
| *voi* | inviaste | *voi* | aveste | inviato |
| *essi* | inviàrono | *essi* | èbbero | inviato |

| futuro semplice | | futuro anteriore | | |
|---|---|---|---|---|
| *io* | invierò | *io* | avrò | inviato |
| *tu* | invierai | *tu* | avrai | inviato |
| *egli* | invierà | *egli* | avrà | inviato |
| *noi* | invieremo | *noi* | avremo | inviato |
| *voi* | invierete | *voi* | avrete | inviato |
| *essi* | invieranno | *essi* | avranno | inviato |

## condizionale

| presente | | passato | | |
|---|---|---|---|---|
| *io* | invierei | *io* | avrei | inviato |
| *tu* | invieresti | *tu* | avresti | inviato |
| *egli* | invierebbe | *egli* | avrebbe | inviato |
| *noi* | invieremmo | *noi* | avremmo | inviato |
| *voi* | inviereste | *voi* | avreste | inviato |
| *essi* | invierèbbero | *essi* | avrèbbero | inviato |

## imperativo

**presente**

| | |
|---|---|
| ... | |
| invia | *tu* |
| invii | *egli* |
| inviamo | *noi* |
| inviate | *voi* |
| invìino | *essi* |

## congiuntivo

| presente | | passato | | |
|---|---|---|---|---|
| *io* | invii | *io* | àbbia | inviato |
| *tu* | invii | *tu* | àbbia | inviato |
| *egli* | invii | *egli* | àbbia | inviato |
| *noi* | inviamo | *noi* | abbiamo | inviato |
| *voi* | inviate | *voi* | abbiate | inviato |
| *essi* | invìino | *essi* | àbbiano | inviato |

| imperfetto | | trapassato | | |
|---|---|---|---|---|
| *io* | inviassi | *io* | avessi | inviato |
| *tu* | inviassi | *tu* | avessi | inviato |
| *egli* | inviasse | *egli* | avesse | inviato |
| *noi* | inviàssimo | *noi* | avéssimo | inviato |
| *voi* | inviaste | *voi* | aveste | inviato |
| *essi* | inviàssero | *essi* | avéssero | inviato |

## infinito

| presente | passato |
|---|---|
| inviare | avere inviato |

## participio

| presente | passato |
|---|---|
| inviante | inviato |

## gerundio

| presente | passato |
|---|---|
| inviando | avendo inviato |

I verbi in -iare che seguono questo modello conservano la i della radice davanti alle desinenze che cominciano per i (*tu invii*), fatta eccezione per le desinenze *-iamo* e *-iate*. Si coniugano secondo questo modello i verbi che alla I persona singolare dell'indicativo recano l'accento tonico sulla i: *io invìo*, *tu invii*; *io spìo*, *tu spii* ecc. Inoltre, seguono questo modello i verbi *alleviare*, *odiare*, *radiare* e *variare* per evitare confusioni con i verbi *allevare*, *udire*, *radere* e *varare*:

*alleviare: io allèvio, tu allevii – allevare: io allevo, tu allevi*; *radiare: io ràdio, tu radii – radere: io rado, tu radi*;
*odiare: io òdio, tu odii – udire: io odo, tu odi*; *variare: io vàrio, tu varii – varare: io varo, tu vari.*

## indicativo

**presente**

| | |
|---|---|
| *io* | studio |
| *tu* | studi |
| *egli* | studia |
| *noi* | studiamo |
| *voi* | studiate |
| *essi* | stùdiano |

**imperfetto**

| | |
|---|---|
| *io* | studiavo |
| *tu* | studiavi |
| *egli* | studiava |
| *noi* | studiavamo |
| *voi* | studiavate |
| *essi* | studiàvano |

**passato remoto**

| | |
|---|---|
| *io* | studiai |
| *tu* | studiasti |
| *egli* | studiò |
| *noi* | studiammo |
| *voi* | studiaste |
| *essi* | studiàrono |

**futuro semplice**

| | |
|---|---|
| *io* | studierò |
| *tu* | studierai |
| *egli* | studierà |
| *noi* | studieremo |
| *voi* | studierete |
| *essi* | studieranno |

**passato prossimo**

| | | |
|---|---|---|
| *io* | ho | studiato |
| *tu* | hai | studiato |
| *egli* | ha | studiato |
| *noi* | abbiamo | studiato |
| *voi* | avete | studiato |
| *essi* | hanno | studiato |

**trapassato prossimo**

| | | |
|---|---|---|
| *io* | avevo | studiato |
| *tu* | avevi | studiato |
| *egli* | aveva | studiato |
| *noi* | avevamo | studiato |
| *voi* | avevate | studiato |
| *essi* | avévano | studiato |

**trapassato remoto**

| | | |
|---|---|---|
| *io* | ebbi | studiato |
| *tu* | avesti | studiato |
| *egli* | ebbe | studiato |
| *noi* | avemmo | studiato |
| *voi* | aveste | studiato |
| *essi* | èbbero | studiato |

**futuro anteriore**

| | | |
|---|---|---|
| *io* | avrò | studiato |
| *tu* | avrai | studiato |
| *egli* | avrà | studiato |
| *noi* | avremo | studiato |
| *voi* | avrete | studiato |
| *essi* | avranno | studiato |

## condizionale

**presente**

| | |
|---|---|
| *io* | studierei |
| *tu* | studieresti |
| *egli* | studierebbe |
| *noi* | studieremmo |
| *voi* | studiereste |
| *essi* | studierèbbero |

**passato**

| | | |
|---|---|---|
| *io* | avrei | studiato |
| *tu* | avresti | studiato |
| *egli* | avrebbe | studiato |
| *noi* | avremmo | studiato |
| *voi* | avreste | studiato |
| *essi* | avrèbbero | studiato |

## imperativo

**presente**

| | |
|---|---|
| ... | |
| studia | *tu* |
| studi | *egli* |
| studiamo | *noi* |
| studiate | *voi* |
| stùdino | *essi* |

## congiuntivo

**presente**

| | |
|---|---|
| *io* | studi |
| *tu* | studi |
| *egli* | studi |
| *noi* | studiamo |
| *voi* | studiate |
| *essi* | stùdino |

**imperfetto**

| | |
|---|---|
| *io* | studiassi |
| *tu* | studiassi |
| *egli* | studiasse |
| *noi* | studiàssimo |
| *voi* | studiaste |
| *essi* | studiàssero |

**passato**

| | | |
|---|---|---|
| *io* | àbbia | studiato |
| *tu* | àbbia | studiato |
| *egli* | àbbia | studiato |
| *noi* | abbiamo | studiato |
| *voi* | abbiate | studiato |
| *essi* | àbbiano | studiato |

**trapassato**

| | | |
|---|---|---|
| *io* | avessi | studiato |
| *tu* | avessi | studiato |
| *egli* | avesse | studiato |
| *noi* | avéssimo | studiato |
| *voi* | aveste | studiato |
| *essi* | avéssero | studiato |

## infinito

| **presente** | **passato** |
|---|---|
| studiare | avere studiato |

## participio

| **presente** | **passato** |
|---|---|
| studiante | studiato |

## gerundio

| **presente** | **passato** |
|---|---|
| studiando | avendo studiato |

I verbi in -iare che seguono questo modello perdono la i della radice davanti alle desinenze che cominciano per i (*tu studi* e non **tu studii*).
Si distinguono dai verbi in -iare che seguono il modello descritto alla tav. 10 per la posizione dell'accento tonico alla I persona singolare dell'indicativo presente (*io stùdio*, *tu studi*: tav. 11; *io invìo*, *tu invii*: tav. 10).
I verbi *alleviare*, *odiare*, *radiare* e *variare* fanno eccezione a questa norma, e si comportano secondo il modello della tav. 10, per evitare confusioni con i verbi *allevare*, *udire*, *radere* e *varare* (cfr. tav. 10).

## indicativo

**presente**

| | |
|---|---|
| *io* | gi(u)oco |
| *tu* | gi(u)ochi |
| *egli* | gi(u)oca |
| *noi* | giochiamo |
| *voi* | giocate |
| *essi* | gi(u)**ò**cano |

**imperfetto**

| | |
|---|---|
| *io* | giocavo |
| *tu* | giocavi |
| *egli* | giocava |
| *noi* | giocavamo |
| *voi* | giocavate |
| *essi* | gioc**à**vano |

**passato remoto**

| | |
|---|---|
| *io* | giocai |
| *tu* | giocasti |
| *egli* | giocò |
| *noi* | giocammo |
| *voi* | giocaste |
| *essi* | gioc**à**rono |

**futuro semplice**

| | |
|---|---|
| *io* | giocherò |
| *tu* | giocherai |
| *egli* | giocherà |
| *noi* | giocheremo |
| *voi* | giocherete |
| *essi* | giocheranno |

**passato prossimo**

| | | |
|---|---|---|
| *io* | ho | giocato |
| *tu* | hai | giocato |
| *egli* | ha | giocato |
| *noi* | abbiamo | giocato |
| *voi* | avete | giocato |
| *essi* | hanno | giocato |

**trapassato prossimo**

| | | |
|---|---|---|
| *io* | avevo | giocato |
| *tu* | avevi | giocato |
| *egli* | aveva | giocato |
| *noi* | avevamo | giocato |
| *voi* | avevate | giocato |
| *essi* | av**é**vano | giocato |

**trapassato remoto**

| | | |
|---|---|---|
| *io* | ebbi | giocato |
| *tu* | avesti | giocato |
| *egli* | ebbe | giocato |
| *noi* | avemmo | giocato |
| *voi* | aveste | giocato |
| *essi* | **è**bbero | giocato |

**futuro anteriore**

| | | |
|---|---|---|
| *io* | avrò | giocato |
| *tu* | avrai | giocato |
| *egli* | avrà | giocato |
| *noi* | avremo | giocato |
| *voi* | avrete | giocato |
| *essi* | avranno | giocato |

## condizionale

**presente**

| | |
|---|---|
| *io* | giocherei |
| *tu* | giocheresti |
| *egli* | giocherebbe |
| *noi* | giocheremmo |
| *voi* | giochereste |
| *essi* | giocher**è**bbero |

**passato**

| | | |
|---|---|---|
| *io* | avrei | giocato |
| *tu* | avresti | giocato |
| *egli* | avrebbe | giocato |
| *noi* | avremmo | giocato |
| *voi* | avreste | giocato |
| *essi* | avr**è**bbero | giocato |

## imperativo

**presente**

| | |
|---|---|
| ... | |
| gi(u)oca | *tu* |
| gi(u)ochi | *egli* |
| giochiamo | *noi* |
| giocate | *voi* |
| gi(u)**ò**chino | *essi* |

## congiuntivo

**presente**

| | |
|---|---|
| *io* | gi(u)ochi |
| *tu* | gi(u)ochi |
| *egli* | gi(u)ochi |
| *noi* | giochiamo |
| *voi* | giochiate |
| *essi* | gi(u)**ò**chino |

**imperfetto**

| | |
|---|---|
| *io* | giocassi |
| *tu* | giocassi |
| *egli* | giocasse |
| *noi* | gioc**à**ssimo |
| *voi* | giocaste |
| *essi* | gioc**à**ssero |

**passato**

| | | |
|---|---|---|
| *io* | **à**bbia | giocato |
| *tu* | **à**bbia | giocato |
| *egli* | **à**bbia | giocato |
| *noi* | abbiamo | giocato |
| *voi* | abbiate | giocato |
| *essi* | **à**bbiano | giocato |

**trapassato**

| | | |
|---|---|---|
| *io* | avessi | giocato |
| *tu* | avessi | giocato |
| *egli* | avesse | giocato |
| *noi* | av**é**ssimo | giocato |
| *voi* | aveste | giocato |
| *essi* | av**é**ssero | giocato |

## infinito

| **presente** | **passato** |
|---|---|
| giocare | avere giocato |

## participio

| **presente** | **passato** |
|---|---|
| giocante | giocato |

## gerundio

| **presente** | **passato** |
|---|---|
| giocando | avendo giocato |

Alcuni verbi, come *giocare*, possono dittongare la o in uo se questa si trova in posizione tonica: si avrà dunque l'alternanza *io giòco / io giuòco*, *io abbòno / io abbuòno*, *io risòno io risuòno*.

## indicativo

**presente**

| | | | |
|---|---|---|---|
| *io* | vado | | |
| *tu* | vai | | |
| *egli* | va | | |
| *noi* | andiamo | | |
| *voi* | andate | | |
| *essi* | vanno | | |

**passato prossimo**

| | | |
|---|---|---|
| *io* | sono | andato |
| *tu* | sei | andato |
| *egli* | è | andato |
| *noi* | siamo | andati |
| *voi* | siete | andati |
| *essi* | sono | andati |

**imperfetto**

| | |
|---|---|
| *io* | andavo |
| *tu* | andavi |
| *egli* | andava |
| *noi* | andavamo |
| *voi* | andavate |
| *essi* | and**à**vano |

**trapassato prossimo**

| | | |
|---|---|---|
| *io* | ero | andato |
| *tu* | eri | andato |
| *egli* | era | andato |
| *noi* | eravamo | andati |
| *voi* | eravate | andati |
| *essi* | **è**rano | andati |

**passato remoto**

| | |
|---|---|
| *io* | andai |
| *tu* | andasti |
| *egli* | andò |
| *noi* | andammo |
| *voi* | andaste |
| *essi* | and**à**rono |

**trapassato remoto**

| | | |
|---|---|---|
| *io* | fui | andato |
| *tu* | fosti | andato |
| *egli* | fu | andato |
| *noi* | fummo | andati |
| *voi* | foste | andati |
| *essi* | f**ù**rono | andati |

**futuro semplice**

| | |
|---|---|
| *io* | andrò |
| *tu* | andrai |
| *egli* | andrà |
| *noi* | andremo |
| *voi* | andrete |
| *essi* | andranno |

**futuro anteriore**

| | | |
|---|---|---|
| *io* | sarò | andato |
| *tu* | sarai | andato |
| *egli* | sarà | andato |
| *noi* | saremo | andati |
| *voi* | sarete | andati |
| *essi* | saranno | andati |

## condizionale

**presente**

| | |
|---|---|
| *io* | andrei |
| *tu* | andresti |
| *egli* | andrebbe |
| *noi* | andremmo |
| *voi* | andreste |
| *essi* | andr**è**bbero |

**passato**

| | | |
|---|---|---|
| *io* | sarei | andato |
| *tu* | saresti | andato |
| *egli* | sarebbe | andato |
| *noi* | saremmo | andati |
| *voi* | sareste | andati |
| *essi* | sar**è**bbero | andati |

## imperativo

**presente**

| | |
|---|---|
| ... | |
| vai, va' | *tu* |
| vada | *egli* |
| andiamo | *noi* |
| andate | *voi* |
| vàdano | *essi* |

## congiuntivo

**presente**

| | |
|---|---|
| *io* | vada |
| *tu* | vada |
| *egli* | vada |
| *noi* | andiamo |
| *voi* | andiate |
| *essi* | vàdano |

**passato**

| | | |
|---|---|---|
| *io* | sia | andato |
| *tu* | sia | andato |
| *egli* | sia | andato |
| *noi* | siamo | andati |
| *voi* | siate | andati |
| *essi* | s**ì**ano | andati |

**imperfetto**

| | |
|---|---|
| *io* | andassi |
| *tu* | andassi |
| *egli* | andasse |
| *noi* | and**à**ssimo |
| *voi* | andaste |
| *essi* | and**à**ssero |

**trapassato**

| | | |
|---|---|---|
| *io* | fossi | andato |
| *tu* | fossi | andato |
| *egli* | fosse | andato |
| *noi* | f**ó**ssimo | andati |
| *voi* | foste | andati |
| *essi* | f**ó**ssero | andati |

## infinito

| **presente** | **passato** |
|---|---|
| andare | essere andato |

## participio

| **presente** | **passato** |
|---|---|
| andante | andato |

## gerundio

| **presente** | **passato** |
|---|---|
| andando | essendo andato |

Verbo irregolare.
Allo stesso modo si coniuga il verbo *riandare*.

## indicativo

**presente**
*io* do, dò
*tu* dai
*egli* dà
*noi* diamo
*voi* date
*essi* danno

**imperfetto**
*io* davo
*tu* davi
*egli* dava
*noi* davamo
*voi* davate
*essi* dàvano

**passato remoto**
*io* diedi, detti
*tu* desti
*egli* diede, dette
*noi* demmo
*voi* deste
*essi* dièdero, dèttero

**futuro semplice**
*io* darò
*tu* darai
*egli* darà
*noi* daremo
*voi* darete
*essi* daranno

**passato prossimo**
*io* ho dato
*tu* hai dato
*egli* ha dato
*noi* abbiamo dato
*voi* avete dato
*essi* hanno dato

**trapassato prossimo**
*io* avevo dato
*tu* avevi dato
*egli* aveva dato
*noi* avevamo dato
*voi* avevate dato
*essi* avévano dato

**trapassato remoto**
*io* ebbi dato
*tu* avesti dato
*egli* ebbe dato
*noi* avemmo dato
*voi* aveste dato
*essi* èbbero dato

**futuro anteriore**
*io* avrò dato
*tu* avrai dato
*egli* avrà dato
*noi* avremo dato
*voi* avrete dato
*essi* avranno dato

## condizionale

**presente**
*io* darei
*tu* daresti
*egli* darebbe
*noi* daremmo
*voi* dareste
*essi* darèbbero

**passato**
*io* avrei dato
*tu* avresti dato
*egli* avrebbe dato
*noi* avremmo dato
*voi* avreste dato
*essi* avrèbbero dato

## imperativo

**presente**
...
dai, da', dà *tu*
dia *egli*
diamo *noi*
date *voi*
dìano *essi*

## congiuntivo

**presente**
*io* dia
*tu* dia
*egli* dia
*noi* diamo
*voi* diate
*essi* dìano

**imperfetto**
*io* dessi
*tu* dessi
*egli* desse
*noi* déssimo
*voi* deste
*essi* déssero

**passato**
*io* àbbia dato
*tu* àbbia dato
*egli* àbbia dato
*noi* abbiamo dato
*voi* abbiate dato
*essi* àbbiano dato

**trapassato**
*io* avessi dato
*tu* avessi dato
*egli* avesse dato
*noi* avéssimo dato
*voi* aveste dato
*essi* avéssero dato

## infinito

| **presente** | **passato** |
|---|---|
| dare | avere dato |

## participio

| **presente** | **passato** |
|---|---|
| dante | dato |

## gerundio

| **presente** | **passato** |
|---|---|
| dando | avendo dato |

Verbo irregolare. La III persona singolare del presente indicativo (*egli dà*) richiede sempre l'accento, che è invece ammesso, seppur sconsigliato, per la I persona singolare (*io do* o *io dò*). La seconda persona dell'imperativo ha tre forme: *dai*, *da'* con il segno di elisione, e *dà* con l'accento per distinguerla dalla preposizione *da* (è consigliabile l'uso delle prime due forme). Il participio presente *dante* è di uso molto raro.
Il verbo *ridare* si coniuga come *dare*, fatta eccezione per tutte le persone del congiuntivo imperfetto (*io ridassi, tu ridassi, egli ridasse, noi ridassimo, voi ridaste, essi ridassero*) per evitare confusioni con le forme del verbo *ridere* (*io ridessi, tu ridessi* ecc.).

## indicativo

**presente**

| | |
|---|---|
| *io* | sto |
| *tu* | stai |
| *egli* | sta |
| *noi* | stiamo |
| *voi* | state |
| *essi* | stanno |

**passato prossimo**

| | | |
|---|---|---|
| *io* | sono | stato |
| *tu* | sei | stato |
| *egli* | è | stato |
| *noi* | siamo | stati |
| *voi* | siete | stati |
| *essi* | sono | stati |

**imperfetto**

| | |
|---|---|
| *io* | stavo |
| *tu* | stavi |
| *egli* | stava |
| *noi* | stavamo |
| *voi* | stavate |
| *essi* | stàvano |

**trapassato prossimo**

| | | |
|---|---|---|
| *io* | ero | stato |
| *tu* | eri | stato |
| *egli* | era | stato |
| *noi* | eravamo | stati |
| *voi* | eravate | stati |
| *essi* | èrano | stati |

**passato remoto**

| | |
|---|---|
| *io* | stetti |
| *tu* | stesti |
| *egli* | stette |
| *noi* | stemmo |
| *voi* | steste |
| *essi* | stèttero |

**trapassato remoto**

| | | |
|---|---|---|
| *io* | fui | stato |
| *tu* | fosti | stato |
| *egli* | fu | stato |
| *noi* | fummo | stati |
| *voi* | foste | stati |
| *essi* | fùrono | stati |

**futuro semplice**

| | |
|---|---|
| *io* | starò |
| *tu* | starai |
| *egli* | starà |
| *noi* | staremo |
| *voi* | starete |
| *essi* | staranno |

**futuro anteriore**

| | | |
|---|---|---|
| *io* | sarò | stato |
| *tu* | sarai | stato |
| *egli* | sarà | stato |
| *noi* | saremo | stati |
| *voi* | sarete | stati |
| *essi* | saranno | stati |

## condizionale

**presente**

| | |
|---|---|
| *io* | starei |
| *tu* | staresti |
| *egli* | starebbe |
| *noi* | staremmo |
| *voi* | stareste |
| *essi* | starèbbero |

**passato**

| | | |
|---|---|---|
| *io* | sarei | stato |
| *tu* | saresti | stato |
| *egli* | sarebbe | stato |
| *noi* | saremmo | stati |
| *voi* | sareste | stati |
| *essi* | sarèbbero | stati |

## imperativo

**presente**

| | |
|---|---|
| ... | |
| stai, sta' | *tu* |
| stia | *egli* |
| stiamo | *noi* |
| state | *voi* |
| stìano | *essi* |

## congiuntivo

**presente**

| | |
|---|---|
| *io* | stia |
| *tu* | stia |
| *egli* | stia |
| *noi* | stiamo |
| *voi* | stiate |
| *essi* | stìano |

**passato**

| | | |
|---|---|---|
| *io* | sia | stato |
| *tu* | sia | stato |
| *egli* | sia | stato |
| *noi* | siamo | stati |
| *voi* | siate | stati |
| *essi* | sìano | stati |

**imperfetto**

| | |
|---|---|
| *io* | stessi |
| *tu* | stessi |
| *egli* | stessi |
| *noi* | stéssimo |
| *voi* | steste |
| *essi* | stéssero |

**trapassato**

| | | |
|---|---|---|
| *io* | fossi | stato |
| *tu* | fossi | stato |
| *egli* | fosse | stato |
| *noi* | fóssimo | stati |
| *voi* | foste | stati |
| *essi* | fóssero | stati |

## infinito

| **presente** | **passato** |
|---|---|
| stare | essere stato |

## participio

| **presente** | **passato** |
|---|---|
| stante | stato |

## gerundio

| **presente** | **passato** |
|---|---|
| stando | essendo stato |

Verbo irregolare.
Come *stare* si coniugano *ristare* e *sottostare* (presente indicativo: *io ristò / sottostò*, *egli ristà / soprastà*).
*Distare* e *sovrastare* si coniugano invece come *amare* (cfr tav. 5).
*Instare*, difettivo del participio passato e dei tempi composti, si coniuga al presente indicativo *io insto, tu insti... essi ìnstano*, e nelle altre forme come *stare*.

## indicativo

**presente**
*io* àbito
*tu* àbiti
*egli* àbita
*noi* abitiamo
*voi* abitate
*essi* àbitano

**imperfetto**
*io* abitavo
*tu* abitavi
*egli* abitava
*noi* abitavamo
*voi* abitavate
*essi* abitàvano

**passato remoto**
*io* abitai
*tu* abitasti
*egli* abitò
*noi* abitammo
*voi* abitaste
*essi* abitàrono

**futuro semplice**
*io* abiterò
*tu* abiterai
*egli* abiterà
*noi* abiteremo
*voi* abiterete
*essi* abiteranno

**passato prossimo**
*io* ho abitato
*tu* hai abitato
*egli* ha abitato
*noi* abbiamo abitato
*voi* avete abitato
*essi* hanno abitato

**trapassato prossimo**
*io* avevo abitato
*tu* avevi abitato
*egli* aveva abitato
*noi* avevamo abitato
*voi* avevate abitato
*essi* avévano abitato

**trapassato remoto**
*io* ebbi abitato
*tu* avesti abitato
*egli* ebbe abitato
*noi* avemmo abitato
*voi* aveste abitato
*essi* èbbero abitato

**futuro anteriore**
*io* avrò abitato
*tu* avrai abitato
*egli* avrà abitato
*noi* avremo abitato
*voi* avrete abitato
*essi* avranno abitato

## condizionale

**presente**
*io* abiterei
*tu* abiteresti
*egli* abiterebbe
*noi* abiteremmo
*voi* abitereste
*essi* abiterèbbero

**passato**
*io* avrei abitato
*tu* avresti abitato
*egli* avrebbe abitato
*noi* avremmo abitato
*voi* avreste abitato
*essi* avrèbbero abitato

## imperativo

**presente**
...
àbita *tu*
àbiti *egli*
abitiamo *noi*
abitate *voi*
àbitino *essi*

## congiuntivo

**presente**
*io* àbiti
*tu* àbiti
*egli* àbiti
*noi* abitiamo
*voi* abitiate
*essi* àbitino

**imperfetto**
*io* abitassi
*tu* abitassi
*egli* abitasse
*noi* abitàssimo
*voi* abitaste
*essi* abitàssero

**passato**
*io* àbbia abitato
*tu* àbbia abitato
*egli* àbbia abitato
*noi* abbiamo abitato
*voi* abbiate abitato
*essi* àbbiano abitato

**trapassato**
*io* avessi abitato
*tu* avessi abitato
*egli* avesse abitato
*noi* avéssimo abitato
*voi* aveste abitato
*essi* avéssero abitato

## infinito

**presente** abitare
**passato** avere abitato

## participio

**presente** abitante
**passato** abitato

## gerundio

**presente** abitando
**passato** avendo abitato

I verbi che seguono questo modello (*accelerare*, *immaginare*, *meritare* ecc.) spostano l'accento tonico sulla terzultima sillaba nella I, II, III persona singolare dell'indicativo e del congiuntivo presente, e nella II e III singolare dell'imperativo; sulla quartultima nella III persona plurale dell'indicativo e del congiuntivo presente e dell'imperativo.

## indicativo

**presente**

| | |
|---|---|
| *io* | modìfico |
| *tu* | modìfichi |
| *egli* | modìfica |
| *noi* | modifichiamo |
| *voi* | modificate |
| *essi* | modìficano |

**passato prossimo**

| | | |
|---|---|---|
| *io* | ho | modificato |
| *tu* | hai | modificato |
| *egli* | ha | modificato |
| *noi* | abbiamo | modificato |
| *voi* | avete | modificato |
| *essi* | hanno | modificato |

**imperfetto**

| | |
|---|---|
| *io* | modificavo |
| *tu* | modificavi |
| *egli* | modificava |
| *noi* | modificavamo |
| *voi* | modificavate |
| *essi* | modificàvano |

**trapassato prossimo**

| | | |
|---|---|---|
| *io* | avevo | modificato |
| *tu* | avevi | modificato |
| *egli* | aveva | modificato |
| *noi* | avevamo | modificato |
| *voi* | avevate | modificato |
| *essi* | avévano | modificato |

**passato remoto**

| | |
|---|---|
| *io* | modificai |
| *tu* | modificasti |
| *egli* | modificò |
| *noi* | modificammo |
| *voi* | modificaste |
| *essi* | modificàrono |

**trapassato remoto**

| | | |
|---|---|---|
| *io* | ebbi | modificato |
| *tu* | avesti | modificato |
| *egli* | ebbe | modificato |
| *noi* | avemmo | modificato |
| *voi* | aveste | modificato |
| *essi* | èbbero | modificato |

**futuro semplice**

| | |
|---|---|
| *io* | modificherò |
| *tu* | modificherai |
| *egli* | modificherà |
| *noi* | modificheremo |
| *voi* | modificherete |
| *essi* | modificheranno |

**futuro anteriore**

| | | |
|---|---|---|
| *io* | avrò | modificato |
| *tu* | avrai | modificato |
| *egli* | avrà | modificato |
| *noi* | avremo | modificato |
| *voi* | avrete | modificato |
| *essi* | avranno | modificato |

## congiuntivo

**presente**

| | |
|---|---|
| *io* | modìfichi |
| *tu* | modìfichi |
| *egli* | modìfichi |
| *noi* | modifichiamo |
| *voi* | modifichiate |
| *essi* | modìfichino |

**passato**

| | | |
|---|---|---|
| *io* | àbbia | modificato |
| *tu* | àbbia | modificato |
| *egli* | àbbia | modificato |
| *noi* | abbiamo | modificato |
| *voi* | abbiate | modificato |
| *essi* | àbbiano | modificato |

**imperfetto**

| | |
|---|---|
| *io* | modificassi |
| *tu* | modificassi |
| *egli* | modificasse |
| *noi* | modificàssimo |
| *voi* | modificaste |
| *essi* | modificàssero |

**trapassato**

| | | |
|---|---|---|
| *io* | avessi | modificato |
| *tu* | avessi | modificato |
| *egli* | avesse | modificato |
| *noi* | avéssimo | modificato |
| *voi* | aveste | modificato |
| *essi* | avéssero | modificato |

## condizionale

**presente**

| | |
|---|---|
| *io* | modificherei |
| *tu* | modificheresti |
| *egli* | modificherebbe |
| *noi* | modificheremmo |
| *voi* | modifichereste |
| *essi* | modificherèbbero |

**passato**

| | | |
|---|---|---|
| *io* | avrei | modificato |
| *tu* | avresti | modificato |
| *egli* | avrebbe | modificato |
| *noi* | avremmo | modificato |
| *voi* | avreste | modificato |
| *essi* | avrèbbero | modificato |

## imperativo

**presente**

...

| | |
|---|---|
| modìfica | *tu* |
| modìfichi | *egli* |
| modifichiamo | *noi* |
| modificate | *voi* |
| modìfichino | *essi* |

## infinito

| **presente** | **passato** |
|---|---|
| modificare | avere modificato |

## participio

| **presente** | **passato** |
|---|---|
| modificante | modificato |

## gerundio

| **presente** | **passato** |
|---|---|
| modificando | avendo modificato |

---

Modello di coniugazione per i verbi in -icare.
*Essi* seguono le regole proprie di tutti i verbi in *-care* (cfr. tav. 6), ma arretrano l'accento tonico secondo il modello descritto alla tav. 16 (sulla terzultima sillaba alla I, II, III persona singolare dell'indicativo e del congiuntivo presente, e alla II e III singolare dell'imperativo; sulla quartultima alla III persona plurale dell'indicativo e del congiuntivo presente e dell'imperativo).

## indicativo

**presente**

| | |
|---|---|
| *io* | temo |
| *tu* | temi |
| *egli* | teme |
| *noi* | temiamo |
| *voi* | temete |
| *essi* | témono |

**imperfetto**

| | |
|---|---|
| *io* | temevo |
| *tu* | temevi |
| *egli* | temeva |
| *noi* | temevamo |
| *voi* | temevate |
| *essi* | temévano |

**passato remoto**

| | |
|---|---|
| *io* | temei, temetti |
| *tu* | temesti |
| *egli* | temé, temette |
| *noi* | tememmo |
| *voi* | temeste |
| *essi* | temérono, teméttero |

**futuro semplice**

| | |
|---|---|
| *io* | temerò |
| *tu* | temerai |
| *egli* | temerà |
| *noi* | temeremo |
| *voi* | temerete |
| *essi* | temeranno |

**passato prossimo**

| | | |
|---|---|---|
| *io* | ho | temuto |
| *tu* | hai | temuto |
| *egli* | ha | temuto |
| *noi* | abbiamo | temuto |
| *voi* | avete | temuto |
| *essi* | hanno | temuto |

**trapassato prossimo**

| | | |
|---|---|---|
| *io* | avevo | temuto |
| *tu* | avevi | temuto |
| *egli* | aveva | temuto |
| *noi* | avevamo | temuto |
| *voi* | avevate | temuto |
| *essi* | avévano | temuto |

**trapassato remoto**

| | | |
|---|---|---|
| *io* | ebbi | temuto |
| *tu* | avesti | temuto |
| *egli* | ebbe | temuto |
| *noi* | avemmo | temuto |
| *voi* | aveste | temuto |
| *essi* | èbbero | temuto |

**futuro anteriore**

| | | |
|---|---|---|
| *io* | avrò | temuto |
| *tu* | avrai | temuto |
| *egli* | avrà | temuto |
| *noi* | avremo | temuto |
| *voi* | avrete | temuto |
| *essi* | avranno | temuto |

## condizionale

**presente**

| | |
|---|---|
| *io* | temerei |
| *tu* | temeresti |
| *egli* | temerebbe |
| *noi* | temeremmo |
| *voi* | temereste |
| *essi* | temerèbbero |

**passato**

| | | |
|---|---|---|
| *io* | avrei | temuto |
| *tu* | avresti | temuto |
| *egli* | avrebbe | temuto |
| *noi* | avremmo | temuto |
| *voi* | avreste | temuto |
| *essi* | avrèbbero | temuto |

## imperativo

**presente**

| | |
|---|---|
| ... | |
| temi | *tu* |
| tema | *egli* |
| temiamo | *noi* |
| temete | *voi* |
| témano | *essi* |

## congiuntivo

**presente**

| | |
|---|---|
| *io* | tema |
| *tu* | tema |
| *egli* | tema |
| *noi* | temiamo |
| *voi* | temiate |
| *essi* | témano |

**imperfetto**

| | |
|---|---|
| *io* | temessi |
| *tu* | temessi |
| *egli* | temesse |
| *noi* | teméssimo |
| *voi* | temeste |
| *essi* | teméssero |

**passato**

| | | |
|---|---|---|
| *io* | àbbia | temuto |
| *tu* | àbbia | temuto |
| *egli* | àbbia | temuto |
| *noi* | abbiamo | temuto |
| *voi* | abbiate | temuto |
| *essi* | àbbiano | temuto |

**trapassato**

| | | |
|---|---|---|
| *io* | avessi | temuto |
| *tu* | avessi | temuto |
| *egli* | avesse | temuto |
| *noi* | avéssimo | temuto |
| *voi* | aveste | temuto |
| *essi* | avéssero | temuto |

## infinito

| presente | passato |
|---|---|
| temere | avere temuto |

## participio

| presente | passato |
|---|---|
| temente | temuto |

## gerundio

| presente | passato |
|---|---|
| temendo | avendo temuto |

È il modello della seconda coniugazione.
Al passato remoto ha due forme, in -ei e in -etti. Fra le due è più diffusa quella in -etti, ma molti verbi regolari la cui desinenza termina per -t (*battere*, *combattere* ecc.) hanno solo la forma in -ei (*io battei*, *io combattei*).
*Mescere* e *pascere* prendono una i diacritica davanti alla desinenza -uto del participio passato (*mesciuto*, *pasciuto*).

## indicativo

**presente**

*io* affiggo
*tu* affiggi
*egli* affigge
*noi* affiggiamo
*voi* affiggete
*essi* affìggono

**imperfetto**

*io* affiggevo
*tu* affiggevi
*egli* affiggeva
*noi* affiggevamo
*voi* affiggevate
*essi* affiggévano

**passato remoto**

*io* affissi
*tu* affiggesti
*egli* affisse
*noi* affiggemmo
*voi* affiggeste
*essi* affissero

**futuro semplice**

*io* affiggerò
*tu* affiggerai
*egli* affiggerà
*noi* affiggeremo
*voi* affiggerete
*essi* affiggeranno

**passato prossimo**

*io* ho affisso
*tu* hai affisso
*egli* ha affisso
*noi* abbiamo affisso
*voi* avete affisso
*essi* hanno affisso

**trapassato prossimo**

*io* avevo affisso
*tu* avevi affisso
*egli* aveva affisso
*noi* avevamo affisso
*voi* avevate affisso
*essi* avévano affisso

**trapassato remoto**

*io* ebbi affisso
*tu* avesti affisso
*egli* ebbe affisso
*noi* avemmo affisso
*voi* aveste affisso
*essi* èbbero affisso

**futuro anteriore**

*io* avrò affisso
*tu* avrai affisso
*egli* avrà affisso
*noi* avremo affisso
*voi* avrete affisso
*essi* avranno affisso

## condizionale

**presente**

*io* affiggerei
*tu* affiggeresti
*egli* affiggerebbe
*noi* affiggeremmo
*voi* affiggereste
*essi* affiggerèbbero

**passato**

*io* avrei affisso
*tu* avresti affisso
*egli* avrebbe affisso
*noi* avremmo affisso
*voi* avreste affisso
*essi* avrèbbero affisso

## imperativo

**presente**

...
affiggi *tu*
affigga *egli*
affiggiamo *noi*
affiggete *voi*
affìggano *essi*

## congiuntivo

**presente**

*io* affigga
*tu* affigga
*egli* affigga
*noi* affiggiamo
*voi* affiggiate
*essi* affìggano

**imperfetto**

*io* affiggessi
*tu* affiggessi
*egli* affiggesse
*noi* affiggéssimo
*voi* affiggeste
*essi* affiggéssero

**passato**

*io* àbbia affisso
*tu* àbbia affisso
*egli* àbbia affisso
*noi* abbiamo affisso
*voi* abbiate affisso
*essi* àbbiano affisso

**trapassato**

*io* avessi affisso
*tu* avessi affisso
*egli* avesse affisso
*noi* avéssimo affisso
*voi* aveste affisso
*essi* avéssero affisso

## infinito

| presente | passato |
| --- | --- |
| affìggere | avere affisso |

## participio

| presente | passato |
| --- | --- |
| affiggente | affisso |

## gerundio

| presente | passato |
| --- | --- |
| affiggendo | avendo affisso |

*Affiggere* e gli altri verbi che seguono questo modello (*crocifiggere*, *infiggere* ecc.) modificano radice e desinenza nella I e III persona singolare e nella III plurale del passato remoto, e al participio passato.

## indicativo

**presente**

*io* ardo
*tu* ardi
*egli* arde
*noi* ardiamo
*voi* ardete
*essi* **à**rdono

**imperfetto**

*io* ardevo
*tu* ardevi
*egli* ardeva
*noi* ardevamo
*voi* ardevate
*essi* ard**é**vano

**passato remoto**

*io* arsi
*tu* ardesti
*egli* arse
*noi* ardemmo
*voi* ardeste
*essi* àrsero

**futuro semplice**

*io* arderò
*tu* arderai
*egli* arderà
*noi* arderemo
*voi* arderete
*essi* arderanno

**passato prossimo**

*io* ho arso
*tu* hai arso
*egli* ha arso
*noi* abbiamo arso
*voi* avete arso
*essi* hanno arso

**trapassato prossimo**

*io* avevo arso
*tu* avevi arso
*egli* aveva arso
*noi* avevamo arso
*voi* avevate arso
*essi* av**é**vano arso

**trapassato remoto**

*io* ebbi arso
*tu* avesti arso
*egli* ebbe arso
*noi* avemmo arso
*voi* aveste arso
essi **è**bbero arso

**futuro anteriore**

*io* avrò arso
*tu* avrai arso
*egli* avrà arso
*noi* avremo arso
*voi* avrete arso
*essi* avranno arso

## condizionale

**presente**

*io* arderei
*tu* arderesti
*egli* arderebbe
*noi* arderemmo
*voi* ardereste
*essi* arder**è**bbero

**passato**

*io* avrei arso
*tu* avresti arso
*egli* avrebbe arso
*noi* avremmo arso
*voi* avreste arso
*essi* avr**è**bbero arso

## imperativo

**presente**

...
ardi *tu*
arda *egli*
ardiamo *noi*
ardete *voi*
**à**rdano *essi*

## congiuntivo

**presente**

*io* arda
*tu* arda
*egli* arda
*noi* ardiamo
*voi* ardiate
*essi* **à**rdano

**imperfetto**

*io* ardessi
*tu* ardessi
*egli* ardesse
*noi* ard**é**ssimo
*voi* ardeste
*essi* ard**é**ssero

**passato**

*io* **à**bbia arso
*tu* **à**bbia arso
*egli* **à**bbia arso
*noi* abbiamo arso
*voi* abbiate arso
*essi* **à**bbiano arso

**trapassato**

*io* avessi arso
*tu* avessi arso
*egli* avesse arso
*noi* av**é**ssimo arso
*voi* aveste arso
*essi* av**é**ssero arso

## infinito

**presente** **à**rdere
**passato** avere arso

## participio

**presente** ardente
**passato** arso

## gerundio

**presente** ardendo
**passato** avendo arso

---

*Ardere* e *riardere* modificano radice e desinenza al passato remoto (I e III persona singolare e III plurale) e al participio passato.

## indicativo

**presente**

| | |
|---|---|
| *io* | assisto |
| *tu* | assisti |
| *egli* | assiste |
| *noi* | assistiamo |
| *voi* | assistete |
| *essi* | ass**ì**stono |

**passato prossimo**

| | | |
|---|---|---|
| *io* | ho | assistito |
| *tu* | hai | assistito |
| *egli* | ha | assistito |
| *noi* | abbiamo | assistito |
| *voi* | avete | assistito |
| *essi* | hanno | assistito |

**imperfetto**

| | |
|---|---|
| *io* | assistevo |
| *tu* | assistevi |
| *egli* | assisteva |
| *noi* | assistevamo |
| *voi* | assistevate |
| *essi* | assist**é**vano |

**trapassato prossimo**

| | | |
|---|---|---|
| *io* | avevo | assistito |
| *tu* | avevi | assistito |
| *egli* | aveva | assistito |
| *noi* | avevamo | assistito |
| *voi* | avevate | assistito |
| *essi* | av**é**vano | assistito |

**passato remoto**

| | |
|---|---|
| *io* | assistei, assistetti |
| *tu* | assistesti |
| *egli* | assisté, assistette |
| *noi* | assistemmo |
| *voi* | assisteste |
| *essi* | assist**é**rono, assist**é**ttero |

**trapassato remoto**

| | | |
|---|---|---|
| *io* | ebbi | assistito |
| *tu* | avesti | assistito |
| *egli* | ebbe | assistito |
| *noi* | avemmo | assistito |
| *voi* | aveste | assistito |
| *essi* | **è**bbero | assistito |

**futuro semplice**

| | |
|---|---|
| *io* | assisterò |
| *tu* | assisterai |
| *egli* | assisterà |
| *noi* | assisteremo |
| *voi* | assisterete |
| *essi* | assisteranno |

**futuro anteriore**

| | | |
|---|---|---|
| *io* | avrò | assistito |
| *tu* | avrai | assistito |
| *egli* | avrà | assistito |
| *noi* | avremo | assistito |
| *voi* | avrete | assistito |
| *essi* | avranno | assistito |

## congiuntivo

**presente**

| | |
|---|---|
| *io* | assista |
| *tu* | assista |
| *egli* | assista |
| *noi* | assistiamo |
| *voi* | assistiate |
| *essi* | ass**ì**stano |

**passato**

| | | |
|---|---|---|
| *io* | **à**bbia | assistito |
| *tu* | **à**bbia | assistito |
| *egli* | **à**bbia | assistito |
| *noi* | abbiamo | assistito |
| *voi* | abbiate | assistito |
| *essi* | **à**bbiano | assistito |

**imperfetto**

| | |
|---|---|
| *io* | assistessi |
| *tu* | assistessi |
| *egli* | assistesse |
| *noi* | assist**é**ssimo |
| *voi* | assisteste |
| *essi* | assist**é**ssero |

**trapassato**

| | | |
|---|---|---|
| *io* | avessi | assistito |
| *tu* | avessi | assistito |
| *egli* | avesse | assistito |
| *noi* | av**é**ssimo | assistito |
| *voi* | aveste | assistito |
| *essi* | av**é**ssero | assistito |

## condizionale

**presente**

| | |
|---|---|
| *io* | assisterei |
| *tu* | assisteresti |
| *egli* | assisterebbe |
| *noi* | assisteremmo |
| *voi* | assistereste |
| *essi* | assister**è**bbero |

**passato**

| | | |
|---|---|---|
| *io* | avrei | assistito |
| *tu* | avresti | assistito |
| *egli* | avrebbe | assistito |
| *noi* | avremmo | assistito |
| *voi* | avreste | assistito |
| *essi* | avr**è**bbero | assistito |

## imperativo

**presente**

| | |
|---|---|
| ... | |
| assisti | *tu* |
| assista | *egli* |
| assistiamo | *noi* |
| assistete | *voi* |
| ass**ì**stano | *essi* |

## infinito

| **presente** | **passato** |
|---|---|
| ass**ì**stere | avere assistito |

## participio

| **presente** | **passato** |
|---|---|
| assistente | assistito |

## gerundio

| **presente** | **passato** |
|---|---|
| assistendo | avendo assistito |

*Assistere* e i verbi che si coniugano secondo questo modello (*assistere*, *consistere*, *desistere* ecc.) modificano la desinenza del participio passato.

## indicativo

**presente**

| | |
|---|---|
| *io* | assolvo |
| *tu* | assolvi |
| *egli* | assolve |
| *noi* | assolviamo |
| *voi* | assolvete |
| *essi* | ass**ò**lvono |

**imperfetto**

| | |
|---|---|
| *io* | assolvevo |
| *tu* | assolvevi |
| *egli* | assolveva |
| *noi* | assolvevamo |
| *voi* | assolvevate |
| *essi* | assolv**é**vano |

**passato remoto**

| | |
|---|---|
| *io* | assolsi |
| *tu* | assolvesti |
| *egli* | assolse |
| *noi* | assolvemmo |
| *voi* | assolveste |
| *essi* | assòlsero |

**futuro semplice**

| | |
|---|---|
| *io* | assolverò |
| *tu* | assolverai |
| *egli* | assolverà |
| *noi* | assolveremo |
| *voi* | assolverete |
| *essi* | assolveranno |

**passato prossimo**

| | | |
|---|---|---|
| *io* | ho | assolto |
| *tu* | hai | assolto |
| *egli* | ha | assolto |
| *noi* | abbiamo | assolto |
| *voi* | avete | assolto |
| *essi* | hanno | assolto |

**trapassato prossimo**

| | | |
|---|---|---|
| *io* | avevo | assolto |
| *tu* | avevi | assolto |
| *egli* | aveva | assolto |
| *noi* | avevamo | assolto |
| *voi* | avevate | assolto |
| *essi* | av**é**vano | assolto |

**trapassato remoto**

| | | |
|---|---|---|
| *io* | ebbi | assolto |
| *tu* | avesti | assolto |
| *egli* | ebbe | assolto |
| *noi* | avemmo | assolto |
| *voi* | aveste | assolto |
| *essi* | **è**bbero | assolto |

**futuro anteriore**

| | | |
|---|---|---|
| *io* | avrò | assolto |
| *tu* | avrai | assolto |
| *egli* | avrà | assolto |
| *noi* | avremo | assolto |
| *voi* | avrete | assolto |
| *essi* | avranno | assolto |

## condizionale

**presente**

| | |
|---|---|
| *io* | assolverei |
| *tu* | assolveresti |
| *egli* | assolverebbe |
| *noi* | assolveremmo |
| *voi* | assolvereste |
| *essi* | assolver**è**bbero |

**passato**

| | | |
|---|---|---|
| *io* | avrei | assolto |
| *tu* | avresti | assolto |
| *egli* | avrebbe | assolto |
| *noi* | avremmo | assolto |
| *voi* | avreste | assolto |
| *essi* | avr**è**bbero | assolto |

## imperativo

**presente**

| | |
|---|---|
| ... | |
| assolvi | *tu* |
| assolva | *egli* |
| assolviamo | *noi* |
| assolvete | *voi* |
| ass**ò**lvano | *essi* |

## congiuntivo

**presente**

| | |
|---|---|
| *io* | assolva |
| *tu* | assolva |
| *egli* | assolva |
| *noi* | assolviamo |
| *voi* | assolviate |
| *essi* | ass**ò**lvano |

**imperfetto**

| | |
|---|---|
| *io* | assolvessi |
| *tu* | assolvessi |
| *egli* | assolvesse |
| *noi* | assolv**é**ssimo |
| *voi* | assolveste |
| *essi* | assolv**é**ssero |

**passato**

| | | |
|---|---|---|
| *io* | **à**bbia | assolto |
| *tu* | **à**bbia | assolto |
| *egli* | **à**bbia | assolto |
| *noi* | abbiamo | assolto |
| *voi* | abbiate | assolto |
| *essi* | **à**bbiano | assolto |

**trapassato**

| | | |
|---|---|---|
| *io* | avessi | assolto |
| *tu* | avessi | assolto |
| *egli* | avesse | assolto |
| *noi* | av**é**ssimo | assolto |
| *voi* | aveste | assolto |
| *essi* | av**é**ssero | assolto |

## infinito

| presente | passato |
|---|---|
| ass**ò**lvere | avere assolto |

## participio

| presente | passato |
|---|---|
| assolvente | assolto |

## gerundio

| presente | passato |
|---|---|
| assolvendo | avendo assolto |

Secondo questo modello si coniugano anche i verbi *devolvere*, *dissolvere*, *evolvere*, *involvere*, *risolvere*, ma con le seguenti particolarità:

- *devolvere* ed *evolvere*: al passato remoto seguono la coniugazione regolare (*io devolvei / devolvetti* ecc. *io evolvei / evolvetti* ecc.); participio passato: *devoluto* ed *evoluto*;
- *dissolvere* e *risolvere*: contemplano anche le forme regolari (*io dissolvei / dissolvetti* ecc.; *io risolvei / risolvetti* ecc.) e, sebbene desueti, i participi passati *dissoluto* e *risoluto*;
- *involvere*: manca del passato remoto; participio passato: *involuto*.

## indicativo

**presente**

| | |
|---|---|
| *io* | assumo |
| *tu* | assumi |
| *egli* | assume |
| *noi* | assumiamo |
| *voi* | assumete |
| *essi* | assùmono |

**imperfetto**

| | |
|---|---|
| *io* | assumevo |
| *tu* | assumevi |
| *egli* | assumeva |
| *noi* | assumevamo |
| *voi* | assumevate |
| *essi* | assumévano |

**passato remoto**

| | |
|---|---|
| *io* | assunsi |
| *tu* | assumesti |
| *egli* | assunse |
| *noi* | assumemmo |
| *voi* | assumeste |
| *essi* | assùnsero |

**futuro semplice**

| | |
|---|---|
| *io* | assumerò |
| *tu* | assumerai |
| *egli* | assumerà |
| *noi* | assumeremo |
| *voi* | assumerete |
| *essi* | assumeranno |

**passato prossimo**

| | | |
|---|---|---|
| *io* | ho | assunto |
| *tu* | hai | assunto |
| *egli* | ha | assunto |
| *noi* | abbiamo | assunto |
| *voi* | avete | assunto |
| *essi* | hanno | assunto |

**trapassato prossimo**

| | | |
|---|---|---|
| *io* | avevo | assunto |
| *tu* | avevi | assunto |
| *egli* | aveva | assunto |
| *noi* | avevamo | assunto |
| *voi* | avevate | assunto |
| *essi* | avévano | assunto |

**trapassato remoto**

| | | |
|---|---|---|
| *io* | ebbi | assunto |
| *tu* | avesti | assunto |
| *egli* | ebbe | assunto |
| *noi* | avemmo | assunto |
| *voi* | aveste | assunto |
| *essi* | èbbero | assunto |

**futuro anteriore**

| | | |
|---|---|---|
| *io* | avrò | assunto |
| *tu* | avrai | assunto |
| *egli* | avrà | assunto |
| *noi* | avremo | assunto |
| *voi* | avrete | assunto |
| *essi* | avranno | assunto |

## condizionale

**presente**

| | |
|---|---|
| *io* | assumerei |
| *tu* | assumeresti |
| *egli* | assumerebbe |
| *noi* | assumeremmo |
| *voi* | assumereste |
| *essi* | assumerèbbero |

**passato**

| | | |
|---|---|---|
| *io* | avrei | assunto |
| *tu* | avresti | assunto |
| *egli* | avrebbe | assunto |
| *noi* | avremmo | assunto |
| *voi* | avreste | assunto |
| *essi* | avrèbbero | assunto |

## imperativo

**presente**

| | |
|---|---|
| ... | |
| assumi | *tu* |
| assuma | *egli* |
| assumiamo | *noi* |
| assumete | *voi* |
| assùmano | *essi* |

## congiuntivo

**presente**

| | |
|---|---|
| *io* | assuma |
| *tu* | assuma |
| *egli* | assuma |
| *noi* | assumiamo |
| *voi* | assumiate |
| *essi* | assùmano |

**imperfetto**

| | |
|---|---|
| *io* | assumessi |
| *tu* | assumessi |
| *egli* | assumesse |
| *noi* | assuméssimo |
| *voi* | assumeste |
| *essi* | assuméssero |

**passato**

| | | |
|---|---|---|
| *io* | àbbia | assunto |
| *tu* | àbbia | assunto |
| *egli* | àbbia | assunto |
| *noi* | abbiamo | assunto |
| *voi* | abbiate | assunto |
| *essi* | àbbiano | assunto |

**trapassato**

| | | |
|---|---|---|
| *io* | avessi | assunto |
| *tu* | avessi | assunto |
| *egli* | avesse | assunto |
| *noi* | avéssimo | assunto |
| *voi* | aveste | assunto |
| *essi* | avéssero | assunto |

## infinito

| presente | passato |
|---|---|
| assùmere | avere assunto |

## participio

| presente | passato |
|---|---|
| assumente | assunto |

## gerundio

| presente | passato |
|---|---|
| assumendo | avendo assunto |

*Assumere* e i verbi in -umere che seguono questo modello modificano radice e desinenza alla I e III persona singolare e III plurale del passato remoto e al participio passato.

## indicativo

**presente**

| | |
|---|---|
| *io* | bevo |
| *tu* | bevi |
| *egli* | beve |
| *noi* | beviamo |
| *voi* | bevete |
| *essi* | bévono |

**imperfetto**

| | |
|---|---|
| *io* | bevevo |
| *tu* | bevevi |
| *egli* | beveva |
| *noi* | bevevamo |
| *voi* | bevevate |
| *essi* | bevévano |

**passato remoto**

| | |
|---|---|
| *io* | bevvi |
| *tu* | bevesti |
| *egli* | bevve |
| *noi* | bevemmo |
| *voi* | beveste |
| *essi* | bévvero |

**futuro semplice**

| | |
|---|---|
| *io* | berrò |
| *tu* | berrai |
| *egli* | berrà |
| *noi* | berremo |
| *voi* | berrete |
| *egli* | berranno |

**passato prossimo**

| | | |
|---|---|---|
| *io* | ho | bevuto |
| *tu* | hai | bevuto |
| *egli* | ha | bevuto |
| *noi* | abbiamo | bevuto |
| *voi* | avete | bevuto |
| *essi* | hanno | bevuto |

**trapassato prossimo**

| | | |
|---|---|---|
| *io* | avevo | bevuto |
| *tu* | avevi | bevuto |
| *egli* | aveva | bevuto |
| *noi* | avevamo | bevuto |
| *voi* | avevate | bevuto |
| *essi* | avévano | bevuto |

**trapassato remoto**

| | | |
|---|---|---|
| *io* | ebbi | bevuto |
| *tu* | avesti | bevuto |
| *egli* | ebbe | bevuto |
| *noi* | avemmo | bevuto |
| *voi* | aveste | bevuto |
| *essi* | èbbero | bevuto |

**futuro anteriore**

| | | |
|---|---|---|
| *io* | avrò | bevuto |
| *tu* | avrai | bevuto |
| *egli* | avrà | bevuto |
| *noi* | avremo | bevuto |
| *voi* | avrete | bevuto |
| *essi* | avranno | bevuto |

## condizionale

**presente**

| | |
|---|---|
| *io* | berrei |
| *tu* | berresti |
| *egli* | berrebbe |
| *noi* | berremmo |
| *voi* | berreste |
| *essi* | berrèbbero |

**passato**

| | | |
|---|---|---|
| *io* | avrei | bevuto |
| *tu* | avresti | bevuto |
| *egli* | avrebbe | bevuto |
| *noi* | avremmo | bevuto |
| *voi* | avreste | bevuto |
| *essi* | avrèbbero | bevuto |

## imperativo

**presente**

| | |
|---|---|
| ... | |
| bevi | *tu* |
| beva | *egli* |
| beviamo | *noi* |
| bevete | *voi* |
| bévano | *essi* |

## congiuntivo

**presente**

| | |
|---|---|
| *io* | beva |
| *tu* | beva |
| *egli* | beva |
| *noi* | beviamo |
| *voi* | beviate |
| *essi* | bévano |

**imperfetto**

| | |
|---|---|
| *io* | bevessi |
| *tu* | bevessi |
| *egli* | bevesse |
| *noi* | bevéssimo |
| *voi* | beveste |
| *essi* | bevéssero |

**passato**

| | | |
|---|---|---|
| *io* | àbbia | bevuto |
| *tu* | àbbia | bevuto |
| *egli* | àbbia | bevuto |
| *noi* | abbiamo | bevuto |
| *voi* | abbiate | bevuto |
| *essi* | àbbiano | bevuto |

**trapassato**

| | | |
|---|---|---|
| *io* | avessi | bevuto |
| *tu* | avessi | bevuto |
| *egli* | avesse | bevuto |
| *noi* | avéssimo | bevuto |
| *voi* | aveste | bevuto |
| *essi* | avéssero | bevuto |

## infinito

| presente | passato |
|---|---|
| bere | avere bevuto |

## participio

| presente | passato |
|---|---|
| bevente | bevuto |

## gerundio

| presente | passato |
|---|---|
| bevendo | avendo bevuto |

Il verbo *bere* viene coniugato regolarmente sulla radice dell'antica forma *bevere* (*bev-*). Forme irregolari si riscontrano invece al passato remoto, al futuro semplice e al condizionale presente. Il passato remoto contempla anche le forme regolari *io bevei / bevetti*, *egli bevé / bevette*, *essi bevérono / bevéttero*, sebbene piuttosto desuete.

## indicativo

**presente**

| | |
|---|---|
| *io* | cado |
| *tu* | cadi |
| *egli* | cade |
| *noi* | cadiamo |
| *voi* | cadete |
| *essi* | càdono |

**imperfetto**

| | |
|---|---|
| *io* | cadevo |
| *tu* | cadevi |
| *egli* | cadeva |
| *noi* | cadevamo |
| *voi* | cadevate |
| *essi* | cadévano |

**passato remoto**

| | |
|---|---|
| *io* | caddi |
| *tu* | cadesti |
| *egli* | cadde |
| *noi* | cademmo |
| *voi* | cadeste |
| *essi* | càddero |

**futuro semplice**

| | |
|---|---|
| *io* | cadrò |
| *tu* | cadrai |
| *egli* | cadrà |
| *noi* | cadremo |
| *voi* | cadrete |
| *essi* | cadranno |

**passato prossimo**

| | | |
|---|---|---|
| *io* | sono | caduto |
| *tu* | sei | caduto |
| *egli* | è | caduto |
| *noi* | siamo | caduti |
| *voi* | siete | caduti |
| *essi* | sono | caduti |

**trapassato prossimo**

| | | |
|---|---|---|
| *io* | ero | caduto |
| *tu* | eri | caduto |
| *egli* | era | caduto |
| *noi* | eravamo | caduti |
| *voi* | eravate | caduti |
| *essi* | èrano | caduti |

**trapassato remoto**

| | | |
|---|---|---|
| *io* | fui | caduto |
| *tu* | fosti | caduto |
| *egli* | fu | caduto |
| *noi* | fummo | caduti |
| *voi* | foste | caduti |
| *essi* | fùrono | caduti |

**futuro anteriore**

| | | |
|---|---|---|
| *io* | sarò | caduto |
| *tu* | sarai | caduto |
| *egli* | sarà | caduto |
| *noi* | saremo | caduti |
| *voi* | sarete | caduti |
| *essi* | saranno | caduti |

## condizionale

**presente**

| | |
|---|---|
| *io* | cadrei |
| *tu* | cadresti |
| *egli* | cadrebbe |
| *noi* | cadremmo |
| *voi* | cadreste |
| *essi* | cadrèbbero |

**passato**

| | | |
|---|---|---|
| *io* | sarei | caduto |
| *tu* | saresti | caduto |
| *egli* | sarebbe | caduto |
| *noi* | saremmo | caduti |
| *voi* | sareste | caduti |
| *essi* | sarèbbero | caduti |

## imperativo

**presente**

| | |
|---|---|
| ... | |
| cadi | *tu* |
| cada | *egli* |
| cadiamo | *noi* |
| cadete | *voi* |
| càdano | *essi* |

## congiuntivo

**presente**

| | |
|---|---|
| *io* | cada |
| *tu* | cada |
| *egli* | cada |
| *noi* | cadiamo |
| *voi* | cadiate |
| *essi* | càdano |

**imperfetto**

| | |
|---|---|
| *io* | cadessi |
| *tu* | cadessi |
| *egli* | cadesse |
| *noi* | cadéssimo |
| *voi* | cadeste |
| *essi* | cadéssero |

**passato**

| | | |
|---|---|---|
| *io* | sia | caduto |
| *tu* | sia | caduto |
| *egli* | sia | caduto |
| *noi* | siamo | caduti |
| *voi* | siate | caduti |
| *essi* | sìano | caduti |

**trapassato**

| | | |
|---|---|---|
| *io* | fossi | caduto |
| *tu* | fossi | caduto |
| *egli* | fosse | caduto |
| *noi* | fóssimo | caduti |
| *voi* | foste | caduti |
| *essi* | fóssero | caduti |

## infinito

| **presente** | **passato** |
|---|---|
| cadere | essere caduto |

## participio

| **presente** | **passato** |
|---|---|
| cadente | caduto |

## gerundio

| **presente** | **passato** |
|---|---|
| cadendo | essendo caduto |

I verbi come *cadere* presentano irregolarità nella radice (raddoppiamento della d) e nella desinenza della I e III persona singolare e III plurale del passato remoto. Inoltre, presentano un'irregolarità (caduta della e della radice) al futuro semplice e al condizionale presente.

# chièdere

## indicativo

**presente**

| | |
|---|---|
| *io* | chiedo |
| *tu* | chiedi |
| *egli* | chiede |
| *noi* | chiediamo |
| *voi* | chiedete |
| *essi* | chi**è**dono |

**imperfetto**

| | |
|---|---|
| *io* | chiedevo |
| *tu* | chiedevi |
| *egli* | chiedeva |
| *noi* | chiedevamo |
| *voi* | chiedevate |
| *essi* | chied**é**vano |

**passato remoto**

| | |
|---|---|
| *io* | chiesi |
| *tu* | chiedesti |
| *egli* | chiese |
| *noi* | chiedemmo |
| *voi* | chiedeste |
| *essi* | chièsero |

**futuro semplice**

| | |
|---|---|
| *io* | chiederò |
| *tu* | chiederai |
| *egli* | chiederà |
| *noi* | chiederemo |
| *voi* | chiederete |
| *essi* | chiederanno |

**passato prossimo**

| | | |
|---|---|---|
| *io* | ho | chiesto |
| *tu* | hai | chiesto |
| *egli* | ha | chiesto |
| *noi* | abbiamo | chiesto |
| *voi* | avete | chiesto |
| *essi* | hanno | chiesto |

**trapassato prossimo**

| | | |
|---|---|---|
| *io* | avevo | chiesto |
| *tu* | avevi | chiesto |
| *egli* | aveva | chiesto |
| *noi* | avevamo | chiesto |
| *voi* | avevate | chiesto |
| *essi* | av**é**vano | chiesto |

**trapassato remoto**

| | | |
|---|---|---|
| *io* | ebbi | chiesto |
| *tu* | avesti | chiesto |
| *egli* | ebbe | chiesto |
| *noi* | avemmo | chiesto |
| *voi* | aveste | chiesto |
| *essi* | **è**bbero | chiesto |

**futuro anteriore**

| | | |
|---|---|---|
| *io* | avrò | chiesto |
| *tu* | avrai | chiesto |
| *egli* | avrà | chiesto |
| *noi* | avremo | chiesto |
| *voi* | avrete | chiesto |
| *essi* | avranno | chiesto |

## congiuntivo

**presente**

| | |
|---|---|
| *io* | chieda |
| *tu* | chieda |
| *egli* | chieda |
| *noi* | chiediamo |
| *voi* | chiediate |
| *essi* | chi**è**dano |

**imperfetto**

| | |
|---|---|
| *io* | chiedessi |
| *tu* | chiedessi |
| *egli* | chiedesse |
| *noi* | chied**é**ssimo |
| *voi* | chiedeste |
| *essi* | chied**é**ssero |

**passato**

| | | |
|---|---|---|
| *io* | **à**bbia | chiesto |
| *tu* | **à**bbia | chiesto |
| *egli* | **à**bbia | chiesto |
| *noi* | abbiamo | chiesto |
| *voi* | abbiate | chiesto |
| *essi* | **à**bbiano | chiesto |

**trapassato**

| | | |
|---|---|---|
| *io* | avessi | chiesto |
| *tu* | avessi | chiesto |
| *egli* | avesse | chiesto |
| *noi* | av**é**ssimo | chiesto |
| *voi* | aveste | chiesto |
| *essi* | av**é**ssero | chiesto |

## condizionale

**presente**

| | |
|---|---|
| *io* | chiederei |
| *tu* | chiederesti |
| *egli* | chiederebbe |
| *noi* | chiederemmo |
| *voi* | chiedereste |
| *essi* | chieder**è**bbero |

**passato**

| | | |
|---|---|---|
| *io* | avrei | chiesto |
| *tu* | avresti | chiesto |
| *egli* | avrebbe | chiesto |
| *noi* | avremmo | chiesto |
| *voi* | avreste | chiesto |
| *essi* | avr**è**bbero | chiesto |

## imperativo

**presente**

| | |
|---|---|
| ... | |
| chiedi | *tu* |
| chieda | *egli* |
| chiediamo | *noi* |
| chiedete | *voi* |
| chi**è**dano | *essi* |

## infinito

| **presente** | **passato** |
|---|---|
| chi**è**dere | avere chiesto |

## participio

| **presente** | **passato** |
|---|---|
| chiedente | chiesto |

## gerundio

| **presente** | **passato** |
|---|---|
| chiedendo | avendo chiesto |

I verbi che, come *chiedere*, seguono questo modello di coniugazione, modificano radice e desinenza alla I e III persona singolare e III plurale del passato remoto e al participio passato.

## indicativo

**presente**

| | |
|---|---|
| *io* | cómpio / compisco |
| *tu* | compi / compisci |
| *egli* | compie / compisce |
| *noi* | compiamo |
| *voi* | compiete |
| *essi* | cómpiono / compìscono |

**passato prossimo**

| | | |
|---|---|---|
| *io* | ho | compiuto / compito |
| *tu* | hai | compiuto / compito |
| *egli* | ha | compiuto / compito |
| *noi* | abbiamo | compiuto / compito |
| *voi* | avete | compiuto / compito |
| *essi* | hanno | compiuto / compito |

**imperfetto**

| | |
|---|---|
| *io* | compievo / compivo |
| *tu* | compievi / compivi |
| *egli* | compieva / compiva |
| *noi* | compievamo / compivamo |
| *voi* | compievate / compivate |
| *essi* | compiévano / compìvano |

**trapassato prossimo**

| | | |
|---|---|---|
| *io* | avevo | compiuto / compito |
| *tu* | avevi | compiuto / compito |
| *egli* | aveva | compiuto / compito |
| *noi* | avevamo | compiuto / compito |
| *voi* | avevate | compiuto / compito |
| *essi* | avévano | compiuto / compito |

**passato remoto**

| | |
|---|---|
| *io* | compiei / compii |
| *tu* | compiesti / compisti |
| *egli* | compié / compì |
| *noi* | compiemmo / compimmo |
| *voi* | compieste / compiste |
| *essi* | compiérono / compìrono |

**trapassato remoto**

| | | |
|---|---|---|
| *io* | ebbi | compiuto / compito |
| *tu* | avesti | compiuto / compito |
| *egli* | ebbe | compiuto / compito |
| *noi* | avemmo | compiuto / compito |
| *voi* | aveste | compiuto / compito |
| *essi* | èbbero | compiuto / compito |

**futuro semplice**

| | |
|---|---|
| *io* | compirò |
| *tu* | compirai |
| *egli* | compirà |
| *noi* | compiremo |
| *voi* | compirete |
| *essi* | compiranno |

**futuro anteriore**

| | | |
|---|---|---|
| *io* | avrò | compiuto / compito |
| *tu* | avrai | compiuto / compito |
| *egli* | avrà | compiuto / compito |
| *noi* | avremo | compiuto / compito |
| *voi* | avrete | compiuto / compito |
| *essi* | avranno | compiuto / compito |

## condizionale

**presente**

| | |
|---|---|
| *io* | compirei |
| *tu* | compiresti |
| *egli* | compirebbe |
| *noi* | compiremmo |
| *voi* | compireste |
| *essi* | compirèbbero |

**passato**

| | | |
|---|---|---|
| *io* | avrei | compiuto / compito |
| *tu* | avresti | compiuto / compito |
| *egli* | avrebbe | compiuto / compito |
| *noi* | avremmo | compiuto / compito |
| *voi* | avreste | compiuto / compito |
| *essi* | avrèbbero | compiuto / compito |

## imperativo

**presente**

| | |
|---|---|
| ... | |
| compi / compisci | *tu* |
| compia / compisca | *egli* |
| compiamo | *noi* |
| compiete / compite | *voi* |
| cómpiano / compìscano | *essi* |

## congiuntivo

**presente**

| | |
|---|---|
| *io* | compia / compisca |
| *tu* | compia / compisca |
| *egli* | compia / compisca |
| *noi* | compiamo |
| *voi* | compiate |
| *essi* | cómpiano / compìscano |

**passato**

| | | |
|---|---|---|
| *io* | àbbia | compiuto / compito |
| *tu* | àbbia | compiuto / compito |
| *egli* | àbbia | compiuto / compito |
| *noi* | abbiamo | compiuto / compito |
| *voi* | abbiate | compiuto / compito |
| *essi* | àbbiano | compiuto / compito |

**imperfetto**

| | |
|---|---|
| *io* | compiessi / compissi |
| *tu* | compiessi / compissi |
| *egli* | compiesse / compisse |
| *noi* | compiéssimo / compìssimo |
| *voi* | compieste / compiste |
| *essi* | compiéssero / compìssero |

**trapassato**

| | | |
|---|---|---|
| *io* | avessi | compiuto / compito |
| *tu* | avessi | compiuto / compito |
| *egli* | avesse | compiuto / compito |
| *noi* | avéssimo | compiuto / compito |
| *voi* | aveste | compiuto / compito |
| *essi* | avéssero | compiuto / compito |

## infinito

| presente | passato |
|---|---|
| cómpiere / compire | avere compiuto / compito |

## participio

| presente | passato |
|---|---|
| compiente | compiuto / compito |

## gerundio

| presente | passato |
|---|---|
| compiendo | avendo compiuto / compito |

I verbi *compiere* e *compire* sono verbi sovrabbondanti, hanno cioè lo stesso etimo e lo stesso significato ma due coniugazioni distinte. In alcuni modi e tempi, e per talune persone, i due verbi presentano tuttavia una forma unica (p. es. I e II persona plurale del presente indicativo, tutte le persone del futuro semplice e del condizionale presente, I e II plurale del congiuntivo presente, I plurale dell'imperativo).
Il verbo *compire* è usato solo all'imperfetto e al passato remoto.
Le coppie *adempiere / adempire*, *empiere / empire*, *riempiere / riempire* si coniugano come *compiere / compire*.

# concèdere

## indicativo

**presente**

| | |
|---|---|
| *io* | concedo |
| *tu* | concedi |
| *egli* | concede |
| *noi* | concediamo |
| *voi* | concedete |
| *essi* | concèdono |

**imperfetto**

| | |
|---|---|
| *io* | concedevo |
| *tu* | concedevi |
| *egli* | concedeva |
| *noi* | concedevamo |
| *voi* | concedevate |
| *essi* | concedévano |

**passato remoto**

| | |
|---|---|
| *io* | concessi |
| *tu* | concedesti |
| *egli* | concesse |
| *noi* | concedemmo |
| *voi* | concedeste |
| *essi* | concèssero |

**futuro semplice**

| | |
|---|---|
| *io* | concederò |
| *tu* | concederai |
| *egli* | concederà |
| *noi* | concederemo |
| *voi* | concederete |
| *essi* | concederanno |

**passato prossimo**

| | | |
|---|---|---|
| *io* | ho | concesso |
| *tu* | hai | concesso |
| *egli* | ha | concesso |
| *noi* | abbiamo | concesso |
| *voi* | avete | concesso |
| *essi* | hanno | concesso |

**trapassato prossimo**

| | | |
|---|---|---|
| *io* | avevo | concesso |
| *tu* | avevi | concesso |
| *egli* | aveva | concesso |
| *noi* | avevamo | concesso |
| *voi* | avevate | concesso |
| *essi* | avévano | concesso |

**trapassato remoto**

| | | |
|---|---|---|
| *io* | ebbi | concesso |
| *tu* | avesti | concesso |
| *egli* | ebbe | concesso |
| *noi* | avemmo | concesso |
| *voi* | aveste | concesso |
| *essi* | èbbero | concesso |

**futuro anteriore**

| | | |
|---|---|---|
| *io* | avrò | concesso |
| *tu* | avrai | concesso |
| *egli* | avrà | concesso |
| *noi* | avremo | concesso |
| *voi* | avrete | concesso |
| *essi* | avranno | concesso |

## condizionale

**presente**

| | |
|---|---|
| *io* | concederei |
| *tu* | concederesti |
| *egli* | concederebbe |
| *noi* | concederemmo |
| *voi* | concedereste |
| *essi* | concederèbbero |

**passato**

| | | |
|---|---|---|
| *io* | avrei | concesso |
| *tu* | avresti | concesso |
| *egli* | avrebbe | concesso |
| *noi* | avremmo | concesso |
| *voi* | avreste | concesso |
| *essi* | avrèbbero | concesso |

## imperativo

**presente**

| | |
|---|---|
| ... | |
| concedi | *tu* |
| conceda | *egli* |
| concediamo | *noi* |
| concedete | *voi* |
| concèdano | *essi* |

## congiuntivo

**presente**

| | |
|---|---|
| *io* | conceda |
| *tu* | conceda |
| *egli* | conceda |
| *noi* | concediamo |
| *voi* | concediate |
| *essi* | concèdano |

**imperfetto**

| | |
|---|---|
| *io* | concedessi |
| *tu* | concedessi |
| *egli* | concedesse |
| *noi* | concedéssimo |
| *voi* | concedeste |
| *essi* | concedéssero |

**passato**

| | | |
|---|---|---|
| *io* | àbbia | concesso |
| *tu* | àbbia | concesso |
| *egli* | àbbia | concesso |
| *noi* | abbiamo | concesso |
| *voi* | abbiate | concesso |
| *essi* | àbbiano | concesso |

**trapassato**

| | | |
|---|---|---|
| *io* | avessi | concesso |
| *tu* | avessi | concesso |
| *egli* | avesse | concesso |
| *noi* | avéssimo | concesso |
| *voi* | aveste | concesso |
| *essi* | avéssero | concesso |

## infinito

| presente | passato |
|---|---|
| concèdere | avere concesso |

## participio

| presente | passato |
|---|---|
| concedente | concesso, conceduto |

## gerundio

| presente | passato |
|---|---|
| concedendo | avendo concesso |

*Concedere* e gli altri verbi coniugati secondo questo modello modificano radice e desinenza al passato remoto (I e III persona singolare e III plurale) e al participio passato. Le forma regolare del participio passato (*conceduto*) è usata ma è piuttosto rara, mentre le forme regolari del passato remoto (*io concedei / concedetti* ecc.) sono decisamente desuete.

# conclùdere 29

## indicativo

### presente

| | |
|---|---|
| *io* | concludo |
| *tu* | concludi |
| *egli* | conclude |
| *noi* | concludiamo |
| *voi* | concludete |
| *essi* | conclùdono |

### imperfetto

| | |
|---|---|
| *io* | concludevo |
| *tu* | concludevi |
| *egli* | concludeva |
| *noi* | concludevamo |
| *voi* | concludevate |
| *essi* | concludévano |

### passato remoto

| | |
|---|---|
| *io* | conclusi |
| *tu* | concludesti |
| *egli* | concluse |
| *noi* | concludemmo |
| *voi* | concludeste |
| *essi* | conclùsero |

### futuro semplice

| | |
|---|---|
| *io* | concluderò |
| *tu* | concluderai |
| *egli* | concluderà |
| *noi* | concluderemo |
| *voi* | concluderete |
| *essi* | concluderanno |

### passato prossimo

| | | |
|---|---|---|
| *io* | ho | concluso |
| *tu* | hai | concluso |
| *egli* | ha | concluso |
| *noi* | abbiamo | concluso |
| *voi* | avete | concluso |
| *essi* | hanno | concluso |

### trapassato prossimo

| | | |
|---|---|---|
| *io* | avevo | concluso |
| *tu* | avevi | concluso |
| *egli* | aveva | concluso |
| *noi* | avevamo | concluso |
| *voi* | avevate | concluso |
| *essi* | avévano | concluso |

### trapassato remoto

| | | |
|---|---|---|
| *io* | ebbi | concluso |
| *tu* | avesti | concluso |
| *egli* | ebbe | concluso |
| *noi* | avemmo | concluso |
| *voi* | aveste | concluso |
| *essi* | èbbero | concluso |

### futuro anteriore

| | | |
|---|---|---|
| *io* | avrò | concluso |
| *tu* | avrai | concluso |
| *egli* | avrà | concluso |
| *noi* | avremo | concluso |
| *voi* | avrete | concluso |
| *essi* | avranno | concluso |

## condizionale

### presente

| | |
|---|---|
| *io* | concluderei |
| *tu* | concluderesti |
| *egli* | concluderebbe |
| *noi* | concluderemmo |
| *voi* | concludereste |
| *essi* | concluderèbbero |

### passato

| | | |
|---|---|---|
| *io* | avrei | concluso |
| *tu* | avresti | concluso |
| *egli* | avrebbe | concluso |
| *noi* | avremmo | concluso |
| *voi* | avreste | concluso |
| *essi* | avrèbbero | concluso |

## imperativo

### presente

| | |
|---|---|
| ... | |
| concludi | *tu* |
| concluda | *egli* |
| concludiamo | *noi* |
| concludete | *voi* |
| conclùdano | *essi* |

## congiuntivo

### presente

| | |
|---|---|
| *io* | concluda |
| *tu* | concluda |
| *egli* | concluda |
| *noi* | concludiamo |
| *voi* | concludiate |
| *essi* | conclùdano |

### imperfetto

| | |
|---|---|
| *io* | concludessi |
| *tu* | concludessi |
| *egli* | concludesse |
| *noi* | concludéssimo |
| *voi* | concludeste |
| *essi* | concludéssero |

### passato

| | | |
|---|---|---|
| *io* | àbbia | concluso |
| *tu* | àbbia | concluso |
| *egli* | àbbia | concluso |
| *noi* | abbiamo | concluso |
| *voi* | abbiate | concluso |
| *essi* | àbbiano | concluso |

### trapassato

| | | |
|---|---|---|
| *io* | avessi | concluso |
| *tu* | avessi | concluso |
| *egli* | avesse | concluso |
| *noi* | avéssimo | concluso |
| *voi* | aveste | concluso |
| *essi* | avéssero | concluso |

## infinito

| presente | passato |
|---|---|
| conclùdere | avere concluso |

## participio

| presente | passato |
|---|---|
| concludente | concluso |

## gerundio

| presente | passato |
|---|---|
| concludendo | avendo concluso |

*Concludere, chiudere* e gli altri verbi in -udere (*accludere, alludere, deludere* ecc.) modificano radice e desinenza al passato remoto (I e III persona singolare e III plurale) e al participio passato.

# condurre

## indicativo

**presente**

| | |
|---|---|
| *io* | conduco |
| *tu* | conduci |
| *egli* | conduce |
| *noi* | conduciamo |
| *voi* | conducete |
| *essi* | condùcono |

**imperfetto**

| | |
|---|---|
| *io* | conducevo |
| *tu* | conducevi |
| *egli* | conduceva |
| *noi* | conducevamo |
| *voi* | conducevate |
| *essi* | conducévano |

**passato remoto**

| | |
|---|---|
| *io* | condussi |
| *tu* | conducesti |
| *egli* | condusse |
| *noi* | conducemmo |
| *voi* | conduceste |
| *essi* | condùssero |

**futuro semplice**

| | |
|---|---|
| *io* | condurrò |
| *tu* | condurrai |
| *egli* | condurrà |
| *noi* | condurremo |
| *voi* | condurrete |
| *essi* | condurranno |

**passato prossimo**

| | | |
|---|---|---|
| *io* | ho | condotto |
| *tu* | hai | condotto |
| *egli* | ha | condotto |
| *noi* | abbiamo | condotto |
| *voi* | avete | condotto |
| *essi* | hanno | condotto |

**trapassato prossimo**

| | | |
|---|---|---|
| *io* | avevo | condotto |
| *tu* | avevi | condotto |
| *egli* | aveva | condotto |
| *noi* | avevamo | condotto |
| *voi* | avevate | condotto |
| *essi* | avévano | condotto |

**trapassato remoto**

| | | |
|---|---|---|
| *io* | ebbi | condotto |
| *tu* | avesti | condotto |
| *egli* | ebbe | condotto |
| *noi* | avemmo | condotto |
| *voi* | aveste | condotto |
| *essi* | èbbero | condotto |

**futuro anteriore**

| | | |
|---|---|---|
| *io* | avrò | condotto |
| *tu* | avrai | condotto |
| *egli* | avrà | condotto |
| *noi* | avremo | condotto |
| *voi* | avrete | condotto |
| *essi* | avranno | condotto |

## condizionale

**presente**

| | |
|---|---|
| *io* | condurrei |
| *tu* | condurresti |
| *egli* | condurrebbe |
| *noi* | condurremmo |
| *voi* | condurreste |
| *essi* | condurrèbbero |

**passato**

| | | |
|---|---|---|
| *io* | avrei | condotto |
| *tu* | avresti | condotto |
| *egli* | avrebbe | condotto |
| *noi* | avremmo | condotto |
| *voi* | avreste | condotto |
| *essi* | avrèbbero | condotto |

## imperativo

**presente**

| | |
|---|---|
| ... | |
| conduci | *tu* |
| conduca | *egli* |
| conduciamo | *noi* |
| conducete | *voi* |
| condùcano | *essi* |

## congiuntivo

**presente**

| | |
|---|---|
| *io* | conduca |
| *tu* | conduca |
| *egli* | conduca |
| *noi* | conduciamo |
| *voi* | conduciate |
| *essi* | condùcano |

**imperfetto**

| | |
|---|---|
| *io* | conducessi |
| *tu* | conducessi |
| *egli* | conducesse |
| *noi* | conducéssimo |
| *voi* | conduceste |
| *essi* | conducéssero |

**passato**

| | | |
|---|---|---|
| *io* | àbbia | condotto |
| *tu* | àbbia | condotto |
| *egli* | àbbia | condotto |
| *noi* | abbiamo | condotto |
| *voi* | abbiate | condotto |
| *essi* | àbbiano | condotto |

**trapassato**

| | | |
|---|---|---|
| *io* | avessi | condotto |
| *tu* | avessi | condotto |
| *egli* | avesse | condotto |
| *noi* | avéssimo | condotto |
| *voi* | aveste | condotto |
| *essi* | avéssero | condotto |

## infinito

| **presente** | **passato** |
|---|---|
| condurre | avere condotto |

## participio

| **presente** | **passato** |
|---|---|
| conducente | condotto |

## gerundio

| **presente** | **passato** |
|---|---|
| conducendo | avendo condotto |

I verbi in -urre formano gran parte delle voci dalla radice dei verbi latini in *-ĕre* da cui derivano (p. es. *conduc-ĕre)*, mentre formano regolarmente il futuro semplice e il condizionale presente dalla radice dell'infinito in -urre. Modificano ulteriormente radice e desinenza al passato remoto (I e III persona singolare e III plurale) e al participio passato.

# conóscere 31

## indicativo

### presente

| | |
|---|---|
| *io* | conosco |
| *tu* | conosci |
| *egli* | conosce |
| *noi* | conosciamo |
| *voi* | conoscete |
| *essi* | conóscono |

### passato prossimo

| | | |
|---|---|---|
| *io* | ho | conosciuto |
| *tu* | hai | conosciuto |
| *egli* | ha | conosciuto |
| *noi* | abbiamo | conosciuto |
| *voi* | avete | conosciuto |
| *essi* | hanno | conosciuto |

### imperfetto

| | |
|---|---|
| *io* | conoscevo |
| *tu* | conoscevi |
| *egli* | conosceva |
| *noi* | conoscevamo |
| *voi* | conoscevate |
| *essi* | conoscévano |

### trapassato prossimo

| | | |
|---|---|---|
| *io* | avevo | conosciuto |
| *tu* | avevi | conosciuto |
| *egli* | aveva | conosciuto |
| *noi* | avevamo | conosciuto |
| *voi* | avevate | conosciuto |
| *essi* | avévano | conosciuto |

### passato remoto

| | |
|---|---|
| *io* | conobbi |
| *tu* | conoscesti |
| *egli* | conobbe |
| *noi* | conoscemmo |
| *voi* | conosceste |
| *essi* | conóbbero |

### trapassato remoto

| | | |
|---|---|---|
| *io* | ebbi | conosciuto |
| *tu* | avesti | conosciuto |
| *egli* | ebbe | conosciuto |
| *noi* | avemmo | conosciuto |
| *voi* | aveste | conosciuto |
| *essi* | èbbero | conosciuto |

### futuro semplice

| | |
|---|---|
| *io* | conoscerò |
| *tu* | conoscerai |
| *egli* | conoscerà |
| *noi* | conosceremo |
| *voi* | conoscerete |
| *essi* | conosceranno |

### futuro anteriore

| | | |
|---|---|---|
| *io* | avrò | conosciuto |
| *tu* | avrai | conosciuto |
| *egli* | avrà | conosciuto |
| *noi* | avremo | conosciuto |
| *voi* | avrete | conosciuto |
| *essi* | avranno | conosciuto |

## condizionale

### presente

| | |
|---|---|
| *io* | conoscerei |
| *tu* | conosceresti |
| *egli* | conoscerebbe |
| *noi* | conosceremmo |
| *voi* | conoscereste |
| *essi* | conoscerèbbero |

### passato

| | | |
|---|---|---|
| *io* | avrei | conosciuto |
| *tu* | avresti | conosciuto |
| *egli* | avrebbe | conosciuto |
| *noi* | avremmo | conosciuto |
| *voi* | avreste | conosciuto |
| *essi* | avrèbbero | conosciuto |

## imperativo

### presente

| | |
|---|---|
| ... | |
| conosci | *tu* |
| conosca | *egli* |
| conosciamo | *noi* |
| conoscete | *voi* |
| conóscano | *essi* |

## congiuntivo

### presente

| | |
|---|---|
| *io* | conosca |
| *tu* | conosca |
| *egli* | conosca |
| *noi* | conosciamo |
| *voi* | conosciate |
| *essi* | conóscano |

### passato

| | | |
|---|---|---|
| *io* | àbbia | conosciuto |
| *tu* | àbbia | conosciuto |
| *egli* | àbbia | conosciuto |
| *noi* | abbiamo | conosciuto |
| *voi* | abbiate | conosciuto |
| *essi* | àbbiano | conosciuto |

### imperfetto

| | |
|---|---|
| *io* | conoscessi |
| *tu* | conoscessi |
| *egli* | conoscesse |
| *noi* | conoscéssimo |
| *voi* | conosceste |
| *essi* | conoscéssero |

### trapassato

| | | |
|---|---|---|
| *io* | avessi | conosciuto |
| *tu* | avessi | conosciuto |
| *egli* | avesse | conosciuto |
| *noi* | avéssimo | conosciuto |
| *voi* | aveste | conosciuto |
| *essi* | avéssero | conosciuto |

## infinito

| presente | passato |
|---|---|
| conóscere | avere conosciuto |

## participio

| presente | passato |
|---|---|
| conoscente | conosciuto |

## gerundio

| presente | passato |
|---|---|
| conoscendo | avendo conosciuto |

---

I verbi *conoscere*, *disconoscere*, *misconoscere* e *riconoscere* modificano radice e desinenza al passato remoto (I e III persona singolare e III plurale); prima della desinenza *-uto* del participio passato inseriscono una i diacritica, che serve cioè solo a indicare il suono palatale del digramma sc (digramma: due segni che insieme identificano un suono; in questo caso, il suono iniziale delle parole *scendere*, o *sciupare*).

## indicativo

| presente | | passato prossimo | | |
|---|---|---|---|---|
| *io* | corro | *io* | ho | corso |
| *tu* | corri | *tu* | hai | corso |
| *egli* | corre | *egli* | ha | corso |
| *noi* | corriamo | *noi* | abbiamo | corso |
| *voi* | correte | *voi* | avete | corso |
| *essi* | córrono | *essi* | hanno | corso |
| **imperfetto** | | **trapassato prossimo** | | |
| *io* | correvo | *io* | avevo | corso |
| *tu* | correvi | *tu* | avevi | corso |
| *egli* | correva | *egli* | aveva | corso |
| *noi* | correvamo | *noi* | avevamo | corso |
| *voi* | correvate | *voi* | avevate | corso |
| *essi* | corrévano | *essi* | avévano | corso |
| **passato remoto** | | **trapassato remoto** | | |
| *io* | corsi | *io* | ebbi | corso |
| *tu* | corresti | *tu* | avesti | corso |
| *egli* | corse | *egli* | ebbe | corso |
| *noi* | corremmo | *noi* | avemmo | corso |
| *voi* | correste | *voi* | aveste | corso |
| *essi* | córsero | *essi* | èbbero | corso |
| **futuro semplice** | | **futuro anteriore** | | |
| *io* | correrò | *io* | avrò | corso |
| *tu* | correrai | *tu* | avrai | corso |
| *egli* | correrà | *egli* | avrà | corso |
| *noi* | correremo | *noi* | avremo | corso |
| *voi* | correrete | *voi* | avrete | corso |
| *essi* | correranno | *essi* | avranno | corso |

## condizionale

| presente | | passato | | |
|---|---|---|---|---|
| *io* | correrei | *io* | avrei | corso |
| *tu* | correresti | *tu* | avresti | corso |
| *egli* | correrebbe | *egli* | avrebbe | corso |
| *noi* | correremmo | *noi* | avremmo | corso |
| *voi* | correreste | *voi* | avreste | corso |
| *essi* | correrèbbero | *essi* | avrèbbero | corso |

## imperativo

**presente**

| | |
|---|---|
| ... | |
| corri | *tu* |
| corra | *egli* |
| corriamo | *noi* |
| correte | *voi* |
| córrano | *essi* |

## congiuntivo

| presente | | passato | | |
|---|---|---|---|---|
| *io* | corra | *io* | àbbia | corso |
| *tu* | corra | *tu* | àbbia | corso |
| *egli* | corra | *egli* | àbbia | corso |
| *noi* | corriamo | *noi* | abbiamo | corso |
| *voi* | corriate | *voi* | abbiate | corso |
| *essi* | córrano | *essi* | àbbiano | corso |
| **imperfetto** | | **trapassato** | | |
| *io* | corressi | *io* | avessi | corso |
| *tu* | corressi | *tu* | avessi | corso |
| *egli* | corresse | *egli* | avesse | corso |
| *noi* | corréssimo | *noi* | avéssimo | corso |
| *voi* | correste | *voi* | aveste | corso |
| *essi* | corréssero | *essi* | avéssero | corso |

## infinito

| presente | passato |
|---|---|
| córrere | avere corso |

## participio

| presente | passato |
|---|---|
| corrente | corso |

## gerundio

| presente | passato |
|---|---|
| correndo | avendo corso |

Il verbo *correre* e tutti i suoi composti modificano radice e desinenza al passato remoto (I e III persona singolare e III plurale) e al participio passato.

## indicativo

| presente | | passato prossimo | | |
|---|---|---|---|---|
| *io* | cresco | *io* | sono | cresciuto |
| *tu* | cresci | *tu* | sei | cresciuto |
| *egli* | cresce | *egli* | è | cresciuto |
| *noi* | cresciamo | *noi* | siamo | cresciuti |
| *voi* | crescete | *voi* | siete | cresciuti |
| *essi* | cré**s**cono | *essi* | sono | cresciuti |

| imperfetto | | trapassato prossimo | | |
|---|---|---|---|---|
| *io* | crescevo | *io* | ero | cresciuto |
| *tu* | crescevi | *tu* | eri | cresciuto |
| *egli* | cresceva | *egli* | era | cresciuto |
| *noi* | crescevamo | *noi* | eravamo | cresciuti |
| *voi* | crescevate | *voi* | eravate | cresciuti |
| *essi* | cresc**é**vano | *essi* | **è**rano | cresciuti |

| passato remoto | | trapassato remoto | | |
|---|---|---|---|---|
| *io* | crebbi | *io* | fui | cresciuto |
| *tu* | crescesti | *tu* | fosti | cresciuto |
| *egli* | crebbe | *egli* | fu | cresciuto |
| *noi* | crescemmo | *noi* | fummo | cresciuti |
| *voi* | cresceste | *voi* | foste | cresciuti |
| *essi* | crébbero | *essi* | f**ù**rono | cresciuti |

| futuro semplice | | futuro anteriore | | |
|---|---|---|---|---|
| *io* | crescerò | *io* | sarò | cresciuto |
| *tu* | crescerai | *tu* | sarai | cresciuto |
| *egli* | crescerà | *egli* | sarà | cresciuto |
| *noi* | cresceremo | *noi* | saremo | cresciuti |
| *voi* | crescerete | *voi* | sarete | cresciuti |
| *essi* | cresceranno | *essi* | saranno | cresciuti |

## condizionale

| presente | |
|---|---|
| *io* | crescerei |
| *tu* | cresceresti |
| *egli* | crescerebbe |
| *noi* | cresceremmo |
| *voi* | crescereste |
| *essi* | crescer**è**bbero |

| passato | | |
|---|---|---|
| *io* | sarei | cresciuto |
| *tu* | saresti | cresciuto |
| *egli* | sarebbe | cresciuto |
| *noi* | saremmo | cresciuti |
| *voi* | sareste | cresciuti |
| *essi* | sar**è**bbero | cresciuti |

## imperativo

**presente**

| | |
|---|---|
| ... | |
| cresci | *tu* |
| cresca | *egli* |
| cresciamo | *noi* |
| crescete | *voi* |
| cr**é**scano | *essi* |

## congiuntivo

| presente | | passato | | |
|---|---|---|---|---|
| *io* | cresca | *io* | sia | cresciuto |
| *tu* | cresca | *tu* | sia | cresciuto |
| *egli* | cresca | *egli* | sia | cresciuto |
| *noi* | cresciamo | *noi* | siamo | cresciuti |
| *voi* | cresciate | *voi* | siate | cresciuti |
| *essi* | cr**é**scano | *essi* | s**ì**ano | cresciuti |

| imperfetto | | trapassato | | |
|---|---|---|---|---|
| *io* | crescessi | *io* | fossi | cresciuto |
| *tu* | crescessi | *tu* | fossi | cresciuto |
| *egli* | crescesse | *egli* | fosse | cresciuto |
| *noi* | cresc**é**ssimo | *noi* | f**ó**ssimo | cresciuti |
| *voi* | cresceste | *voi* | foste | cresciuti |
| *essi* | cresc**é**ssero | *essi* | f**ó**ssero | cresciuti |

## infinito

| presente | passato |
|---|---|
| cr**é**scere | essere cresciuto |

## participio

| presente | passato |
|---|---|
| crescente | cresciuto |

## gerundio

| presente | passato |
|---|---|
| crescendo | essendo cresciuto |

I verbi come *crescere* modificano radice e desinenza al passato remoto (I e III persona singolare e III plurale); prima della desinenza -uto del participio passato inseriscono una i diacritica, che serve cioè solo a indicare il suono palatale del digramma sc (digramma: due segni che insieme identificano un suono; in questo caso il suono iniziale delle parole *scendere*, o *sciupare*).

## indicativo

**presente**

| | |
|---|---|
| *io* | cuocio |
| *tu* | cuoci |
| *egli* | cuoce |
| *noi* | cuociamo |
| *voi* | cuocete |
| *essi* | cuòciono |

**passato prossimo**

| | | |
|---|---|---|
| *io* | ho | cotto |
| *tu* | hai | cotto |
| *egli* | ha | cotto |
| *noi* | abbiamo | cotto |
| *voi* | avete | cotto |
| *essi* | hanno | cotto |

**imperfetto**

| | |
|---|---|
| *io* | cuocevo |
| *tu* | cuocevi |
| *egli* | cuoceva |
| *noi* | cuocevamo |
| *voi* | cuocevate |
| *essi* | cuocévano |

**trapassato prossimo**

| | | |
|---|---|---|
| *io* | avevo | cotto |
| *tu* | avevi | cotto |
| *egli* | aveva | cotto |
| *noi* | avevamo | cotto |
| *voi* | avevate | cotto |
| *essi* | avévano | cotto |

**passato remoto**

| | |
|---|---|
| *io* | cossi |
| *tu* | cuocesti |
| *egli* | cosse |
| *noi* | cuocemmo |
| *voi* | cuoceste |
| *essi* | còssero |

**trapassato remoto**

| | | |
|---|---|---|
| *io* | ebbi | cotto |
| *tu* | avesti | cotto |
| *egli* | ebbe | cotto |
| *noi* | avemmo | cotto |
| *voi* | aveste | cotto |
| *essi* | èbbero | cotto |

**futuro semplice**

| | |
|---|---|
| *io* | cuocerò |
| *tu* | cuocerai |
| *egli* | cuocerà |
| *noi* | cuoceremo |
| *voi* | cuocerete |
| *essi* | cuoceranno |

**futuro anteriore**

| | | |
|---|---|---|
| *io* | avrò | cotto |
| *tu* | avrai | cotto |
| *egli* | avrà | cotto |
| *noi* | avremo | cotto |
| *voi* | avrete | cotto |
| *essi* | avranno | cotto |

## condizionale

**presente**

| | |
|---|---|
| *io* | cuocerei |
| *tu* | cuoceresti |
| *egli* | cuocerebbe |
| *noi* | cuoceremmo |
| *voi* | cuocereste |
| *essi* | cuocerèbbero |

**passato**

| | | |
|---|---|---|
| *io* | avrei | cotto |
| *tu* | avresti | cotto |
| *egli* | avrebbe | cotto |
| *noi* | avremmo | cotto |
| *voi* | avreste | cotto |
| *essi* | avrèbbero | cotto |

## imperativo

**presente**

| | |
|---|---|
| ... | |
| cuoci | *tu* |
| cuoca | *egli* |
| cuociamo | *noi* |
| cuocete | *voi* |
| cuòciano | *essi* |

## congiuntivo

**presente**

| | |
|---|---|
| *io* | cuocia |
| *tu* | cuocia |
| *egli* | cuocia |
| *noi* | cuociamo |
| *voi* | cuociate |
| *essi* | cuòciano |

**passato**

| | | |
|---|---|---|
| *io* | àbbia | cotto |
| *tu* | àbbia | cotto |
| *egli* | àbbia | cotto |
| *noi* | abbiamo | cotto |
| *voi* | abbiate | cotto |
| *essi* | àbbiano | cotto |

**imperfetto**

| | |
|---|---|
| *io* | cuocessi |
| *tu* | cuocessi |
| *egli* | cuocesse |
| *noi* | cuocéssimo |
| *voi* | cuoceste |
| *essi* | cuocéssero |

**trapassato**

| | | |
|---|---|---|
| *io* | avessi | cotto |
| *tu* | avessi | cotto |
| *egli* | avesse | cotto |
| *noi* | avéssimo | cotto |
| *voi* | aveste | cotto |
| *essi* | avéssero | cotto |

## infinito

| **presente** | **passato** |
|---|---|
| cuòcere | avere cotto |

## participio

| **presente** | **passato** |
|---|---|
| cocente | cotto |

## gerundio

| **presente** | **passato** |
|---|---|
| cuocendo | avendo cotto |

Originariamente il verbo *cuocere* presentava l'alternanza tra forme dittongate (uo in posizione tonica: *io cuòcio*) e non dittongate (o in posizione atona: *noi cociàmo*). Nella lingua contemporanea le forme non dittongate (*noi cociamo*, *voi cocete*, *io cocevo* ecc.) sono cadute in disuso in favore di quelle dittongate (*noi cuociamo, voi cuocete, io cuocevo* ecc.) anche in posizione atona. Si noti tuttavia che al participio presente resiste la forma *cocente* come unica possibile. Il verbo modifica, inoltre, radice e desinenza alla I e III persona singolare e III plurale del passato remoto.

# dire



## indicativo

**presente**

| | |
|---|---|
| *io* | dico |
| *tu* | dici |
| *egli* | dice |
| *noi* | diciamo |
| *voi* | dite |
| *essi* | dìcono |

**passato prossimo**

| | | |
|---|---|---|
| *io* | ho | detto |
| *tu* | hai | detto |
| *egli* | ha | detto |
| *noi* | abbiamo | detto |
| *voi* | avete | detto |
| *essi* | hanno | detto |

**imperfetto**

| | |
|---|---|
| *io* | dicevo |
| *tu* | dicevi |
| *egli* | diceva |
| *noi* | dicevamo |
| *voi* | dicevate |
| *essi* | dicévano |

**trapassato prossimo**

| | | |
|---|---|---|
| *io* | avevo | detto |
| *tu* | avevi | detto |
| *egli* | aveva | detto |
| *noi* | avevamo | detto |
| *voi* | avevate | detto |
| *essi* | avévano | detto |

**passato remoto**

| | |
|---|---|
| *io* | dissi |
| *tu* | dicesti |
| *egli* | disse |
| *noi* | dicemmo |
| *voi* | diceste |
| *essi* | dìssero |

**trapassato remoto**

| | | |
|---|---|---|
| *io* | ebbi | detto |
| *tu* | avesti | detto |
| *egli* | ebbe | detto |
| *noi* | avemmo | detto |
| *voi* | aveste | detto |
| *essi* | èbbero | detto |

**futuro semplice**

| | |
|---|---|
| *io* | dirò |
| *tu* | dirai |
| *egli* | dirà |
| *noi* | diremo |
| *voi* | direte |
| *essi* | diranno |

**futuro anteriore**

| | | |
|---|---|---|
| *io* | avrò | detto |
| *tu* | avrai | detto |
| *egli* | avrà | detto |
| *noi* | avremo | detto |
| *voi* | avrete | detto |
| *essi* | avranno | detto |

## condizionale

**presente**

| | |
|---|---|
| *io* | direi |
| *tu* | diresti |
| *egli* | direbbe |
| *noi* | diremmo |
| *voi* | direste |
| *essi* | dirèbbero |

**passato**

| | | |
|---|---|---|
| *io* | avrei | detto |
| *tu* | avresti | detto |
| *egli* | avrebbe | detto |
| *noi* | avremmo | detto |
| *voi* | avreste | detto |
| *essi* | avrèbbero | detto |

## imperativo

**presente**

| | |
|---|---|
| ... | |
| di', dì | *tu* |
| dica | *egli* |
| diciamo | *noi* |
| dite | *voi* |
| dìcano | *essi* |

## congiuntivo

**presente**

| | |
|---|---|
| *io* | dica |
| *tu* | dica |
| *egli* | dica |
| *noi* | diciamo |
| *voi* | diciate |
| *essi* | dìcano |

**passato**

| | | |
|---|---|---|
| *io* | àbbia | detto |
| *tu* | àbbia | detto |
| *egli* | àbbia | detto |
| *noi* | abbiamo | detto |
| *voi* | abbiate | detto |
| *essi* | àbbiano | detto |

**imperfetto**

| | |
|---|---|
| *io* | dicessi |
| *tu* | dicessi |
| *egli* | dicesse |
| *noi* | dicéssimo |
| *voi* | diceste |
| *essi* | dicéssero |

**trapassato**

| | | |
|---|---|---|
| *io* | avessi | detto |
| *tu* | avessi | detto |
| *egli* | avesse | detto |
| *noi* | avéssimo | detto |
| *voi* | aveste | detto |
| *essi* | avéssero | detto |

## infinito

| **presente** | **passato** |
|---|---|
| dire | avere detto |

## participio

| **presente** | **passato** |
|---|---|
| dicente | detto |

## gerundio

| **presente** | **passato** |
|---|---|
| dicendo | avendo detto |

---

Il verbo *dire* forma gran parte delle voci dalla radice *dic*- del verbo latino *dicĕre* da cui deriva, mentre forma regolarmente il futuro semplice e il condizionale presente dalla radice derivata dall'infinito *dire*. Al passato remoto (I e III singolare e III plurale) e al participio passato modifica ulteriormente radice e desinenza, riprendendole dalle corrispondenti forme latine. È inoltre irregolare la forma della II singolare del presente indicativo e dell'imperativo (*di', dì*). Fra i verbi composti *di dire*, si segnalano *benedire*, *maledire* che all'imperativo fanno regolarmente *benedici*, *maledici* ecc., e registrano anche le forme popolari all'imperfetto (*io benedivo/maledivo* ecc.) e al passato remoto (*io benedìi / maledìi, egli benedì, noi benedimmo, essi benedìrono* ecc.).

# dirìgere

## indicativo

| presente | | passato prossimo | | |
|---|---|---|---|---|
| *io* | dirigo | *io* | ho | diretto |
| *tu* | dirigi | *tu* | hai | diretto |
| *egli* | dirige | *egli* | ha | diretto |
| *noi* | dirigiamo | *noi* | abbiamo | diretto |
| *voi* | dirigete | *voi* | avete | diretto |
| *essi* | dir**ì**gono | *essi* | hanno | diretto |

| imperfetto | | trapassato prossimo | | |
|---|---|---|---|---|
| *io* | dirigevo | *io* | avevo | diretto |
| *tu* | dirigevi | *tu* | avevi | diretto |
| *egli* | dirigeva | *egli* | aveva | diretto |
| *noi* | dirigevamo | *noi* | avevamo | diretto |
| *voi* | dirigevate | *voi* | avevate | diretto |
| *essi* | dirig**é**vano | *essi* | av**é**vano | diretto |

| passato remoto | | trapassato remoto | | |
|---|---|---|---|---|
| *io* | diressi | *io* | ebbi | diretto |
| *tu* | dirigesti | *tu* | avesti | diretto |
| *egli* | diresse | *egli* | ebbe | diretto |
| *noi* | dirigemmo | *noi* | avemmo | diretto |
| *voi* | dirigeste | *voi* | aveste | diretto |
| *essi* | dirèssero | *essi* | **è**bbero | diretto |

| futuro semplice | | futuro anteriore | | |
|---|---|---|---|---|
| *io* | dirigerò | *io* | avrò | diretto |
| *tu* | dirigerai | *tu* | avrai | diretto |
| *egli* | dirigerà | *egli* | avrà | diretto |
| *noi* | dirigeremo | *noi* | avremo | diretto |
| *voi* | dirigerete | *voi* | avrete | diretto |
| *essi* | dirigeranno | *essi* | avranno | diretto |

## congiuntivo

| presente | | passato | | |
|---|---|---|---|---|
| *io* | diriga | *io* | **à**bbia | diretto |
| *tu* | diriga | *tu* | **à**bbia | diretto |
| *egli* | diriga | *egli* | **à**bbia | diretto |
| *noi* | dirigiamo | *noi* | abbiamo | diretto |
| *voi* | dirigiate | *voi* | abbiate | diretto |
| *essi* | dir**ì**gano | *essi* | **à**bbiano | diretto |

| imperfetto | | trapassato | | |
|---|---|---|---|---|
| *io* | dirigessi | *io* | avessi | diretto |
| *tu* | dirigessi | *tu* | avessi | diretto |
| *egli* | dirigesse | *egli* | avesse | diretto |
| *noi* | dirig**é**ssimo | *noi* | av**é**ssimo | diretto |
| *voi* | dirigeste | *voi* | aveste | diretto |
| *essi* | dirig**é**ssero | *essi* | av**é**ssero | diretto |

## condizionale

| presente | | passato | | |
|---|---|---|---|---|
| *io* | dirigerei | *io* | avrei | diretto |
| *tu* | dirigeresti | *tu* | avresti | diretto |
| *egli* | dirigerebbe | *egli* | avrebbe | diretto |
| *noi* | dirigeremmo | *noi* | avremmo | diretto |
| *voi* | dirigereste | *voi* | avreste | diretto |
| *essi* | diriger**è**bbero | *essi* | avr**è**bbero | diretto |

## imperativo

**presente**

| | |
|---|---|
| ... | |
| dirigi | *tu* |
| diriga | *egli* |
| dirigiamo | *noi* |
| dirigete | *voi* |
| dir**ì**gano | *essi* |

## infinito

| presente | passato |
|---|---|
| dir**ì**gere | avere diretto |

## participio

| presente | passato |
|---|---|
| dirigente | diretto |

## gerundio

| presente | passato |
|---|---|
| dirigendo | avendo diretto |

*Dirigere* e gli altri verbi in -igere coniugati secondo questo modello modificano radice e desinenza al passato remoto (I e III persona singolare e III plurale) e al participio passato.

## indicativo

**presente**

| | | |
|---|---|---|
| *io* | discuto | |
| *tu* | discuti | |
| *egli* | discute | |
| *noi* | discutiamo | |
| *voi* | discutete | |
| *essi* | discùtono | |

**imperfetto**

| | |
|---|---|
| *io* | discutevo |
| *tu* | discutevi |
| *egli* | discuteva |
| *noi* | discutevamo |
| *voi* | discutevate |
| *essi* | discutévano |

**passato remoto**

| | |
|---|---|
| *io* | discussi |
| *tu* | discutesti |
| *egli* | discusse |
| *noi* | discutemmo |
| *voi* | discuteste |
| *essi* | discùssero |

**futuro semplice**

| | |
|---|---|
| *io* | discuterò |
| *tu* | discuterai |
| *egli* | discuterà |
| *noi* | discuteremo |
| *voi* | discuterete |
| *essi* | discuteranno |

**passato prossimo**

| | | |
|---|---|---|
| *io* | ho | discusso |
| *tu* | hai | discusso |
| *egli* | ha | discusso |
| *noi* | abbiamo | discusso |
| *voi* | avete | discusso |
| *essi* | hanno | discusso |

**trapassato prossimo**

| | | |
|---|---|---|
| *io* | avevo | discusso |
| *tu* | avevi | discusso |
| *egli* | aveva | discusso |
| *noi* | avevamo | discusso |
| *voi* | avevate | discusso |
| *essi* | avévano | discusso |

**trapassato remoto**

| | | |
|---|---|---|
| *io* | ebbi | discusso |
| *tu* | avesti | discusso |
| *egli* | ebbe | discusso |
| *noi* | avemmo | discusso |
| *voi* | aveste | discusso |
| *essi* | èbbero | discusso |

**futuro anteriore**

| | | |
|---|---|---|
| *io* | avrò | discusso |
| *tu* | avrai | discusso |
| *egli* | avrà | discusso |
| *noi* | avremo | discusso |
| *voi* | avrete | discusso |
| *essi* | avranno | discusso |

## condizionale

**presente**

| | |
|---|---|
| *io* | discuterei |
| *tu* | discuteresti |
| *egli* | discuterebbe |
| *noi* | discuteremmo |
| *voi* | discutereste |
| *essi* | discuterèbbero |

**passato**

| | | |
|---|---|---|
| *io* | avrei | discusso |
| *tu* | avresti | discusso |
| *egli* | avrebbe | discusso |
| *noi* | avremmo | discusso |
| *voi* | avreste | discusso |
| *essi* | avrèbbero | discusso |

## imperativo

**presente**

| | |
|---|---|
| ... | |
| discuti | *tu* |
| discuta | *egli* |
| discutiamo | *noi* |
| discutete | *voi* |
| discùtano | *essi* |

## congiuntivo

**presente**

| | |
|---|---|
| *io* | discuta |
| *tu* | discuta |
| *egli* | discuta |
| *noi* | discutiamo |
| *voi* | discutiate |
| *essi* | discùtano |

**imperfetto**

| | |
|---|---|
| *io* | discutessi |
| *tu* | discutessi |
| *egli* | discutesse |
| *noi* | discutéssimo |
| *voi* | discuteste |
| *essi* | discutéssero |

**passato**

| | | |
|---|---|---|
| *io* | àbbia | discusso |
| *tu* | àbbia | discusso |
| *egli* | àbbia | discusso |
| *noi* | abbiamo | discusso |
| *voi* | abbiate | discusso |
| *essi* | àbbiano | discusso |

**trapassato**

| | | |
|---|---|---|
| *io* | avessi | discusso |
| *tu* | avessi | discusso |
| *egli* | avesse | discusso |
| *noi* | avéssimo | discusso |
| *voi* | aveste | discusso |
| *essi* | avéssero | discusso |

## infinito

| presente | passato |
|---|---|
| discùtere | avere discusso |

## participio

| presente | passato |
|---|---|
| discutente | discusso |

## gerundio

| presente | passato |
|---|---|
| discutendo | avendo discusso |

I verbi *discutere, escutere, incutere* modificano radice e desinenza al passato remoto (I e III persona singolare e III plurale) e al participio passato.

## indicativo

| presente | | passato prossimo | | |
|---|---|---|---|---|
| *io* | distinguo | *io* | ho | distinto |
| *tu* | distingui | *tu* | hai | distinto |
| *egli* | distingue | *egli* | ha | distinto |
| *noi* | distinguiamo | *noi* | abbiamo | distinto |
| *voi* | distinguete | *voi* | avete | distinto |
| *essi* | distìnguono | *essi* | hanno | distinto |

| imperfetto | | trapassato prossimo | | |
|---|---|---|---|---|
| *io* | distinguevo | *io* | avevo | distinto |
| *tu* | distinguevi | *tu* | avevi | distinto |
| *egli* | distingueva | *egli* | aveva | distinto |
| *noi* | distinguevamo | *noi* | avevamo | distinto |
| *voi* | distinguevate | *voi* | avevate | distinto |
| *essi* | distinguévano | *essi* | avévano | distinto |

| passato remoto | | trapassato remoto | | |
|---|---|---|---|---|
| *io* | distinsi | *io* | ebbi | distinto |
| *tu* | distinguesti | *tu* | avesti | distinto |
| *egli* | distinse | *egli* | ebbe | distinto |
| *noi* | distinguemmo | *noi* | avemmo | distinto |
| *voi* | distingueste | *voi* | aveste | distinto |
| *essi* | distìnsero | *essi* | èbbero | distinto |

| futuro semplice | | futuro anteriore | | |
|---|---|---|---|---|
| *io* | distinguerò | *io* | avrò | distinto |
| *tu* | distinguerai | *tu* | avrai | distinto |
| *egli* | distinguerà | *egli* | avrà | distinto |
| *noi* | distingueremo | *noi* | avremo | distinto |
| *voi* | distinguerete | *voi* | avrete | distinto |
| *essi* | distingueranno | *essi* | avranno | distinto |

## condizionale

**presente**

| | |
|---|---|
| *io* | distinguerei |
| *tu* | distingueresti |
| *egli* | distinguerebbe |
| *noi* | distingueremmo |
| *voi* | distinguereste |
| *essi* | distinguerèbbero |

**passato**

| | | |
|---|---|---|
| *io* | avrei | distinto |
| *tu* | avresti | distinto |
| *egli* | avrebbe | distinto |
| *noi* | avremmo | distinto |
| *voi* | avreste | distinto |
| *essi* | avrèbbero | distinto |

## imperativo

**presente**

...

| | |
|---|---|
| distingui | *tu* |
| distingua | *egli* |
| distinguiamo | *noi* |
| distinguete | *voi* |
| distìnguano | *essi* |

## congiuntivo

| presente | | passato | | |
|---|---|---|---|---|
| *io* | distingua | *io* | àbbia | distinto |
| *tu* | distingua | *tu* | àbbia | distinto |
| *egli* | distingua | *egli* | àbbia | distinto |
| *noi* | distinguiamo | *noi* | abbiamo | distinto |
| *voi* | distinguiate | *voi* | abbiate | distinto |
| *essi* | distìnguano | *essi* | àbbiano | distinto |

| imperfetto | | trapassato | | |
|---|---|---|---|---|
| *io* | distinguessi | *io* | avessi | distinto |
| *tu* | distinguessi | *tu* | avessi | distinto |
| *egli* | distinguesse | *egli* | avesse | distinto |
| *noi* | distinguéssimo | *noi* | avéssimo | distinto |
| *voi* | distingueste | *voi* | aveste | distinto |
| *essi* | distinguéssero | *essi* | avéssero | distinto |

## infinito

| presente | passato |
|---|---|
| distìnguere | avere distinto |

## participio

| presente | passato |
|---|---|
| distinguente | distinto |

## gerundio

| presente | passato |
|---|---|
| distinguendo | avendo distinto |

*Distinguere* e gli altri verbi in -inguere che seguono questo modello (*estinguere*, *ridistinguere*) modificano radice e desinenza al passato remoto (I e III persona singolare e III plurale) e al participio passato.

## indicativo

**presente**

| | |
|---|---|
| *io* | distruggo |
| *tu* | distruggi |
| *egli* | distrugge |
| *noi* | distruggiamo |
| *voi* | distruggete |
| *essi* | distrùggono |

**passato prossimo**

| | | |
|---|---|---|
| *io* | ho | distrutto |
| *tu* | hai | distrutto |
| *egli* | ha | distrutto |
| *noi* | abbiamo | distrutto |
| *voi* | avete | distrutto |
| *essi* | hanno | distrutto |

**imperfetto**

| | |
|---|---|
| *io* | distruggevo |
| *tu* | distruggevi |
| *egli* | distruggeva |
| *noi* | distruggevamo |
| *voi* | distruggevate |
| *essi* | distruggévano |

**trapassato prossimo**

| | | |
|---|---|---|
| *io* | avevo | distrutto |
| *tu* | avevi | distrutto |
| *egli* | aveva | distrutto |
| *noi* | avevamo | distrutto |
| *voi* | avevate | distrutto |
| *essi* | avévano | distrutto |

**passato remoto**

| | |
|---|---|
| *io* | distrussi |
| *tu* | distruggesti |
| *egli* | distrusse |
| *noi* | distruggemmo |
| *voi* | distruggeste |
| *essi* | distrùssero |

**trapassato remoto**

| | | |
|---|---|---|
| *io* | ebbi | distrutto |
| *tu* | avesti | distrutto |
| *egli* | ebbe | distrutto |
| *noi* | avemmo | distrutto |
| *voi* | aveste | distrutto |
| *essi* | èbbero | distrutto |

**futuro semplice**

| | |
|---|---|
| *io* | distruggerò |
| *tu* | distruggerai |
| *egli* | distruggerà |
| *noi* | distruggeremo |
| *voi* | distruggerete |
| *essi* | distruggeranno |

**futuro anteriore**

| | | |
|---|---|---|
| *io* | avrò | distrutto |
| *tu* | avrai | distrutto |
| *egli* | avrà | distrutto |
| *noi* | avremo | distrutto |
| *voi* | avrete | distrutto |
| *essi* | avranno | distrutto |

## condizionale

**presente**

| | |
|---|---|
| *io* | distruggerei |
| *tu* | distruggeresti |
| *egli* | distruggerebbe |
| *noi* | distruggeremmo |
| *voi* | distruggereste |
| *essi* | distruggerèbbero |

**passato**

| | | |
|---|---|---|
| *io* | avrei | distrutto |
| *tu* | avresti | distrutto |
| *egli* | avrebbe | distrutto |
| *noi* | avremmo | distrutto |
| *voi* | avreste | distrutto |
| *essi* | avrèbbero | distrutto |

## imperativo

**presente**

| | |
|---|---|
| ... | |
| distruggi | *tu* |
| distrugga | *egli* |
| distruggiamo | *noi* |
| distruggete | *voi* |
| distrùggano | *essi* |

## congiuntivo

**presente**

| | |
|---|---|
| *io* | distrugga |
| *tu* | distrugga |
| *egli* | distrugga |
| *noi* | distruggiamo |
| *voi* | distruggiate |
| *essi* | distrùggano |

**passato**

| | | |
|---|---|---|
| *io* | àbbia | distrutto |
| *tu* | àbbia | distrutto |
| *egli* | àbbia | distrutto |
| *noi* | abbiamo | distrutto |
| *voi* | abbiate | distrutto |
| *essi* | àbbiano | distrutto |

**imperfetto**

| | |
|---|---|
| *io* | distruggessi |
| *tu* | distruggessi |
| *egli* | distruggesse |
| *noi* | distruggéssimo |
| *voi* | distruggeste |
| *essi* | distruggéssero |

**trapassato**

| | | |
|---|---|---|
| *io* | avessi | distrutto |
| *tu* | avessi | distrutto |
| *egli* | avesse | distrutto |
| *noi* | avéssimo | distrutto |
| *voi* | aveste | distrutto |
| *essi* | avéssero | distrutto |

## infinito

| **presente** | **passato** |
|---|---|
| distrùggere | avere distrutto |

## participio

| **presente** | **passato** |
|---|---|
| distruggente | distrutto |

## gerundio

| **presente** | **passato** |
|---|---|
| distruggendo | avendo distrutto |

*Distruggere* e i verbi *autodistruggersi*, *ridistruggere*, *struggere* modificano radice e desinenza al passato remoto (I e III persona singolare e III plurale) e al participio passato.

# dolersi

## indicativo

| presente | | passato prossimo | |
|---|---|---|---|
| *io* mi dolgo | | *io* mi sono | doluto |
| *tu* ti duoli | | *tu* ti sei | doluto |
| *egli* si duole | | *egli* si è | doluto |
| *noi* ci doliamo, dogliamo | | *noi* ci siamo | doluti |
| *voi* vi dolete | | *voi* vi siete | doluti |
| *essi* si dòlgono | | *essi* si sono | doluti |

| imperfetto | trapassato prossimo | |
|---|---|---|
| *io* mi dolevo | *io* mi ero | doluto |
| *tu* ti dolevi | *tu* ti eri | doluto |
| *egli* si doleva | *egli* si era | doluto |
| *noi* ci dolevamo | *noi* ci eravamo | doluti |
| *voi* vi dolevate | *voi* vi eravate | doluti |
| *essi* si dolévano | *essi* si èrano | doluti |

| passato remoto | trapassato remoto | |
|---|---|---|
| *io* mi dolsi | *io* mi fui | doluto |
| *tu* ti dolesti | *tu* ti fosti | doluto |
| *egli* si dolse | *egli* si fu | doluto |
| *noi* ci dolemmo | *noi* ci fummo | doluti |
| *voi* vi doleste | *voi* vi foste | doluti |
| *essi* si dòlsero | *essi* si fùrono | doluti |

| futuro semplice | futuro anteriore | |
|---|---|---|
| *io* mi dorrò | *io* mi sarò | doluto |
| *tu* ti dorrai | *tu* ti sarai | doluto |
| *egli* si dorrà | *egli* si sarà | doluto |
| *noi* ci dorremo | *noi* ci saremo | doluti |
| *voi* vi dorrete | *voi* vi sarete | doluti |
| *essi* si dorranno | *essi* si saranno | doluti |

## condizionale

**presente**

*io* mi dorrei
*tu* ti dorresti
*egli* si dorrebbe
*noi* ci dorremmo
*voi* vi dorreste
*essi* si dorrèbbero

**passato**

| | | |
|---|---|---|
| *io* mi | sarei | doluto |
| *tu* ti | saresti | doluto |
| *egli* si | sarebbe | doluto |
| *noi* ci | saremmo | doluti |
| *voi* vi | sareste | doluti |
| *essi* si | sarèbbero | doluti |

## imperativo

**presente**

...
duòliti *tu*
si dolga *egli*
doliàmoci *noi*
dolétevi *voi*
si dòlgano *essi*

## congiuntivo

| presente | passato | |
|---|---|---|
| *io* mi dolga, doglia | *io* mi sia | doluto |
| *tu* ti dolga, doglia | *tu* ti sia | doluto |
| *egli* si dolga, doglia | *egli* si sia | doluto |
| *noi* ci doliamo, dogliamo | *noi* ci siamo | doluti |
| *voi* vi doliate, dogliate | *voi* vi siate | doluti |
| *essi* si dòlgano | *essi* si siano | doluti |

| imperfetto | trapassato | |
|---|---|---|
| *io* mi dolessi | *io* mi fossi | doluto |
| *tu* ti dolessi | *tu* ti fossi | doluto |
| *egli* si dolesse | *egli* si fosse | doluto |
| *noi* ci doléssimo | *noi* ci fóssimo | doluti |
| *voi* vi doleste | *voi* vi foste | doluti |
| *essi* si doléssero | *essi* si fóssero | doluti |

## infinito

| presente | passato |
|---|---|
| dolersi | èssersi doluto |

## participio

| presente | passato |
|---|---|
| dolèntesi | dolutosi |

## gerundio

| presente | passato |
|---|---|
| dolèndosi | essèndosi doluto |

Verbo irregolare che, oltre a modificare radice e desinenza al passato remoto (I e III persona singolare e III plurale), presenta l'alternanza di radici diverse al presente indicativo e congiuntivo e all'imperativo, e le forme contratte *io dorrò / dorrei* ecc. al futuro semplice e al condizionale.

## indicativo

**presente**

| | |
|---|---|
| *io* | devo, debbo |
| *tu* | devi |
| *egli* | deve |
| *noi* | dobbiamo |
| *voi* | dovete |
| *essi* | dèvono, dèbbono |

**passato prossimo**

| | | |
|---|---|---|
| *io* | ho | dovuto |
| *tu* | hai | dovuto |
| *egli* | ha | dovuto |
| *noi* | abbiamo | dovuto |
| *voi* | avete | dovuto |
| *essi* | hanno | dovuto |

**imperfetto**

| | |
|---|---|
| *io* | dovevo |
| *tu* | dovevi |
| *egli* | doveva |
| *noi* | dovevamo |
| *voi* | dovevate |
| *essi* | dovévano |

**trapassato prossimo**

| | | |
|---|---|---|
| *io* | avevo | dovuto |
| *tu* | avevi | dovuto |
| *egli* | aveva | dovuto |
| *noi* | avevamo | dovuto |
| *voi* | avevate | dovuto |
| *essi* | avévano | dovuto |

**passato remoto**

| | |
|---|---|
| *io* | dovei, dovetti |
| *tu* | dovesti |
| *egli* | dové, dovette |
| *noi* | dovemmo |
| *voi* | doveste |
| *essi* | dovèrono |

**trapassato remoto**

| | | |
|---|---|---|
| *io* | ebbi | dovuto |
| *tu* | avesti | dovuto |
| *egli* | ebbe | dovuto |
| *noi* | avemmo | dovuto |
| *voi* | aveste | dovuto |
| *essi* | èbbero | dovuto |

**futuro semplice**

| | |
|---|---|
| *io* | dovrò |
| *tu* | dovrai |
| *egli* | dovrà |
| *noi* | dovremo |
| *voi* | dovrete |
| *essi* | dovranno |

**futuro anteriore**

| | | |
|---|---|---|
| *io* | avrò | dovuto |
| *tu* | avrai | dovuto |
| *egli* | avrà | dovuto |
| *noi* | avremo | dovuto |
| *voi* | avrete | dovuto |
| *essi* | avranno | dovuto |

## condizionale

**presente**

| | |
|---|---|
| *io* | dovrei |
| *tu* | dovresti |
| *egli* | dovrebbe |
| *noi* | dovremmo |
| *voi* | dovreste |
| *essi* | dovrèbbero |

**passato**

| | | |
|---|---|---|
| *io* | avrei | dovuto |
| *tu* | avresti | dovuto |
| *egli* | avrebbe | dovuto |
| *noi* | avremmo | dovuto |
| *voi* | avreste | dovuto |
| *essi* | avrèbbero | dovuto |

## imperativo

**presente**

...

## congiuntivo

**presente**

| | |
|---|---|
| *io* | deva, debba |
| *tu* | deva, debba |
| *egli* | deva, debba |
| *noi* | dobbiamo |
| *voi* | dobbiate |
| *essi* | dèvano, dèbbano |

**passato**

| | | |
|---|---|---|
| *io* | àbbia | dovuto |
| *tu* | àbbia | dovuto |
| *egli* | àbbia | dovuto |
| *noi* | abbiamo | dovuto |
| *voi* | abbiate | dovuto |
| *essi* | àbbiano | dovuto |

**imperfetto**

| | |
|---|---|
| *io* | dovessi |
| *tu* | dovessi |
| *egli* | dovesse |
| *noi* | dovéssimo |
| *voi* | doveste |
| *essi* | dovéssero |

**trapassato**

| | | |
|---|---|---|
| *io* | avessi | dovuto |
| *tu* | avessi | dovuto |
| *egli* | avesse | dovuto |
| *noi* | avéssimo | dovuto |
| *voi* | aveste | dovuto |
| *essi* | avéssero | dovuto |

## infinito

| presente | passato |
|---|---|
| dovere | avere dovuto |

## participio

| presente | passato |
|---|---|
| ... | dovuto |

## gerundio

| presente | passato |
|---|---|
| dovendo | avendo dovuto |

---

*Dovere* registra al presente indicativo e congiuntivo l'alternanza delle radici dov- / dev- / dobb- e ammette inoltre, per alcune persone, le varianti formate sulla radice debb-. Al futuro semplice e al condizionale registra le forme contratte *io dovrò / dovrei, tu dovrai / dovresti* ecc.
Come verbo indipendente prende l'ausiliare *avere*; come verbo servile prende l'ausiliare del verbo a cui si accompagna (*ho studiato – ho dovuto studiare*; *sono tornato – sono dovuto tornare*), anche se quest'ultima norma è spesso contraddetta dall'uso corrente (*ho dovuto tornare, ho dovuto andare* ecc.).

## indicativo

**presente**

| | |
|---|---|
| *io* | emergo |
| *tu* | emergi |
| *egli* | emerge |
| *noi* | emergiamo |
| *voi* | emergete |
| *essi* | emèrgono |

**passato prossimo**

| | | |
|---|---|---|
| *io* | sono | emerso |
| *tu* | sei | emerso |
| *egli* | è | emerso |
| *noi* | siamo | emersi |
| *voi* | siete | emersi |
| *essi* | sono | emersi |

**imperfetto**

| | |
|---|---|
| *io* | emergevo |
| *tu* | emergevi |
| *egli* | emergeva |
| *noi* | emergevamo |
| *voi* | emergevate |
| *essi* | emergévano |

**trapassato prossimo**

| | | |
|---|---|---|
| *io* | ero | emerso |
| *tu* | eri | emerso |
| *egli* | era | emerso |
| *noi* | eravamo | emersi |
| *voi* | eravate | emersi |
| *essi* | èrano | emersi |

**passato remoto**

| | |
|---|---|
| *io* | emersi |
| *tu* | emergesti |
| *egli* | emerse |
| *noi* | emergemmo |
| *voi* | emergeste |
| *essi* | emèrsero |

**trapassato remoto**

| | | |
|---|---|---|
| *io* | fui | emerso |
| *tu* | fosti | emerso |
| *egli* | fu | emerso |
| *noi* | fummo | emersi |
| *voi* | foste | emersi |
| *essi* | fùrono | emersi |

**futuro semplice**

| | |
|---|---|
| *io* | emergerò |
| *tu* | emergerai |
| *egli* | emergerà |
| *noi* | emergeremo |
| *voi* | emergerete |
| *essi* | emergeranno |

**futuro anteriore**

| | | |
|---|---|---|
| *io* | sarò | emerso |
| *tu* | sarai | emerso |
| *egli* | sarà | emerso |
| *noi* | saremo | emersi |
| *voi* | sarete | emersi |
| *essi* | saranno | emersi |

## condizionale

**presente**

| | |
|---|---|
| *io* | emergerei |
| *tu* | emergeresti |
| *egli* | emergerebbe |
| *noi* | emergeremmo |
| *voi* | emergereste |
| *essi* | emergerèbbero |

**passato**

| | | |
|---|---|---|
| *io* | sarei | emerso |
| *tu* | saresti | emerso |
| *egli* | sarebbe | emerso |
| *noi* | saremmo | emersi |
| *voi* | sareste | emersi |
| *essi* | sarèbbero | emersi |

## imperativo

**presente**

| | |
|---|---|
| ... | |
| emergi | *tu* |
| emerga | *egli* |
| emergiamo | *noi* |
| emergete | *voi* |
| emèrgano | *essi* |

## congiuntivo

**presente**

| | |
|---|---|
| *io* | emerga |
| *tu* | emerga |
| *egli* | emerga |
| *noi* | emergiamo |
| *voi* | emergiate |
| *essi* | emèrgano |

**passato**

| | | |
|---|---|---|
| *io* | sia | emerso |
| *tu* | sia | emerso |
| *egli* | sia | emerso |
| *noi* | siamo | emersi |
| *voi* | siate | emersi |
| *essi* | sìano | emersi |

**imperfetto**

| | |
|---|---|
| *io* | emergessi |
| *tu* | emergessi |
| *egli* | emergesse |
| *noi* | emergéssimo |
| *voi* | emergeste |
| *essi* | emergéssero |

**trapassato**

| | | |
|---|---|---|
| *io* | fossi | emerso |
| *tu* | fossi | emerso |
| *egli* | fosse | emerso |
| *noi* | fóssimo | emersi |
| *voi* | foste | emersi |
| *essi* | fóssero | emersi |

## infinito

| presente | passato |
|---|---|
| emèrgere | essere emerso |

## participio

| presente | passato |
|---|---|
| emergente | emerso |

## gerundio

| presente | passato |
|---|---|
| emergendo | essendo emerso |

I verbi come *emergere* presentano irregolarità nella radice e nella desinenza alla I e III persona singolare e alla III plurale del passato remoto, e al participio passato. I verbi *adergere*, *ergere* e *riergere* si coniugano secondo questo modello, ma hanno il participio passato in -erto (*aderto*, *erto*, *rierto*).

## indicativo

**presente**

*io* espando
*tu* espandi
*egli* espande
*noi* espandiamo
*voi* espandete
*essi* espàndono

**imperfetto**

*io* espandevo
*tu* espandevi
*egli* espandeva
*noi* espandevamo
*voi* espandevate
*essi* espandévano

**passato remoto**

*io* espansi
*tu* espandesti
*egli* espanse
*noi* espandemmo
*voi* espandeste
*essi* espànsero

**futuro semplice**

*io* espanderò
*tu* espanderai
*egli* espanderà
*noi* espanderemo
*voi* espanderete
*essi* espanderanno

**passato prossimo**

*io* ho espanso
*tu* hai espanso
*egli* ha espanso
*noi* abbiamo espanso
*voi* avete espanso
*essi* hanno espanso

**trapassato prossimo**

*io* avevo espanso
*tu* avevi espanso
*egli* aveva espanso
*noi* avevamo espanso
*voi* avevate espanso
*essi* avévano espanso

**trapassato remoto**

*io* ebbi espanso
*tu* avesti espanso
*egli* ebbe espanso
*noi* avemmo espanso
*voi* aveste espanso
*essi* èbbero espanso

**futuro anteriore**

*io* avrò espanso
*tu* avrai espanso
*egli* avrà espanso
*noi* avremo espanso
*voi* avrete espanso
*essi* avranno espanso

## condizionale

**presente**

*io* espanderei
*tu* espanderesti
*egli* espanderebbe
*noi* espanderemmo
*voi* espandereste
*essi* espanderèbbero

**passato**

*io* avrei espanso
*tu* avresti espanso
*egli* avrebbe espanso
*noi* avremmo espanso
*voi* avreste espanso
*essi* avrèbbero espanso

## imperativo

**presente**

...
espandi *tu*
espanda *egli*
espandiamo *noi*
espandete *voi*
espàndano *essi*

## congiuntivo

**presente**

*io* espanda
*tu* espanda
*egli* espanda
*noi* espandiamo
*voi* espandiate
*essi* espàndano

**imperfetto**

*io* espandessi
*tu* espandessi
*egli* espandesse
*noi* espandéssimo
*voi* espandeste
*essi* espandéssero

**passato**

*io* àbbia espanso
*tu* àbbia espanso
*egli* àbbia espanso
*noi* abbiamo espanso
*voi* abbiate espanso
*essi* àbbiano espanso

**trapassato**

*io* avessi espanso
*tu* avessi espanso
*egli* avesse espanso
*noi* avéssimo espanso
*voi* aveste espanso
*essi* avéssero espanso

## infinito

**presente** espàndere

**passato** avere espanso

## participio

**presente** espandente

**passato** espanso

## gerundio

**presente** espandendo

**passato** avendo espanso

Il verbo *spandere* al passato remoto presenta le forme regolari *io spandei / spandetti*, *essi spandéttero*; participio passato *spanto*.

## indicativo

**presente**

*io* espello
*tu* espelli
*egli* espelle
*noi* espelliamo
*voi* espellete
*essi* espèllono

**imperfetto**

*io* espellevo
*tu* espellevi
*egli* espelleva
*noi* espellevamo
*voi* espellevate
*essi* espellévano

**passato remoto**

*io* espulsi
*tu* espellesti
*egli* espulse
*noi* espellemmo
*voi* espelleste
*essi* espùlsero

**futuro semplice**

*io* espellerò
*tu* espellerai
*egli* espellerà
*noi* espelleremo
*voi* espellerete
*essi* espelleranno

**passato prossimo**

*io* ho espulso
*tu* hai espulso
*egli* ha espulso
*noi* abbiamo espulso
*voi* avete espulso
*essi* hanno espulso

**trapassato prossimo**

*io* avevo espulso
*tu* avevi espulso
*egli* aveva espulso
*noi* avevamo espulso
*voi* avevate espulso
*essi* avévano espulso

**trapassato remoto**

*io* ebbi espulso
*tu* avesti espulso
*egli* ebbe espulso
*noi* avemmo espulso
*voi* aveste espulso
*essi* èbbero espulso

**futuro anteriore**

*io* avrò espulso
*tu* avrai espulso
*egli* avrà espulso
*noi* avremo espulso
*voi* avrete espulso
*essi* avranno espulso

## condizionale

**presente**

*io* espellerei
*tu* espelleresti
*egli* espellerebbe
*noi* espelleremmo
*voi* espellereste
*essi* espellerèbbero

**passato**

*io* avrei espulso
*tu* avresti espulso
*egli* avrebbe espulso
*noi* avremmo espulso
*voi* avreste espulso
*essi* avrèbbero espulso

## imperativo

**presente**

...
espelli *tu*
espella *egli*
espelliamo *noi*
espellete *voi*
espèllano *essi*

## congiuntivo

**presente**

*io* espella
*tu* espella
*egli* espella
*noi* espelliamo
*voi* espelliate
*essi* espèllano

**imperfetto**

*io* espellessi
*tu* espellessi
*egli* espellesse
*noi* espelléssimo
*voi* espelleste
*essi* espelléssero

**passato**

*io* àbbia espulso
*tu* àbbia espulso
*egli* àbbia espulso
*noi* abbiamo espulso
*voi* abbiate espulso
*essi* àbbiano espulso

**trapassato**

*io* avessi espulso
*tu* avessi espulso
*egli* avesse espulso
*noi* avéssimo espulso
*voi* aveste espulso
*essi* avéssero espulso

## infinito

**presente** espèllere

**passato** avere espulso

## participio

**presente** espellente

**passato** espulso

## gerundio

**presente** espellendo

**passato** avendo espulso

*Espellere*, *repellere* e *riespellere* e gli altri verbi in -ellere coniugati secondo questo modello modificano radice e desinenza al passato remoto (I e III persona singolare e III plurale) e al participio passato.

## indicativo

**presente**

*io* esplodo
*tu* esplodi
*egli* esplode
*noi* esplodiamo
*voi* esplodete
*essi* esplò**d**ono

**imperfetto**

*io* esplodevo
*tu* esplodevi
*egli* esplodeva
*noi* esplodevamo
*voi* esplodevate
*essi* esplodévano

**passato remoto**

*io* esplosi
*tu* esplodesti
*egli* esplose
*noi* esplodemmo
*voi* esplodeste
*essi* esplòsero

**futuro semplice**

*io* esploderò
*tu* esploderai
*egli* esploderà
*noi* esploderemo
*voi* esploderete
*essi* esploderanno

**passato prossimo**

*io* ho esploso
*tu* hai esploso
*egli* ha esploso
*noi* abbiamo esploso
*voi* avete esploso
*essi* hanno esploso

**trapassato prossimo**

*io* avevo esploso
*tu* avevi esploso
*egli* aveva esploso
*noi* avevamo esploso
*voi* avevate esploso
*essi* avévano esploso

**trapassato remoto**

*io* ebbi esploso
*tu* avesti esploso
*egli* ebbe esploso
*noi* avemmo esploso
*voi* aveste esploso
*essi* èbbero esploso

**futuro anteriore**

*io* avrò esploso
*tu* avrai esploso
*egli* avrà esploso
*noi* avremo esploso
*voi* avrete esploso
*essi* avranno esploso

## condizionale

**presente**

*io* esploderei
*tu* esploderesti
*egli* esploderebbe
*noi* esploderemmo
*voi* esplodereste
*essi* esploderèbbero

**passato**

*io* avrei esploso
*tu* avresti esploso
*egli* avrebbe esploso
*noi* avremmo esploso
*voi* avreste esploso
*essi* avrèbbero esploso

## imperativo

**presente**

...
esplodi *tu*
esploda *egli*
esplodiamo *noi*
esplodete *voi*
esplòdano *essi*

## congiuntivo

**presente**

*io* esploda
*tu* esploda
*egli* esploda
*noi* esplodiamo
*voi* esplodiate
*essi* esplòdano

**imperfetto**

*io* esplodessi
*tu* esplodessi
*egli* esplodesse
*noi* esplodéssimo
*voi* esplodeste
*essi* esplodéssero

**passato**

*io* àbbia esploso
*tu* àbbia esploso
*egli* àbbia esploso
*noi* abbiamo esploso
*voi* abbiate esploso
*essi* àbbiano esploso

**trapassato**

*io* avessi esploso
*tu* avessi esploso
*egli* avesse esploso
*noi* avéssimo esploso
*voi* aveste esploso
*essi* avéssero esploso

## infinito

**presente** esplòdere
**passato** avere esploso

## participio

**presente** esplodente
**passato** esploso

## gerundio

**presente** esplodendo
**passato** avendo esploso

---

*Esplodere* e gli altri verbi in -odere (*corrodere*, *mordere* ecc.) coniugati secondo questo modello modificano radice e desinenza al passato remoto (I e III persona singolare e III plurale) e al participio passato. *Esplodere* adotta l'ausiliare *essere* quando è usato in senso intransitivo (*la mina è esplosa*), e ovviamente l'ausiliare *avere* quando è usato in senso transitivo (*l'agente ha esploso un colpo di pistola*).

# esprìmere

## indicativo

**presente**

| | |
|---|---|
| *io* | esprimo |
| *tu* | esprimi |
| *egli* | esprime |
| *noi* | esprimiamo |
| *voi* | esprimete |
| *essi* | esprìmono |

**passato prossimo**

| | | |
|---|---|---|
| *io* | ho | espresso |
| *tu* | hai | espresso |
| *egli* | ha | espresso |
| *noi* | abbiamo | espresso |
| *voi* | avete | espresso |
| *essi* | hanno | espresso |

**imperfetto**

| | |
|---|---|
| *io* | esprimevo |
| *tu* | esprimevi |
| *egli* | esprimeva |
| *noi* | esprimevamo |
| *voi* | esprimevate |
| *essi* | esprimévano |

**trapassato prossimo**

| | | |
|---|---|---|
| *io* | avevo | espresso |
| *tu* | avevi | espresso |
| *egli* | aveva | espresso |
| *noi* | avevamo | espresso |
| *voi* | avevate | espresso |
| *essi* | avévano | espresso |

**passato remoto**

| | |
|---|---|
| *io* | espressi |
| *tu* | esprimesti |
| *egli* | espresse |
| *noi* | esprimemmo |
| *voi* | esprimeste |
| *essi* | esprèssero |

**trapassato remoto**

| | | |
|---|---|---|
| *io* | ebbi | espresso |
| *tu* | avesti | espresso |
| *egli* | ebbe | espresso |
| *noi* | avemmo | espresso |
| *voi* | aveste | espresso |
| *essi* | èbbero | espresso |

**futuro semplice**

| | |
|---|---|
| *io* | esprimerò |
| *tu* | esprimerai |
| *egli* | esprimerà |
| *noi* | esprimeremo |
| *voi* | esprimerete |
| *essi* | esprimeranno |

**futuro anteriore**

| | | |
|---|---|---|
| *io* | avrò | espresso |
| *tu* | avrai | espresso |
| *egli* | avrà | espresso |
| *noi* | avremo | espresso |
| *voi* | avrete | espresso |
| *essi* | avranno | espresso |

## condizionale

**presente**

| | |
|---|---|
| *io* | esprimerei |
| *tu* | esprimeresti |
| *egli* | esprimerebbe |
| *noi* | esprimeremmo |
| *voi* | esprimereste |
| *essi* | esprimerèbbero |

**passato**

| | | |
|---|---|---|
| *io* | avrei | espresso |
| *tu* | avresti | espresso |
| *egli* | avrebbe | espresso |
| *noi* | avremmo | espresso |
| *voi* | avreste | espresso |
| *essi* | avrèbbero | espresso |

## imperativo

**presente**

| | |
|---|---|
| ... | |
| esprimi | *tu* |
| esprima | *egli* |
| esprimiamo | *noi* |
| esprimete | *voi* |
| esprìmano | *essi* |

## congiuntivo

**presente**

| | |
|---|---|
| *io* | esprima |
| *tu* | esprima |
| *egli* | esprima |
| *noi* | esprimiamo |
| *voi* | esprimiate |
| *essi* | esprìmano |

**passato**

| | | |
|---|---|---|
| *io* | àbbia | espresso |
| *tu* | àbbia | espresso |
| *egli* | àbbia | espresso |
| *noi* | abbiamo | espresso |
| *voi* | abbiate | espresso |
| *essi* | àbbiano | espresso |

**imperfetto**

| | |
|---|---|
| *io* | esprimessi |
| *tu* | esprimessi |
| *egli* | esprimesse |
| *noi* | espriméssimo |
| *voi* | esprimeste |
| *essi* | espriméssero |

**trapassato**

| | | |
|---|---|---|
| *io* | avessi | espresso |
| *tu* | avessi | espresso |
| *egli* | avesse | espresso |
| *noi* | avéssimo | espresso |
| *voi* | aveste | espresso |
| *essi* | avéssero | espresso |

## infinito

| presente | passato |
|---|---|
| esprìmere | avere espresso |

## participio

| presente | passato |
|---|---|
| esprimente | espresso |

## gerundio

| presente | passato |
|---|---|
| esprimendo | avendo espresso |

*Esprimere* e gli altri verbi in -imere coniugati secondo questo modello (*comprimere*, *deprimere*, *imprimere* ecc.) modificano radice e desinenza al passato remoto (I e III persona singolare e III plurale) e al participio passato.

## indicativo

| presente | | passato prossimo | | |
|---|---|---|---|---|
| *io* | faccio | *io* | ho | fatto |
| *tu* | fai | *tu* | hai | fatto |
| *egli* | fa | *egli* | ha | fatto |
| *noi* | facciamo | *noi* | abbiamo | fatto |
| *voi* | fate | *voi* | avete | fatto |
| *essi* | fanno | *essi* | hanno | fatto |
| **imperfetto** | | **trapassato prossimo** | | |
| *io* | facevo | *io* | avevo | fatto |
| *tu* | facevi | *tu* | avevi | fatto |
| *egli* | faceva | *egli* | aveva | fatto |
| *noi* | facevamo | *noi* | avevamo | fatto |
| *voi* | facevate | *voi* | avevate | fatto |
| *essi* | facévano | *essi* | avévano | fatto |
| **passato remoto** | | **trapassato remoto** | | |
| *io* | feci | *io* | ebbi | fatto |
| *tu* | facesti | *tu* | avesti | fatto |
| *egli* | fece | *egli* | ebbe | fatto |
| *noi* | facemmo | *noi* | avemmo | fatto |
| *voi* | faceste | *voi* | aveste | fatto |
| *essi* | fécero | *essi* | èbbero | fatto |
| **futuro semplice** | | **futuro anteriore** | | |
| *io* | farò | *io* | avrò | fatto |
| *tu* | farai | *tu* | avrai | fatto |
| *egli* | farà | *egli* | avrà | fatto |
| *noi* | faremo | *noi* | avremo | fatto |
| *voi* | farete | *voi* | avrete | fatto |
| *essi* | faranno | *essi* | avranno | fatto |

## condizionale

| presente | | passato | | |
|---|---|---|---|---|
| *io* | farei | *io* | avrei | fatto |
| *tu* | faresti | *tu* | avresti | fatto |
| *egli* | farebbe | *egli* | avrebbe | fatto |
| *noi* | faremmo | *noi* | avremmo | fatto |
| *voi* | fareste | *voi* | avreste | fatto |
| *essi* | farèbbero | *essi* | avrèbbero | fatto |

## imperativo

**presente**

| | |
|---|---|
| ... | |
| fai, fa' | *tu* |
| faccia | *egli* |
| facciamo | *noi* |
| fate | *voi* |
| facciano | *essi* |

## congiuntivo

| presente | | passato | | |
|---|---|---|---|---|
| *io* | faccia | *io* | àbbia | fatto |
| *tu* | faccia | *tu* | àbbia | fatto |
| *egli* | faccia | *egli* | àbbia | fatto |
| *noi* | facciamo | *noi* | abbiamo | fatto |
| *voi* | facciate | *voi* | abbiate | fatto |
| *essi* | fàcciano | *essi* | àbbiano | fatto |
| **imperfetto** | | **trapassato** | | |
| *io* | facessi | *io* | avessi | fatto |
| *tu* | facessi | *tu* | avessi | fatto |
| *egli* | facesse | *egli* | avesse | fatto |
| *noi* | facéssimo | *noi* | avéssimo | fatto |
| *voi* | faceste | *voi* | aveste | fatto |
| *essi* | facéssero | *essi* | avéssero | fatto |

## infinito

| presente | passato |
|---|---|
| fare | avere fatto |

## participio

| presente | passato |
|---|---|
| facente | fatto |

## gerundio

| presente | passato |
|---|---|
| facendo | avendo fatto |

Sebbene termini in *-are*, *fare* si considera della seconda coniugazione perché deriva dal latino *facĕre*, del quale conserva la desinenza in numerose forme. Altre forme sono derivate dalla desinenza dell'infinito *f -are*, altre ancora sono completamente irregolari, in quanto risultano dall'evoluzione delle corrispondenti forme latine (p. es. *facĭo* → *faccio*). I composti di *fare* seguono il modello, fatta eccezione per:

- *disfare*: all'indicativo presente registra le forme *io disfaccio / disfo / disfò*; *egli disfa / disfà*; *noi disfacciamo / disfiamo*; *essi disfanno / disfano*; futuro semplice *io disferò*;
- *soddisfare*: si coniuga come *disfare*, ma al congiuntivo registra anche la forma *io soddisfi*.

# flèttere

## indicativo

**presente**
*io* fletto
*tu* fletti
*egli* flette
*noi* flettiamo
*voi* flettete
*essi* flèttono

**imperfetto**
*io* flettevo
*tu* flettevi
*egli* fletteva
*noi* flettevamo
*voi* flettevate
*essi* flettévano

**passato remoto**
*io* flessi, flettei
*tu* flettesti
*egli* flesse, fletté
*noi* flettemmo
*voi* fletteste
*essi* flèssero, flettérono

**futuro semplice**
*io* fletterò
*tu* fletterai
*egli* fletterà
*noi* fletteremo
*voi* fletterete
*essi* fletteranno

**passato prossimo**
*io* ho flesso
*tu* hai flesso
*egli* ha flesso
*noi* abbiamo flesso
*voi* avete flesso
*essi* hanno flesso

**trapassato prossimo**
*io* avevo flesso
*tu* avevi flesso
*egli* aveva flesso
*noi* avevamo flesso
*voi* avevate flesso
*essi* avévano flesso

**trapassato remoto**
*io* ebbi flesso
*tu* avesti flesso
*egli* ebbe flesso
*noi* avemmo flesso
*voi* aveste flesso
*essi* èbbero flesso

**futuro anteriore**
*io* avrò flesso
*tu* avrai flesso
*egli* avrà flesso
*noi* avremo flesso
*voi* avrete flesso
*essi* avranno flesso

## condizionale

**presente**
*io* fletterei
*tu* fletteresti
*egli* fletterebbe
*noi* fletteremmo
*voi* flettereste
*essi* fletterèbbero

**passato**
*io* avrei flesso
*tu* avresti flesso
*egli* avrebbe flesso
*noi* avremmo flesso
*voi* avreste flesso
*essi* avrèbbero flesso

## imperativo

**presente**
...
fletti *tu*
fletta *egli*
flettiamo *noi*
flettete *voi*
flèttano *essi*

## congiuntivo

**presente**
*io* fletta
*tu* fletta
*egli* fletta
*noi* flettiamo
*voi* flettiate
*essi* flèttano

**imperfetto**
*io* flettessi
*tu* flettessi
*egli* flettesse
*noi* flettéssimo
*voi* fletteste
*essi* flettéssero

**passato**
*io* àbbia flesso
*tu* àbbia flesso
*egli* àbbia flesso
*noi* abbiamo flesso
*voi* abbiate flesso
*essi* àbbiano flesso

**trapassato**
*io* avessi flesso
*tu* avessi flesso
*egli* avesse flesso
*noi* avéssimo flesso
*voi* aveste flesso
*essi* avéssero flesso

## infinito

| **presente** | **passato** |
|---|---|
| flèttere | avere flesso |

## participio

| **presente** | **passato** |
|---|---|
| flettente | flesso |

## gerundio

| **presente** | **passato** |
|---|---|
| flettendo | avendo flesso |

*Flettere* e gli altri verbi in -ettere (*annettere*, *connettere* ecc.) coniugati secondo questo modello modificano radice e desinenza al passato remoto (I e III persona singolare e III plurale) e al participio passato. Tuttavia, al passato remoto ammettono anche le forme regolari in -ei, -etté, -etterono.
*Riflettere* nel significato di 'pensare' adotta il participio *riflettuto*, invece nel significato di 'rispecchiare' il participio *riflesso*.

## indicativo

**presente**

| | |
|---|---|
| *io* | fondo |
| *tu* | fondi |
| *egli* | fonde |
| *noi* | fondiamo |
| *voi* | fondete |
| *essi* | fóndono |

**imperfetto**

| | |
|---|---|
| *io* | fondevo |
| *tu* | fondevi |
| *egli* | fondeva |
| *noi* | fondevamo |
| *voi* | fondevate |
| *essi* | fondévano |

**passato remoto**

| | |
|---|---|
| *io* | fusi |
| *tu* | fondesti |
| *egli* | fuse |
| *noi* | fondemmo |
| *voi* | fondeste |
| *essi* | fùsero |

**futuro semplice**

| | |
|---|---|
| *io* | fonderò |
| *tu* | fonderai |
| *egli* | fonderà |
| *noi* | fonderemo |
| *voi* | fonderete |
| *essi* | fonderanno |

**passato prossimo**

| | | |
|---|---|---|
| *io* | ho | fuso |
| *tu* | hai | fuso |
| *egli* | ha | fuso |
| *noi* | abbiamo | fuso |
| *voi* | avete | fuso |
| *essi* | hanno | fuso |

**trapassato prossimo**

| | | |
|---|---|---|
| *io* | avevo | fuso |
| *tu* | avevi | fuso |
| *egli* | aveva | fuso |
| *noi* | avevamo | fuso |
| *voi* | avevate | fuso |
| *essi* | avévano | fuso |

**trapassato remoto**

| | | |
|---|---|---|
| *io* | ebbi | fuso |
| *tu* | avesti | fuso |
| *egli* | ebbe | fuso |
| *noi* | avemmo | fuso |
| *voi* | aveste | fuso |
| *essi* | èbbero | fuso |

**futuro anteriore**

| | | |
|---|---|---|
| *io* | avrò | fuso |
| *tu* | avrai | fuso |
| *egli* | avrà | fuso |
| *noi* | avremo | fuso |
| *voi* | avrete | fuso |
| *essi* | avranno | fuso |

## condizionale

**presente**

| | |
|---|---|
| *io* | fonderei |
| *tu* | fonderesti |
| *egli* | fonderebbe |
| *noi* | fonderemmo |
| *voi* | fondereste |
| *essi* | fonderèbbero |

**passato**

| | | |
|---|---|---|
| *io* | avrei | fuso |
| *tu* | avresti | fuso |
| *egli* | avrebbe | fuso |
| *noi* | avremmo | fuso |
| *voi* | avreste | fuso |
| *essi* | avrèbbero | fuso |

## imperativo

**presente**

| | |
|---|---|
| ... | |
| fondi | *tu* |
| fonda | *egli* |
| fondiamo | *noi* |
| fondete | *voi* |
| fóndano | *essi* |

## congiuntivo

**presente**

| | |
|---|---|
| *io* | fonda |
| *tu* | fonda |
| *egli* | fonda |
| *noi* | fondiamo |
| *voi* | fondiate |
| *essi* | fóndano |

**imperfetto**

| | |
|---|---|
| *io* | fondessi |
| *tu* | fondessi |
| *egli* | fondesse |
| *noi* | fondéssimo |
| *voi* | fondeste |
| *essi* | fondéssero |

**passato**

| | | |
|---|---|---|
| *io* | àbbia | fuso |
| *tu* | àbbia | fuso |
| *egli* | àbbia | fuso |
| *noi* | abbiamo | fuso |
| *voi* | abbiate | fuso |
| *essi* | àbbiano | fuso |

**trapassato**

| | | |
|---|---|---|
| *io* | avessi | fuso |
| *tu* | avessi | fuso |
| *egli* | avesse | fuso |
| *noi* | avéssimo | fuso |
| *voi* | aveste | fuso |
| *essi* | avéssero | fuso |

## infinito

| **presente** | **passato** |
|---|---|
| fóndere | avere fuso |

## participio

| **presente** | **passato** |
|---|---|
| fondente | fuso |

## gerundio

| **presente** | **passato** |
|---|---|
| fondendo | avendo fuso |

*Fondere* e i suoi composti modificano radice e desinenza al passato remoto (I e III persona singolare e III plurale) e al participio passato. Allo stesso modo si comportano anche i verbi *contundere* e *ottundere*.

## indicativo

**presente**

| | |
|---|---|
| *io* | friggo |
| *tu* | friggi |
| *egli* | frigge |
| *noi* | friggiamo |
| *voi* | friggete |
| *essi* | frìggono |

**imperfetto**

| | |
|---|---|
| *io* | friggevo |
| *tu* | friggevi |
| *egli* | friggeva |
| *noi* | friggevamo |
| *voi* | friggevate |
| *essi* | friggévano |

**passato remoto**

| | |
|---|---|
| *io* | frissi |
| *tu* | friggesti |
| *egli* | frisse |
| *noi* | friggemmo |
| *voi* | friggeste |
| *essi* | frìssero |

**futuro semplice**

| | |
|---|---|
| *io* | friggerò |
| *tu* | friggerai |
| *egli* | friggerà |
| *noi* | friggeremo |
| *voi* | friggerete |
| *essi* | friggeranno |

**passato prossimo**

| | | |
|---|---|---|
| *io* | ho | fritto |
| *tu* | hai | fritto |
| *egli* | ha | fritto |
| *noi* | abbiamo | fritto |
| *voi* | avete | fritto |
| *essi* | hanno | fritto |

**trapassato prossimo**

| | | |
|---|---|---|
| *io* | avevo | fritto |
| *tu* | avevi | fritto |
| *egli* | aveva | fritto |
| *noi* | avevamo | fritto |
| *voi* | avevate | fritto |
| *essi* | avévano | fritto |

**trapassato remoto**

| | | |
|---|---|---|
| *io* | ebbi | fritto |
| *tu* | avesti | fritto |
| *egli* | ebbe | fritto |
| *noi* | avemmo | fritto |
| *voi* | aveste | fritto |
| *essi* | èbbero | fritto |

**futuro anteriore**

| | | |
|---|---|---|
| *io* | avrò | fritto |
| *tu* | avrai | fritto |
| *egli* | avrà | fritto |
| *noi* | avremo | fritto |
| *voi* | avrete | fritto |
| *essi* | avranno | fritto |

## condizionale

**presente**

| | |
|---|---|
| *io* | friggerei |
| *tu* | friggeresti |
| *egli* | friggerebbe |
| *noi* | friggeremmo |
| *voi* | friggereste |
| *essi* | friggerèbbero |

**passato**

| | | |
|---|---|---|
| *io* | avrei | fritto |
| *tu* | avresti | fritto |
| *egli* | avrebbe | fritto |
| *noi* | avremmo | fritto |
| *voi* | avreste | fritto |
| *essi* | avrèbbero | fritto |

## imperativo

**presente**

| | |
|---|---|
| ... | |
| friggi | *tu* |
| frigga | *egli* |
| friggiamo | *noi* |
| friggete | *voi* |
| frìggano | *essi* |

## congiuntivo

**presente**

| | |
|---|---|
| *io* | frigga |
| *tu* | frigga |
| *egli* | frigga |
| *noi* | friggiamo |
| *voi* | friggiate |
| *essi* | frìggano |

**imperfetto**

| | |
|---|---|
| *io* | friggessi |
| *tu* | friggessi |
| *egli* | friggesse |
| *noi* | friggéssimo |
| *voi* | friggeste |
| *essi* | friggéssero |

**passato**

| | | |
|---|---|---|
| *io* | àbbia | fritto |
| *tu* | àbbia | fritto |
| *egli* | àbbia | fritto |
| *noi* | abbiamo | fritto |
| *voi* | abbiate | fritto |
| *essi* | àbbiano | fritto |

**trapassato**

| | | |
|---|---|---|
| *io* | avessi | fritto |
| *tu* | avessi | fritto |
| *egli* | avesse | fritto |
| *noi* | avéssimo | fritto |
| *voi* | aveste | fritto |
| *essi* | avéssero | fritto |

## infinito

| presente | passato |
|---|---|
| frìggere | avere fritto |

## participio

| presente | passato |
|---|---|
| friggente | fritto |

## gerundio

| presente | passato |
|---|---|
| friggendo | avendo fritto |

*Friggere* e gli altri verbi in -iggere coniugati secondo questo modello (*affliggere*, *figgere*, *infliggere*) modificano radice e desinenza al passato remoto (I e III persona singolare e III plurale) e al participio passato.

## indicativo

| presente | | passato prossimo | | |
|---|---|---|---|---|
| *io* | giungo | *io* | sono | giunto |
| *tu* | giungi | *tu* | sei | giunto |
| *egli* | giunge | *egli* | è | giunto |
| *noi* | giungiamo | *noi* | siamo | giunti |
| *voi* | giungete | *voi* | siete | giunti |
| *essi* | giùngono | *essi* | sono | giunti |
| **imperfetto** | | **trapassato prossimo** | | |
| *io* | giungevo | *io* | ero | giunto |
| *tu* | giungevi | *tu* | eri | giunto |
| *egli* | giungeva | *egli* | era | giunto |
| *noi* | giungevamo | *noi* | eravamo | giunti |
| *voi* | giungevate | *voi* | eravate | giunti |
| *essi* | giungévano | *essi* | èrano | giunti |
| **passato remoto** | | **trapassato remoto** | | |
| *io* | giunsi | *io* | fui | giunto |
| *tu* | giungesti | *tu* | fosti | giunto |
| *egli* | giunse | *egli* | fu | giunto |
| *noi* | giungemmo | *noi* | fummo | giunti |
| *voi* | giungeste | *voi* | foste | giunti |
| *essi* | giùnsero | *essi* | fùrono | giunti |
| **futuro semplice** | | **futuro anteriore** | | |
| *io* | giungerò | *io* | sarò | giunto |
| *tu* | giungerai | *tu* | sarai | giunto |
| *egli* | giungerà | *egli* | sarà | giunto |
| *noi* | giungeremo | *noi* | saremo | giunti |
| *voi* | giungerete | *voi* | sarete | giunti |
| *essi* | giungeranno | *essi* | saranno | giunti |

## congiuntivo

| presente | | passato | | |
|---|---|---|---|---|
| *io* | giunga | *io* | sia | giunto |
| *tu* | giunga | *tu* | sia | giunto |
| *egli* | giunga | *egli* | sia | giunto |
| *noi* | giungiamo | *noi* | siamo | giunti |
| *voi* | giungiate | *voi* | siate | giunti |
| *essi* | giùngano | *essi* | sìano | giunti |
| **imperfetto** | | **trapassato** | | |
| *io* | giungessi | *io* | fossi | giunto |
| *tu* | giungessi | *tu* | fossi | giunto |
| *egli* | giungesse | *egli* | fosse | giunto |
| *noi* | giungéssimo | *noi* | fóssimo | giunti |
| *voi* | giungeste | *voi* | foste | giunti |
| *essi* | giungéssero | *essi* | fóssero | giunti |

## condizionale

| presente | | passato | | |
|---|---|---|---|---|
| *io* | giungerei | *io* | sarei | giunto |
| *tu* | giungeresti | *tu* | saresti | giunto |
| *egli* | giungerebbe | *egli* | sarebbe | giunto |
| *noi* | giungeremmo | *noi* | saremmo | giunti |
| *voi* | giungereste | *voi* | sareste | giunti |
| *essi* | giungerèbbero | *essi* | sarèbbero | giunti |

## imperativo

**presente**

| | |
|---|---|
| ... | |
| giungi | *tu* |
| giunga | *egli* |
| giungiamo | *noi* |
| giungete | *voi* |
| giùngano | *essi* |

## infinito

| presente | passato |
|---|---|
| giùngere | essere giunto |

## participio

| presente | passato |
|---|---|
| giungente | giunto |

## gerundio

| presente | passato |
|---|---|
| giungendo | essendo giunto |

*Giungere* e i verbi in -ungere coniugati secondo questo modello (*espungere*, *fungere*, *mungere* ecc.) modificano radice e desinenza al passato remoto (I e III persona singolare e III plurale) e al participio passato.

## indicativo

**presente**

*io* invado
*tu* invadi
*egli* invade
*noi* invadiamo
*voi* invadete
*essi* invàdono

**imperfetto**

*io* invadevo
*tu* invadevi
*egli* invadeva
*noi* invadevamo
*voi* invadevate
*essi* invadévano

**passato remoto**

*io* invasi
*tu* invadesti
*egli* invase
*noi* invademmo
*voi* invadeste
*essi* invàsero

**futuro semplice**

*io* invaderò
*tu* invaderai
*egli* invaderà
*noi* invaderemo
*voi* invaderete
*essi* invaderanno

**passato prossimo**

*io* ho invaso
*tu* hai invaso
*egli* ha invaso
*noi* abbiamo invaso
*voi* avete invaso
*essi* hanno invaso

**trapassato prossimo**

*io* avevo invaso
*tu* avevi invaso
*egli* aveva invaso
*noi* avevamo invaso
*voi* avevate invaso
*essi* avévano invaso

**trapassato remoto**

*io* ebbi invaso
*tu* avesti invaso
*egli* ebbe invaso
*noi* avemmo invaso
*voi* aveste invaso
*essi* èbbero invaso

**futuro anteriore**

*io* avrò invaso
*tu* avrai invaso
*egli* avrà invaso
*noi* avremo invaso
*voi* avrete invaso
*essi* avranno invaso

## condizionale

**presente**

*io* invaderei
*tu* invaderesti
*egli* invaderebbe
*noi* invaderemmo
*voi* invadereste
*essi* invaderèbbero

**passato**

*io* avrei invaso
*tu* avresti invaso
*egli* avrebbe invaso
*noi* avremmo invaso
*voi* avreste invaso
*essi* avrèbbero invaso

## imperativo

**presente**

...
invadi *tu*
invada *egli*
invadiamo *noi*
invadete *voi*
invàdano *essi*

## congiuntivo

**presente**

*io* invada
*tu* invada
*egli* invada
*noi* invadiamo
*voi* invadiate
*essi* invàdano

**imperfetto**

*io* invadessi
*tu* invadessi
*egli* invadesse
*noi* invadéssimo
*voi* invadeste
*essi* invadéssero

**passato**

*io* àbbia invaso
*tu* àbbia invaso
*egli* àbbia invaso
*noi* abbiamo invaso
*voi* abbiate invaso
*essi* àbbiano invaso

**trapassato**

*io* avessi invaso
*tu* avessi invaso
*egli* avesse invaso
*noi* avéssimo invaso
*voi* aveste invaso
*essi* avéssero invaso

## infinito

**presente** invàdere
**passato** avere invaso

## participio

**presente** invadente
**passato** invaso

## gerundio

**presente** invadendo
**passato** avendo invaso

---

*Invadere* e gli altri verbi in -adere coniugati secondo questo modello (*evadere*, *pervadere* ecc.) modificano radice e desinenza al passato remoto (I e III persona singolare e III plurale) e al participio passato.

## indicativo

**presente**

| | |
|---|---|
| *io* | ledo |
| *tu* | ledi |
| *egli* | lede |
| *noi* | lediamo |
| *voi* | ledete |
| *essi* | lèdono |

**imperfetto**

| | |
|---|---|
| *io* | ledevo |
| *tu* | ledevi |
| *egli* | ledeva |
| *noi* | ledevamo |
| *voi* | ledevate |
| *essi* | ledévano |

**passato remoto**

| | |
|---|---|
| *io* | lesi |
| *tu* | ledesti |
| *egli* | lese |
| *noi* | ledemmo |
| *voi* | ledeste |
| *essi* | lésero |

**futuro semplice**

| | |
|---|---|
| *io* | lederò |
| *tu* | lederai |
| *egli* | lederà |
| *noi* | lederemo |
| *voi* | lederete |
| *essi* | lederanno |

**passato prossimo**

| | | |
|---|---|---|
| *io* | ho | leso |
| *tu* | hai | leso |
| *egli* | ha | leso |
| *noi* | abbiamo | leso |
| *voi* | avete | leso |
| *essi* | hanno | leso |

**trapassato prossimo**

| | | |
|---|---|---|
| *io* | avevo | leso |
| *tu* | avevi | leso |
| *egli* | aveva | leso |
| *noi* | avevamo | leso |
| *voi* | avevate | leso |
| *essi* | avévano | leso |

**trapassato remoto**

| | | |
|---|---|---|
| *io* | ebbi | leso |
| *tu* | avesti | leso |
| *egli* | ebbe | leso |
| *noi* | avemmo | leso |
| *voi* | aveste | leso |
| *essi* | èbbero | leso |

**futuro anteriore**

| | | |
|---|---|---|
| *io* | avrò | leso |
| *tu* | avrai | leso |
| *egli* | avrà | leso |
| *noi* | avremo | leso |
| *voi* | avrete | leso |
| *essi* | avranno | leso |

## condizionale

**presente**

| | |
|---|---|
| *io* | lederei |
| *tu* | lederesti |
| *egli* | lederebbe |
| *noi* | lederemmo |
| *voi* | ledereste |
| *essi* | lederèbbero |

**passato**

| | | |
|---|---|---|
| *io* | avrei | leso |
| *tu* | avresti | leso |
| *egli* | avrebbe | leso |
| *noi* | avremmo | leso |
| *voi* | avreste | leso |
| *essi* | avrèbbero | leso |

## imperativo

**presente**

| | |
|---|---|
| ... | |
| ledi | *tu* |
| leda | *egli* |
| lediamo | *noi* |
| ledete | *voi* |
| lédano | *essi* |

## congiuntivo

**presente**

| | |
|---|---|
| *io* | leda |
| *tu* | leda |
| *egli* | leda |
| *noi* | lediamo |
| *voi* | lediate |
| *essi* | lédano |

**imperfetto**

| | |
|---|---|
| *io* | ledessi |
| *tu* | ledessi |
| *egli* | ledesse |
| *noi* | ledéssimo |
| *voi* | ledeste |
| *essi* | ledéssero |

**passato**

| | | |
|---|---|---|
| *io* | àbbia | leso |
| *tu* | àbbia | leso |
| *egli* | àbbia | leso |
| *noi* | abbiamo | leso |
| *voi* | abbiate | leso |
| *essi* | àbbiano | leso |

**trapassato**

| | | |
|---|---|---|
| *io* | avessi | leso |
| *tu* | avessi | leso |
| *egli* | avesse | leso |
| *noi* | avéssimo | leso |
| *voi* | aveste | leso |
| *essi* | avéssero | leso |

## infinito

| presente | passato |
|---|---|
| lèdere | avere leso |

## participio

| presente | passato |
|---|---|
| ledente | leso |

## gerundio

| presente | passato |
|---|---|
| ledendo | avendo leso |

*Ledere* e gli altri verbi in -dere coniugati secondo questo modello (*evadere, pervadere* ecc.) modificano radice e desinenza al passato remoto (I e III persona singolare e III plurale) e al participio passato.

# lèggere

## indicativo

**presente**

| | |
|---|---|
| *io* | leggo |
| *tu* | leggi |
| *egli* | legge |
| *noi* | leggiamo |
| *voi* | leggete |
| *essi* | lèggono |

**imperfetto**

| | |
|---|---|
| *io* | leggevo |
| *tu* | leggevi |
| *egli* | leggeva |
| *noi* | leggevamo |
| *voi* | leggevate |
| *essi* | leggévano |

**passato remoto**

| | |
|---|---|
| *io* | lessi |
| *tu* | leggesti |
| *egli* | lesse |
| *noi* | leggemmo |
| *voi* | leggeste |
| *essi* | lèssero |

**futuro semplice**

| | |
|---|---|
| *io* | leggerò |
| *tu* | leggerai |
| *egli* | leggerà |
| *noi* | leggeremo |
| *voi* | leggerete |
| *essi* | leggeranno |

**passato prossimo**

| | | |
|---|---|---|
| *io* | ho | letto |
| *tu* | hai | letto |
| *egli* | ha | letto |
| *noi* | abbiamo | letto |
| *voi* | avete | letto |
| *essi* | hanno | letto |

**trapassato prossimo**

| | | |
|---|---|---|
| *io* | avevo | letto |
| *tu* | avevi | letto |
| *egli* | aveva | letto |
| *noi* | avevamo | letto |
| *voi* | avevate | letto |
| *essi* | avévano | letto |

**trapassato remoto**

| | | |
|---|---|---|
| *io* | ebbi | letto |
| *tu* | avesti | letto |
| *egli* | ebbe | letto |
| *noi* | avemmo | letto |
| *voi* | aveste | letto |
| *essi* | èbbero | letto |

**futuro anteriore**

| | | |
|---|---|---|
| *io* | avrò | letto |
| *tu* | avrai | letto |
| *egli* | avrà | letto |
| *noi* | avremo | letto |
| *voi* | avrete | letto |
| *essi* | avranno | letto |

## condizionale

**presente**

| | |
|---|---|
| *io* | leggerei |
| *tu* | leggeresti |
| *egli* | leggerebbe |
| *noi* | leggeremmo |
| *voi* | leggereste |
| *essi* | leggerèbbero |

**passato**

| | | |
|---|---|---|
| *io* | avrei | letto |
| *tu* | avresti | letto |
| *egli* | avrebbe | letto |
| *noi* | avremmo | letto |
| *voi* | avreste | letto |
| *essi* | avrèbbero | letto |

## imperativo

**presente**

| | |
|---|---|
| ... | |
| leggi | *tu* |
| legga | *egli* |
| leggiamo | *noi* |
| leggete | *voi* |
| lèggano | *essi* |

## congiuntivo

**presente**

| | |
|---|---|
| *io* | legga |
| *tu* | legga |
| *egli* | legga |
| *noi* | leggiamo |
| *voi* | leggiate |
| *essi* | lèggano |

**imperfetto**

| | |
|---|---|
| *io* | leggessi |
| *tu* | leggessi |
| *egli* | leggesse |
| *noi* | leggéssimo |
| *voi* | leggeste |
| *essi* | leggéssero |

**passato**

| | | |
|---|---|---|
| *io* | àbbia | letto |
| *tu* | àbbia | letto |
| *egli* | àbbia | letto |
| *noi* | abbiamo | letto |
| *voi* | abbiate | letto |
| *essi* | àbbiano | letto |

**trapassato**

| | | |
|---|---|---|
| *io* | avessi | letto |
| *tu* | avessi | letto |
| *egli* | avesse | letto |
| *noi* | avéssimo | letto |
| *voi* | aveste | letto |
| *essi* | avéssero | letto |

## infinito

| **presente** | **passato** |
|---|---|
| lèggere | avere letto |

## participio

| **presente** | **passato** |
|---|---|
| leggente | letto |

## gerundio

| **presente** | **passato** |
|---|---|
| leggendo | avendo letto |

*Leggere* e gli altri verbi in -eggere coniugati secondo questo modello (*correggere*, *eleggere*, *proteggere* ecc.) modificano radice e desinenza al passato remoto (I e III persona singolare e III plurale) e al participio passato.

## indicativo

**presente**

| | |
|---|---|
| *io* | metto |
| *tu* | metti |
| *egli* | mette |
| *noi* | mettiamo |
| *voi* | mettete |
| *essi* | méttono |

**imperfetto**

| | |
|---|---|
| *io* | mettevo |
| *tu* | mettevi |
| *egli* | metteva |
| *noi* | mettevamo |
| *voi* | mettevate |
| *essi* | mettévano |

**passato remoto**

| | |
|---|---|
| *io* | misi |
| *tu* | mettesti |
| *egli* | mise |
| *noi* | mettemmo |
| *voi* | metteste |
| *essi* | mìsero |

**futuro semplice**

| | |
|---|---|
| *io* | metterò |
| *tu* | metterai |
| *egli* | metterà |
| *noi* | metteremo |
| *voi* | metterete |
| *essi* | metteranno |

**passato prossimo**

| | | |
|---|---|---|
| *io* | ho | messo |
| *tu* | hai | messo |
| *egli* | ha | messo |
| *noi* | abbiamo | messo |
| *voi* | avete | messo |
| *essi* | hanno | messo |

**trapassato prossimo**

| | | |
|---|---|---|
| *io* | avevo | messo |
| *tu* | avevi | messo |
| *egli* | aveva | messo |
| *noi* | avevamo | messo |
| *voi* | avevate | messo |
| *essi* | avévano | messo |

**trapassato remoto**

| | | |
|---|---|---|
| *io* | ebbi | messo |
| *tu* | avesti | messo |
| *egli* | ebbe | messo |
| *noi* | avemmo | messo |
| *voi* | aveste | messo |
| *essi* | èbbero | messo |

**futuro anteriore**

| | | |
|---|---|---|
| *io* | avrò | messo |
| *tu* | avrai | messo |
| *egli* | avrà | messo |
| *noi* | avremo | messo |
| *voi* | avrete | messo |
| *essi* | avranno | messo |

## condizionale

**presente**

| | |
|---|---|
| *io* | metterei |
| *tu* | metteresti |
| *egli* | metterebbe |
| *noi* | metteremmo |
| *voi* | mettereste |
| *essi* | metterèbbero |

**passato**

| | | |
|---|---|---|
| *io* | avrei | messo |
| *tu* | avresti | messo |
| *egli* | avrebbe | messo |
| *noi* | avremmo | messo |
| *voi* | avreste | messo |
| *essi* | avrèbbero | messo |

## imperativo

**presente**

| | |
|---|---|
| ... | |
| metti | *tu* |
| metta | *egli* |
| mettiamo | *noi* |
| mettete | *voi* |
| méttano | *essi* |

## congiuntivo

**presente**

| | |
|---|---|
| *io* | metta |
| *tu* | metta |
| *egli* | metta |
| *noi* | mettiamo |
| *voi* | mettiate |
| *essi* | méttano |

**imperfetto**

| | |
|---|---|
| *io* | mettessi |
| *tu* | mettessi |
| *egli* | mettesse |
| *noi* | mettéssimo |
| *voi* | metteste |
| *essi* | mettéssero |

**passato**

| | | |
|---|---|---|
| *io* | àbbia | messo |
| *tu* | àbbia | messo |
| *egli* | àbbia | messo |
| *noi* | abbiamo | messo |
| *voi* | abbiate | messo |
| *essi* | àbbiano | messo |

**trapassato**

| | | |
|---|---|---|
| *io* | avessi | messo |
| *tu* | avessi | messo |
| *egli* | avesse | messo |
| *noi* | avéssimo | messo |
| *voi* | aveste | messo |
| *essi* | avéssero | messo |

## infinito

| **presente** | **passato** |
|---|---|
| méttere | avere messo |

## participio

| **presente** | **passato** |
|---|---|
| mettente | messo |

## gerundio

| **presente** | **passato** |
|---|---|
| mettendo | avendo messo |

*Mettere* e gli altri verbi in -ettere coniugati secondo questo modello (*ammettere*, *commettere*, *compromettere* ecc.) modificano radice e desinenza al passato remoto (I e III persona singolare e III plurale) e al participio passato.

## indicativo

**presente**

| | |
|---|---|
| *io* | muovo |
| *tu* | muovi |
| *egli* | muove |
| *noi* | m(u)oviamo |
| *voi* | m(u)ovete |
| *essi* | muòvono |

**passato prossimo**

| | | |
|---|---|---|
| *io* | ho | mosso |
| *tu* | hai | mosso |
| *egli* | ha | mosso |
| *noi* | abbiamo | mosso |
| *voi* | avete | mosso |
| *essi* | hanno | mosso |

**imperfetto**

| | |
|---|---|
| *io* | m(u)ovevo |
| *tu* | m(u)ovevi |
| *egli* | m(u)oveva |
| *noi* | m(u)ovevamo |
| *voi* | m(u)ovevate |
| *essi* | m(u)ovévano |

**trapassato prossimo**

| | | |
|---|---|---|
| *io* | avevo | mosso |
| *tu* | avevi | mosso |
| *egli* | aveva | mosso |
| *noi* | avevamo | mosso |
| *voi* | avevate | mosso |
| *essi* | avévano | mosso |

**passato remoto**

| | |
|---|---|
| *io* | mossi |
| *tu* | m(u)ovesti |
| *egli* | mosse |
| *noi* | m(u)ovemmo |
| *voi* | m(u)oveste |
| *essi* | mòssero |

**trapassato remoto**

| | | |
|---|---|---|
| *io* | ebbi | mosso |
| *tu* | avesti | mosso |
| *egli* | ebbe | mosso |
| *noi* | avemmo | mosso |
| *voi* | aveste | mosso |
| *essi* | èbbero | mosso |

**futuro semplice**

| | |
|---|---|
| *io* | m(u)overò |
| *tu* | m(u)overai |
| *egli* | m(u)overà |
| *noi* | m(u)overemo |
| *voi* | m(u)overete |
| *essi* | m(u)overanno |

**futuro anteriore**

| | | |
|---|---|---|
| *io* | avrò | mosso |
| *tu* | avrai | mosso |
| *egli* | avrà | mosso |
| *noi* | avremo | mosso |
| *voi* | avrete | mosso |
| *essi* | avranno | mosso |

## condizionale

**presente**

| | |
|---|---|
| *io* | m(u)overei |
| *tu* | m(u)overesti |
| *egli* | m(u)overebbe |
| *noi* | m(u)overemmo |
| *voi* | m(u)overeste |
| *essi* | m(u)overèbbero |

**passato**

| | | |
|---|---|---|
| *io* | avrei | mosso |
| *tu* | avresti | mosso |
| *egli* | avrebbe | mosso |
| *noi* | avremmo | mosso |
| *voi* | avreste | mosso |
| *essi* | avrèbbero | mosso |

## imperativo

**presente**

| | |
|---|---|
| ... | |
| muovi | *tu* |
| muova | *egli* |
| m(u)oviamo | *noi* |
| m(u)ovete | *voi* |
| muòvano | *essi* |

## congiuntivo

**presente**

| | |
|---|---|
| *io* | muova |
| *tu* | muova |
| *egli* | muova |
| *noi* | m(u)oviamo |
| *voi* | m(u)oviate |
| *essi* | muòvano |

**passato**

| | | |
|---|---|---|
| *io* | àbbia | mosso |
| *tu* | àbbia | mosso |
| *egli* | àbbia | mosso |
| *noi* | abbiamo | mosso |
| *voi* | abbiate | mosso |
| *essi* | àbbiano | mosso |

**imperfetto**

| | |
|---|---|
| *io* | m(u)ovessi |
| *tu* | m(u)ovessi |
| *egli* | m(u)ovesse |
| *noi* | m(u)ovéssimo |
| *voi* | m(u)oveste |
| *essi* | m(u)ovéssero |

**trapassato**

| | | |
|---|---|---|
| *io* | avessi | mosso |
| *tu* | avessi | mosso |
| *egli* | avesse | mosso |
| *noi* | avéssimo | mosso |
| *voi* | aveste | mosso |
| *essi* | avéssero | mosso |

## infinito

| presente | passato |
|---|---|
| muòvere | avere mosso |

## participio

| presente | passato |
|---|---|
| m(u)ovente | mosso |

## gerundio

| presente | passato |
|---|---|
| m(u)ovendo | avendo mosso |

Il verbo *muovere* e i suoi composti presentano l'alternanza tra forme dittongate (uo in posizione tonica: *io muòvo*) e non dittongate (o in posizione atona: *noi moviàmo*). Tuttavia, nell'uso contemporaneo si preferiscono le forme dittongate (*noi muoviamo, voi muovete, io muovevo* ecc.) anche in posizione atona. Al participio presente è più diffusa invece la forma *movente*. Il verbo modifica, inoltre, radice e desinenza al passato remoto (I e III persona singolare e III plurale) e al participio passato.

## indicativo

**presente**

| | |
|---|---|
| *io* | nasco |
| *tu* | nasci |
| *egli* | nasce |
| *noi* | nasciamo |
| *voi* | nascete |
| *essi* | n**à**scono |

**imperfetto**

| | |
|---|---|
| *io* | nascevo |
| *tu* | nascevi |
| *egli* | nasceva |
| *noi* | nascevamo |
| *voi* | nascevate |
| *essi* | nasc**é**vano |

**passato remoto**

| | |
|---|---|
| *io* | nacqui |
| *tu* | nascesti |
| *egli* | nacque |
| *noi* | nascemmo |
| *voi* | nasceste |
| *essi* | nàcquero |

**futuro semplice**

| | |
|---|---|
| *io* | nascerò |
| *tu* | nascerai |
| *egli* | nascerà |
| *noi* | nasceremo |
| *voi* | nascerete |
| *essi* | nasceranno |

**passato prossimo**

| | | |
|---|---|---|
| *io* | sono | nato |
| *tu* | sei | nato |
| *egli* | è | nato |
| *noi* | siamo | nati |
| *voi* | siete | nati |
| *essi* | sono | nati |

**trapassato prossimo**

| | | |
|---|---|---|
| *io* | ero | nato |
| *tu* | eri | nato |
| *egli* | era | nato |
| *noi* | eravamo | nati |
| *voi* | eravate | nati |
| *essi* | **è**rano | nati |

**trapassato remoto**

| | | |
|---|---|---|
| *io* | fui | nato |
| *tu* | fosti | nato |
| *egli* | fu | nato |
| *noi* | fummo | nati |
| *voi* | foste | nati |
| *essi* | f**ù**rono | nati |

**futuro anteriore**

| | | |
|---|---|---|
| *io* | sarò | nato |
| *tu* | sarai | nato |
| *egli* | sarà | nato |
| *noi* | saremo | nati |
| *voi* | sarete | nati |
| *essi* | saranno | nati |

## condizionale

**presente**

| | |
|---|---|
| *io* | nascerei |
| *tu* | nasceresti |
| *egli* | nascerebbe |
| *noi* | nasceremmo |
| *voi* | nascereste |
| *essi* | nascer**è**bbero |

**passato**

| | | |
|---|---|---|
| *io* | sarei | nato |
| *tu* | saresti | nato |
| *egli* | sarebbe | nato |
| *noi* | saremmo | nati |
| *voi* | sareste | nati |
| *essi* | sar**è**bbero | nati |

## imperativo

**presente**

| | |
|---|---|
| ... | |
| nasci | *tu* |
| nasca | *egli* |
| nasciamo | *noi* |
| nascete | *voi* |
| n**à**scano | *essi* |

## congiuntivo

**presente**

| | |
|---|---|
| *io* | nasca |
| *tu* | nasca |
| *egli* | nasca |
| *noi* | nasciamo |
| *voi* | nasciate |
| *essi* | n**à**scano |

**imperfetto**

| | |
|---|---|
| *io* | nascessi |
| *tu* | nascessi |
| *egli* | nascesse |
| *noi* | nasc**é**ssimo |
| *voi* | nasceste |
| *essi* | nasc**é**ssero |

**passato**

| | | |
|---|---|---|
| *io* | sia | nato |
| *tu* | sia | nato |
| *egli* | sia | nato |
| *noi* | siamo | nati |
| *voi* | siate | nati |
| *essi* | s**ì**ano | nati |

**trapassato**

| | | |
|---|---|---|
| *io* | fossi | nato |
| *tu* | fossi | nato |
| *egli* | fosse | nato |
| *noi* | f**ó**ssimo | nati |
| *voi* | foste | nati |
| *essi* | f**ó**ssero | nati |

## infinito

| **presente** | **passato** |
|---|---|
| n**à**scere | essere nato |

## participio

| **presente** | **passato** |
|---|---|
| nascente | nato |

## gerundio

| **presente** | **passato** |
|---|---|
| nascendo | essendo nato |

*Nascere* e *rinascere* modificano radice e desinenza al passato remoto (I e III persona singolare e III plurale) e al participio passato.

## indicativo

**presente**

| | |
|---|---|
| *io* | n(u)occio |
| *tu* | nuoci |
| *egli* | nuoce |
| *noi* | n(u)ociamo |
| *voi* | n(u)ocete |
| *essi* | n(u)**ò**cciono |

**imperfetto**

| | |
|---|---|
| *io* | n(u)ocevo |
| *tu* | n(u)ocevi |
| *egli* | n(u)oceva |
| *noi* | n(u)ocevamo |
| *voi* | n(u)ocevate |
| *essi* | n(u)oc**é**vano |

**passato remoto**

| | |
|---|---|
| *io* | nocqui |
| *tu* | n(u)ocesti |
| *egli* | nocque |
| *noi* | n(u)ocemmo |
| *voi* | n(u)oceste |
| *essi* | nòcquero |

**futuro semplice**

| | |
|---|---|
| *io* | n(u)ocerò |
| *tu* | n(u)ocerai |
| *egli* | n(u)ocerà |
| *noi* | n(u)oceremo |
| *voi* | n(u)ocerete |
| *essi* | n(u)oceranno |

**passato prossimo**

| | | |
|---|---|---|
| *io* | ho | n(u)ociuto |
| *tu* | hai | n(u)ociuto |
| *egli* | ha | n(u)ociuto |
| *noi* | abbiamo | n(u)ociuto |
| *voi* | avete | n(u)ociuto |
| *essi* | hanno | n(u)ociuto |

**trapassato prossimo**

| | | |
|---|---|---|
| *io* | avevo | n(u)ociuto |
| *tu* | avevi | n(u)ociuto |
| *egli* | aveva | n(u)ociuto |
| *noi* | avevamo | n(u)ociuto |
| *voi* | avevate | n(u)ociuto |
| *essi* | av**é**vano | n(u)ociuto |

**trapassato remoto**

| | | |
|---|---|---|
| *io* | ebbi | n(u)ociuto |
| *tu* | avesti | n(u)ociuto |
| *egli* | ebbe | n(u)ociuto |
| *noi* | avemmo | n(u)ociuto |
| *voi* | aveste | n(u)ociuto |
| *essi* | **è**bbero | n(u)ociuto |

**futuro anteriore**

| | | |
|---|---|---|
| *io* | avrò | n(u)ociuto |
| *tu* | avrai | n(u)ociuto |
| *egli* | avrà | n(u)ociuto |
| *noi* | avremo | n(u)ociuto |
| *voi* | avrete | n(u)ociuto |
| *essi* | avranno | n(u)ociuto |

## condizionale

**presente**

| | |
|---|---|
| *io* | n(u)ocerei |
| *tu* | n(u)ocerest i |
| *egli* | n(u)ocerebbe |
| *noi* | n(u)oceremmo |
| *voi* | n(u)ocereste |
| *essi* | n(u)ocer**è**bbero |

**passato**

| | | |
|---|---|---|
| *io* | avrei | n(u)ociuto |
| *tu* | avresti | n(u)ociuto |
| *egli* | avrebbe | n(u)ociuto |
| *noi* | avremmo | n(u)ociuto |
| *voi* | avreste | n(u)ociuto |
| *essi* | avr**è**bbero | n(u)ociuto |

## imperativo

**presente**

| | |
|---|---|
| ... | |
| nuoci | *tu* |
| nuoccia | *egli* |
| n(u)ociamo | *noi* |
| n(u)ocete | *voi* |
| nu**ò**cciano | *essi* |

## congiuntivo

**presente**

| | |
|---|---|
| *io* | nuoccia |
| *tu* | nuoccia |
| *egli* | nuoccia |
| *noi* | n(u)ociamo |
| *voi* | n(u)ociate |
| *essi* | nu**ò**cciano |

**imperfetto**

| | |
|---|---|
| *io* | n(u)ocessi |
| *tu* | n(u)ocessi |
| *egli* | n(u)ocesse |
| *noi* | n(u)oc**é**ssimo |
| *voi* | n(u)oceste |
| *essi* | n(u)oc**é**ssero |

**passato**

| | | |
|---|---|---|
| *io* | **à**bbia | n(u)ociuto |
| *tu* | **à**bbia | n(u)ociuto |
| *egli* | **à**bbia | n(u)ociuto |
| *noi* | abbiamo | n(u)ociuto |
| *voi* | abbiate | n(u)ociuto |
| *essi* | **à**bbiano | n(u)ociuto |

**trapassato**

| | | |
|---|---|---|
| *io* | avessi | n(u)ociuto |
| *tu* | avessi | n(u)ociuto |
| *egli* | avesse | n(u)ociuto |
| *noi* | av**é**ssimo | n(u)ociuto |
| *voi* | aveste | n(u)ociuto |
| *essi* | av**é**ssero | n(u)ociuto |

## infinito

| **presente** | **passato** |
|---|---|
| nu**ò**cere | avere n(u)ociuto |

## participio

| **presente** | **passato** |
|---|---|
| n(u)ocente | n(u)ociuto |

## gerundio

| **presente** | **passato** |
|---|---|
| n(u)ocendo | avendo n(u)ociuto |

Il verbo *nuocere* presenta l'alternanza tra forme dittongate (uo in posizione tonica: *io nuòccio*) e non dittongate (o in posizione atona: *noi nociàmo*). Tuttavia, nell'uso contemporaneo si preferiscono le forme dittongate (*noi nuociamo, voi nuocete, io nuocevo* ecc.) anche in posizione atona. Si noti che in alcune forme si raddoppia la c della desinenza. Il verbo modifica, inoltre, radice e desinenza al passato remoto (I e III persona singolare e III plurale) e prima della desinenza del participio passato inserisce una i diacritica, che serve cioè a indicare il suono palatale della c che precede (come il suono di *c* in *cena*).

## indicativo

**presente**

| | |
|---|---|
| *io* | pàio |
| *tu* | pari |
| *egli* | pare |
| *noi* | paiamo |
| *voi* | parete |
| *essi* | pàiono |

**imperfetto**

| | |
|---|---|
| *io* | parevo |
| *tu* | parevi |
| *egli* | pareva |
| *noi* | parevamo |
| *voi* | parevate |
| *essi* | parévano |

**passato remoto**

| | |
|---|---|
| *io* | parvi |
| *tu* | paresti |
| *egli* | parve |
| *noi* | paremmo |
| *voi* | pareste |
| *essi* | pàrvero |

**futuro semplice**

| | |
|---|---|
| *io* | parrò |
| *tu* | parrai |
| *egli* | parrà |
| *noi* | parremo |
| *voi* | parrete |
| *essi* | parranno |

**passato prossimo**

| | | |
|---|---|---|
| *io* | sono | parso |
| *tu* | sei | parso |
| *egli* | è | parso |
| *noi* | siamo | parsi |
| *voi* | siete | parsi |
| *essi* | sono | parsi |

**trapassato prossimo**

| | | |
|---|---|---|
| *io* | ero | parso |
| *tu* | eri | parso |
| *egli* | era | parso |
| *noi* | eravamo | parsi |
| *voi* | eravate | parsi |
| *essi* | èrano | parsi |

**trapassato remoto**

| | | |
|---|---|---|
| *io* | fui | parso |
| *tu* | fosti | parso |
| *egli* | fu | parso |
| *noi* | fummo | parsi |
| *voi* | foste | parsi |
| *essi* | fùrono | parsi |

**futuro anteriore**

| | | |
|---|---|---|
| *io* | sarò | parso |
| *tu* | sarai | parso |
| *egli* | sarà | parso |
| *noi* | saremo | parsi |
| *voi* | sarete | parsi |
| *essi* | saranno | parsi |

## condizionale

**presente**

| | |
|---|---|
| *io* | parrei |
| *tu* | parresti |
| *egli* | parrebbe |
| *noi* | parremmo |
| *voi* | parreste |
| *essi* | parrèbbero |

**passato**

| | | |
|---|---|---|
| *io* | sarei | parso |
| *tu* | saresti | parso |
| *egli* | sarebbe | parso |
| *noi* | saremmo | parsi |
| *voi* | sareste | parsi |
| *essi* | sarèbbero | parsi |

## imperativo

**presente**

...

## congiuntivo

**presente**

| | |
|---|---|
| *io* | pàia |
| *tu* | pàia |
| *egli* | pàia |
| *noi* | paiamo |
| *voi* | paiate |
| *essi* | pàiano |

**imperfetto**

| | |
|---|---|
| *io* | paressi |
| *tu* | paressi |
| *egli* | paresse |
| *noi* | paréssimo |
| *voi* | pareste |
| *essi* | paréssero |

**passato**

| | | |
|---|---|---|
| *io* | sia | parso |
| *tu* | sia | parso |
| *egli* | sia | parso |
| *noi* | siamo | parsi |
| *voi* | siate | parsi |
| *essi* | sìano | parsi |

**trapassato**

| | | |
|---|---|---|
| *io* | fossi | parso |
| *tu* | fossi | parso |
| *egli* | fosse | parso |
| *noi* | fóssimo | parsi |
| *voi* | foste | parsi |
| *essi* | fóssero | parsi |

## infinito

| **presente** | **passato** |
|---|---|
| parere | essere parso |

## participio

| **presente** | **passato** |
|---|---|
| parvente | parso |

## gerundio

| **presente** | **passato** |
|---|---|
| parendo | essendo parso |

Il verbo modifica radice e desinenza al passato remoto (I e III persona singolare e III plurale) e al participio passato. Sono inoltre irregolari il participio presente, alcune forme del presente indicativo e del congiuntivo, del futuro semplice e del condizionale presente.

# pèrdere

## indicativo

**presente**

| | |
|---|---|
| *io* | perdo |
| *tu* | perdi |
| *egli* | perde |
| *noi* | perdiamo |
| *voi* | perdete |
| *essi* | pèrdono |

**passato prossimo**

| | | |
|---|---|---|
| *io* | ho | perso |
| *tu* | hai | perso |
| *egli* | ha | perso |
| *noi* | abbiamo | perso |
| *voi* | avete | perso |
| *essi* | hanno | perso |

**imperfetto**

| | |
|---|---|
| *io* | perdevo |
| *tu* | perdevi |
| *egli* | perdeva |
| *noi* | perdevamo |
| *voi* | perdevate |
| *essi* | perdévano |

**trapassato prossimo**

| | | |
|---|---|---|
| *io* | avevo | perso |
| *tu* | avevi | perso |
| *egli* | aveva | perso |
| *noi* | avevamo | perso |
| *voi* | avevate | perso |
| *essi* | avévano | perso |

**passato remoto**

| | |
|---|---|
| *io* | persi |
| *tu* | perdesti |
| *egli* | perse |
| *noi* | perdemmo |
| *voi* | perdeste |
| *essi* | pèrsero |

**trapassato remoto**

| | | |
|---|---|---|
| *io* | ebbi | perso |
| *tu* | avesti | perso |
| *egli* | ebbe | perso |
| *noi* | avemmo | perso |
| *voi* | aveste | perso |
| *essi* | èbbero | perso |

**futuro semplice**

| | |
|---|---|
| *io* | perderò |
| *tu* | perderai |
| *egli* | perderà |
| *noi* | perderemo |
| *voi* | perderete |
| *essi* | perderanno |

**futuro anteriore**

| | | |
|---|---|---|
| *io* | avrò | perso |
| *tu* | avrai | perso |
| *egli* | avrà | perso |
| *noi* | avremo | perso |
| *voi* | avrete | perso |
| *essi* | avranno | perso |

## condizionale

**presente**

| | |
|---|---|
| *io* | perderei |
| *tu* | perderesti |
| *egli* | perderebbe |
| *noi* | perderemmo |
| *voi* | perdereste |
| *essi* | perderèbbero |

**passato**

| | | |
|---|---|---|
| *io* | avrei | perso |
| *tu* | avresti | perso |
| *egli* | avrebbe | perso |
| *noi* | avremmo | perso |
| *voi* | avreste | perso |
| *essi* | avrèbbero | perso |

## imperativo

**presente**

| | |
|---|---|
| ... | |
| perdi | *tu* |
| perda | *egli* |
| perdiamo | *noi* |
| perdete | *voi* |
| pèrdano | *essi* |

## congiuntivo

**presente**

| | |
|---|---|
| *io* | perda |
| *tu* | perda |
| *egli* | perda |
| *noi* | perdiamo |
| *voi* | perdiate |
| *essi* | pèrdano |

**passato**

| | | |
|---|---|---|
| *io* | àbbia | perso |
| *tu* | àbbia | perso |
| *egli* | àbbia | perso |
| *noi* | abbiamo | perso |
| *voi* | abbiate | perso |
| *essi* | àbbiano | perso |

**imperfetto**

| | |
|---|---|
| *io* | perdessi |
| *tu* | perdessi |
| *egli* | perdesse |
| *noi* | perdéssimo |
| *voi* | perdeste |
| *essi* | perdéssero |

**trapassato**

| | | |
|---|---|---|
| *io* | avessi | perso |
| *tu* | avessi | perso |
| *egli* | avesse | perso |
| *noi* | avéssimo | perso |
| *voi* | aveste | perso |
| *essi* | avéssero | perso |

## infinito

| presente | passato |
|---|---|
| pèrdere | avere perso |

## participio

| presente | passato |
|---|---|
| perdente | perso, perduto |

## gerundio

| presente | passato |
|---|---|
| perdendo | avendo perso |

*Perdere* e i suoi composti modificano radice e desinenza al passato remoto (I e III persona singolare e III plurale) e al participio passato. Accanto alle forme irregolari si registrano tuttavia le forme regolari *io perdei / perdetti, egli perdé / perdette, essi perdérono / perdèttero* (più rare) e *perduto* (abbastanza diffuso).

## indicativo

**presente**

| | |
|---|---|
| *io* | persuado |
| *tu* | persuadi |
| *egli* | persuade |
| *noi* | persuadiamo |
| *voi* | persuadete |
| *essi* | persuàdono |

**passato prossimo**

| | | |
|---|---|---|
| *io* | ho | persuaso |
| *tu* | hai | persuaso |
| *egli* | ha | persuaso |
| *noi* | abbiamo | persuaso |
| *voi* | avete | persuaso |
| *essi* | hanno | persuaso |

**imperfetto**

| | |
|---|---|
| *io* | persuadevo |
| *tu* | persuadevi |
| *egli* | persuadeva |
| *noi* | persuadevamo |
| *voi* | persuadevate |
| *essi* | persuadévano |

**trapassato prossimo**

| | | |
|---|---|---|
| *io* | avevo | persuaso |
| *tu* | avevi | persuaso |
| *egli* | aveva | persuaso |
| *noi* | avevamo | persuaso |
| *voi* | avevate | persuaso |
| *essi* | avévano | persuaso |

**passato remoto**

| | |
|---|---|
| *io* | persuasi |
| *tu* | persuadesti |
| *egli* | persuase |
| *noi* | persuademmo |
| *voi* | persuadeste |
| *essi* | persuàsero |

**trapassato remoto**

| | | |
|---|---|---|
| *io* | ebbi | persuaso |
| *tu* | avesti | persuaso |
| *egli* | ebbe | persuaso |
| *noi* | avemmo | persuaso |
| *voi* | aveste | persuaso |
| *essi* | èbbero | persuaso |

**futuro semplice**

| | |
|---|---|
| *io* | persuaderò |
| *tu* | persuaderai |
| *egli* | persuaderà |
| *noi* | persuaderemo |
| *voi* | persuaderete |
| *essi* | persuaderanno |

**futuro anteriore**

| | | |
|---|---|---|
| *io* | avrò | persuaso |
| *tu* | avrai | persuaso |
| *egli* | avrà | persuaso |
| *noi* | avremo | persuaso |
| *voi* | avrete | persuaso |
| *essi* | avranno | persuaso |

## condizionale

**presente**

| | |
|---|---|
| *io* | persuaderei |
| *tu* | persuaderesti |
| *egli* | persuaderebbe |
| *noi* | persuaderemmo |
| *voi* | persuadereste |
| *essi* | persuaderèbbero |

**passato**

| | | |
|---|---|---|
| *io* | avrei | persuaso |
| *tu* | avresti | persuaso |
| *egli* | avrebbe | persuaso |
| *noi* | avremmo | persuaso |
| *voi* | avreste | persuaso |
| *essi* | avrèbbero | persuaso |

## imperativo

**presente**

| | |
|---|---|
| ... | |
| persuadi | *tu* |
| persuada | *egli* |
| persuadiamo | *noi* |
| persuadete | *voi* |
| persuàdano | *essi* |

## congiuntivo

**presente**

| | |
|---|---|
| *io* | persuada |
| *tu* | persuada |
| *egli* | persuada |
| *noi* | persuadiamo |
| *voi* | persuadiate |
| *essi* | persuàdano |

**passato**

| | | |
|---|---|---|
| *io* | àbbia | persuaso |
| *tu* | àbbia | persuaso |
| *egli* | àbbia | persuaso |
| *noi* | abbiamo | persuaso |
| *voi* | abbiate | persuaso |
| *essi* | àbbiano | persuaso |

**imperfetto**

| | |
|---|---|
| *io* | persuadessi |
| *tu* | persuadessi |
| *egli* | persuadesse |
| *noi* | persuadéssimo |
| *voi* | persuadeste |
| *essi* | persuadéssero |

**trapassato**

| | | |
|---|---|---|
| *io* | avessi | persuaso |
| *tu* | avessi | persuaso |
| *egli* | avesse | persuaso |
| *noi* | avéssimo | persuaso |
| *voi* | aveste | persuaso |
| *essi* | avéssero | persuaso |

## infinito

| presente | passato |
|---|---|
| persuàdere | avere persuaso |

## participio

| presente | passato |
|---|---|
| persuadente | persuaso |

## gerundio

| presente | passato |
|---|---|
| persuadendo | avendo persuaso |

*Persuadere* e gli altri verbi in -adere coniugati secondo questo modello modificano radice e desinenza al passato remoto (I e III persona singolare e III plurale) e al participio passato.

## indicativo

**presente**

| | |
|---|---|
| *io* | piaccio |
| *tu* | piaci |
| *egli* | piace |
| *noi* | piacciamo |
| *voi* | piacete |
| *essi* | piàcciono |

**passato prossimo**

| | | |
|---|---|---|
| *io* | sono | piaciuto |
| *tu* | sei | piaciuto |
| *egli* | è | piaciuto |
| *noi* | siamo | piaciuti |
| *voi* | siete | piaciuti |
| *essi* | sono | piaciuti |

**imperfetto**

| | |
|---|---|
| *io* | piacevo |
| *tu* | piacevi |
| *egli* | piaceva |
| *noi* | piacevamo |
| *voi* | piacevate |
| *essi* | piacévano |

**trapassato prossimo**

| | | |
|---|---|---|
| *io* | ero | piaciuto |
| *tu* | eri | piaciuto |
| *egli* | era | piaciuto |
| *noi* | eravamo | piaciuti |
| *voi* | eravate | piaciuti |
| *essi* | èrano | piaciuti |

**passato remoto**

| | |
|---|---|
| *io* | piacqui |
| *tu* | piacesti |
| *egli* | piacque |
| *noi* | piacemmo |
| *voi* | piaceste |
| *essi* | piàcquero |

**trapassato remoto**

| | | |
|---|---|---|
| *io* | fui | piaciuto |
| *tu* | fosti | piaciuto |
| *egli* | fu | piaciuto |
| *noi* | fummo | piaciuti |
| *voi* | foste | piaciuti |
| *essi* | fùrono | piaciuti |

**futuro semplice**

| | |
|---|---|
| *io* | piacerò |
| *tu* | piacerai |
| *egli* | piacerà |
| *noi* | piaceremo |
| *voi* | piacerete |
| *essi* | piaceranno |

**futuro anteriore**

| | | |
|---|---|---|
| *io* | sarò | piaciuto |
| *tu* | sarai | piaciuto |
| *egli* | sarà | piaciuto |
| *noi* | saremo | piaciuti |
| *voi* | sarete | piaciuti |
| *essi* | saranno | piaciuti |

## condizionale

**presente**

| | |
|---|---|
| *io* | piacerei |
| *tu* | piaceresti |
| *egli* | piacerebbe |
| *noi* | piaceremmo |
| *voi* | piacereste |
| *essi* | piacerèbbero |

**passato**

| | | |
|---|---|---|
| *io* | sarei | piaciuto |
| *tu* | saresti | piaciuto |
| *egli* | sarebbe | piaciuto |
| *noi* | saremmo | piaciuti |
| *voi* | sareste | piaciuti |
| *essi* | sarèbbero | piaciuti |

## imperativo

**presente**

| | |
|---|---|
| ... | |
| piaci | *tu* |
| piaccia | *egli* |
| piacciamo | *noi* |
| piacete | *voi* |
| piàcciano | *essi* |

## congiuntivo

**presente**

| | |
|---|---|
| *io* | piaccia |
| *tu* | piaccia |
| *egli* | piaccia |
| *noi* | piacciamo |
| *voi* | piacciate |
| *essi* | piàcciano |

**passato**

| | | |
|---|---|---|
| *io* | sia | piaciuto |
| *tu* | sia | piaciuto |
| *egli* | sia | piaciuto |
| *noi* | siamo | piaciuti |
| *voi* | siate | piaciuti |
| *essi* | sìano | piaciuti |

**imperfetto**

| | |
|---|---|
| *io* | piacessi |
| *tu* | piacessi |
| *egli* | piacesse |
| *noi* | piacéssimo |
| *voi* | piaceste |
| *essi* | piacéssero |

**trapassato**

| | | |
|---|---|---|
| *io* | fossi | piaciuto |
| *tu* | fossi | piaciuto |
| *egli* | fosse | piaciuto |
| *noi* | fóssimo | piaciuti |
| *voi* | foste | piaciuti |
| *essi* | fóssero | piaciuti |

## infinito

| presente | passato |
|---|---|
| piacere | essere piaciuto |

## participio

| presente | passato |
|---|---|
| piacente | piaciuto |

## gerundio

| presente | passato |
|---|---|
| piacendo | essendo piaciuto |

*Piacere* e gli altri verbi che seguono questo modello (composti di *piacere*, *giacere*, *tacere* e i loro composti) presentano alcune particolarità:
- modificano radice e desinenza al passato remoto (I e III persona singolare e III plurale);
- al participio passato e alla I persona singolare del presente indicativo prima della desinenza inseriscono una i diacritica, che serve cioè soltanto a indicare il suono palatale della c che precede (come il suono della c in *cena*);
- al presente indicativo e congiuntivo e all'imperativo raddoppiano la c della desinenza.

## indicativo

| presente | | passato prossimo | | |
|---|---|---|---|---|
| *io* | piango | *io* | ho | pianto |
| *tu* | piangi | *tu* | hai | pianto |
| *egli* | piange | *egli* | ha | pianto |
| *noi* | piangiamo | *noi* | abbiamo | pianto |
| *voi* | piangete | *voi* | avete | pianto |
| *essi* | pi**à**ngono | *essi* | hanno | pianto |
| **imperfetto** | | **trapassato prossimo** | | |
| *io* | piangevo | *io* | avevo | pianto |
| *tu* | piangevi | *tu* | avevi | pianto |
| *egli* | piangeva | *egli* | aveva | pianto |
| *noi* | piangevamo | *noi* | avevamo | pianto |
| *voi* | piangevate | *voi* | avevate | pianto |
| *essi* | piang**é**vano | *essi* | av**é**vano | pianto |
| **passato remoto** | | **trapassato remoto** | | |
| *io* | piansi | *io* | ebbi | pianto |
| *tu* | piangesti | *tu* | avesti | pianto |
| *egli* | pianse | *egli* | ebbe | pianto |
| *noi* | piangemmo | *noi* | avemmo | pianto |
| *voi* | piangeste | *voi* | aveste | pianto |
| *essi* | piànsero | *essi* | **è**bbero | pianto |
| **futuro semplice** | | **futuro anteriore** | | |
| *io* | piangerò | *io* | avrò | pianto |
| *tu* | piangerai | *tu* | avrai | pianto |
| *egli* | piangerà | *egli* | avrà | pianto |
| *noi* | piangeremo | *noi* | avremo | pianto |
| *voi* | piangerete | *voi* | avrete | pianto |
| *essi* | piangeranno | *essi* | avranno | pianto |

## condizionale

| presente | | | |
|---|---|---|---|
| *io* | piangerei | | |
| *tu* | piangeresti | | |
| *egli* | piangerebbe | | |
| *noi* | piangeremmo | | |
| *voi* | piangereste | | |
| *essi* | pianger**è**bbero | | |
| **passato** | | | |
| *io* | avrei | pianto | |
| *tu* | avresti | pianto | |
| *egli* | avrebbe | pianto | |
| *noi* | avremmo | pianto | |
| *voi* | avreste | pianto | |
| *essi* | avr**è**bbero | pianto | |

## imperativo

**presente**

...

| | |
|---|---|
| piangi | *tu* |
| pianga | *egli* |
| piangiamo | *noi* |
| piangete | *voi* |
| pi**à**ngano | *essi* |

## congiuntivo

| presente | | passato | | |
|---|---|---|---|---|
| *io* | pianga | *io* | **à**bbia | pianto |
| *tu* | pianga | *tu* | **à**bbia | pianto |
| *egli* | pianga | *egli* | **à**bbia | pianto |
| *noi* | piangiamo | *noi* | abbiamo | pianto |
| *voi* | piangiate | *voi* | abbiate | pianto |
| *essi* | pi**à**ngano | *essi* | **à**bbiano | pianto |
| **imperfetto** | | **trapassato** | | |
| *io* | piangessi | *io* | avessi | pianto |
| *tu* | piangessi | *tu* | avessi | pianto |
| *egli* | piangesse | *egli* | avesse | pianto |
| *noi* | piang**é**ssimo | *noi* | av**é**ssimo | pianto |
| *voi* | piangeste | *voi* | aveste | pianto |
| *essi* | piang**é**ssero | *essi* | av**é**ssero | pianto |

## infinito

| presente | passato |
|---|---|
| pi**à**ngere | avere pianto |

## participio

| presente | passato |
|---|---|
| piangente | pianto |

## gerundio

| presente | passato |
|---|---|
| piangendo | avendo pianto |

*Piangere* e gli altri verbi coniugati secondo questo modello (composti di *piangere*, *frangere* e composti) modificano radice e desinenza al passato remoto (I e III persona singolare e III plurale) e al participio passato.

# piòvere

## indicativo

**presente**

| | |
|---|---|
| *io* | piovo |
| *tu* | piovi |
| *egli* | piove |
| *noi* | pioviamo |
| *voi* | piovete |
| *essi* | piòvono |

**imperfetto**

| | |
|---|---|
| *io* | piovevo |
| *tu* | piovevi |
| *egli* | pioveva |
| *noi* | piovevamo |
| *voi* | piovevate |
| *essi* | piovévano |

**passato remoto**

| | |
|---|---|
| *io* | piovvi |
| *tu* | piovesti |
| *egli* | piovve |
| *noi* | piovemmo |
| *voi* | pioveste |
| *essi* | piòvvero |

**futuro semplice**

| | |
|---|---|
| *io* | pioverò |
| *tu* | pioverai |
| *egli* | pioverà |
| *noi* | pioveremo |
| *voi* | pioverete |
| *essi* | pioveranno |

**passato prossimo**

| | | |
|---|---|---|
| *io* | sono | piovuto |
| *tu* | sei | piovuto |
| *egli* | è | piovuto |
| *noi* | siamo | piovuti |
| *voi* | siete | piovuti |
| *essi* | sono | piovuti |

**trapassato prossimo**

| | | |
|---|---|---|
| *io* | ero | piovuto |
| *tu* | eri | piovuto |
| *egli* | era | piovuto |
| *noi* | eravamo | piovuti |
| *voi* | eravate | piovuti |
| *essi* | èrano | piovuti |

**trapassato remoto**

| | | |
|---|---|---|
| *io* | fui | piovuto |
| *tu* | fosti | piovuto |
| *egli* | fu | piovuto |
| *noi* | fummo | piovuti |
| *voi* | foste | piovuti |
| *essi* | fùrono | piovuti |

**futuro anteriore**

| | | |
|---|---|---|
| *io* | sarò | piovuto |
| *tu* | sarai | piovuto |
| *egli* | sarà | piovuto |
| *noi* | saremo | piovuti |
| *voi* | sarete | piovuti |
| *essi* | saranno | piovuti |

## condizionale

**presente**

| | |
|---|---|
| *io* | pioverei |
| *tu* | pioveresti |
| *egli* | pioverebbe |
| *noi* | pioveremmo |
| *voi* | piovereste |
| *essi* | pioverèbbero |

**passato**

| | | |
|---|---|---|
| *io* | sarei | piovuto |
| *tu* | saresti | piovuto |
| *egli* | sarebbe | piovuto |
| *noi* | saremmo | piovuti |
| *voi* | sareste | piovuti |
| *essi* | sarèbbero | piovuti |

## imperativo

**presente**

| | |
|---|---|
| ... | |
| piovi | *tu* |
| piova | *egli* |
| pioviamo | *noi* |
| piovete | *voi* |
| piòvano | *essi* |

## congiuntivo

**presente**

| | |
|---|---|
| *io* | piova |
| *tu* | piova |
| *egli* | piova |
| *noi* | pioviamo |
| *voi* | pioviate |
| *essi* | piòvano |

**imperfetto**

| | |
|---|---|
| *io* | piovessi |
| *tu* | piovessi |
| *egli* | piovesse |
| *noi* | piovéssimo |
| *voi* | pioveste |
| *essi* | piovéssero |

**passato**

| | | |
|---|---|---|
| *io* | sia | piovuto |
| *tu* | sia | piovuto |
| *egli* | sia | piovuto |
| *noi* | siamo | piovuti |
| *voi* | siate | piovuti |
| *essi* | sìano | piovuti |

**trapassato**

| | | |
|---|---|---|
| *io* | fossi | piovuto |
| *tu* | fossi | piovuto |
| *egli* | fosse | piovuto |
| *noi* | fóssimo | piovuti |
| *voi* | foste | piovuti |
| *essi* | fóssero | piovuti |

## infinito

| presente | passato |
|---|---|
| piòvere | essere piovuto |

## participio

| presente | passato |
|---|---|
| piovente | piovuto |

## gerundio

| presente | passato |
|---|---|
| piovendo | essendo piovuto |

*Piovere* registra forme irregolari alla I e III persona singolare e alla III plurale del passato remoto.
È soprattutto utilizzato come verbo impersonale; ammette come ausiliare sia *essere* sia *avere*.

## indicativo

| presente | | passato prossimo | | |
|---|---|---|---|---|
| *io* | porgo | *io* | ho | porto |
| *tu* | porgi | *tu* | hai | porto |
| *egli* | porge | *egli* | ha | porto |
| *noi* | porgiamo | *noi* | abbiamo | porto |
| *voi* | porgete | *voi* | avete | porto |
| *essi* | pòrgono | *essi* | hanno | porto |

| imperfetto | | trapassato prossimo | | |
|---|---|---|---|---|
| *io* | porgevo | *io* | avevo | porto |
| *tu* | porgevi | *tu* | avevi | porto |
| *egli* | porgeva | *egli* | aveva | porto |
| *noi* | porgevamo | *noi* | avevamo | porto |
| *voi* | porgevate | *voi* | avevate | porto |
| *essi* | porgévano | *essi* | avévano | porto |

| passato remoto | | trapassato remoto | | |
|---|---|---|---|---|
| *io* | porsi | *io* | ebbi | porto |
| *tu* | porgesti | *tu* | avesti | porto |
| *egli* | porse | *egli* | ebbe | porto |
| *noi* | porgemmo | *noi* | avemmo | porto |
| *voi* | porgeste | *voi* | aveste | porto |
| *essi* | pòrsero | *essi* | èbbero | porto |

| futuro semplice | | futuro anteriore | | |
|---|---|---|---|---|
| *io* | porgerò | *io* | avrò | porto |
| *tu* | porgerai | *tu* | avrai | porto |
| *egli* | porgerà | *egli* | avrà | porto |
| *noi* | porgeremo | *noi* | avremo | porto |
| *voi* | porgerete | *voi* | avrete | porto |
| *essi* | porgeranno | *essi* | avranno | porto |

## condizionale

**presente**

| | |
|---|---|
| *io* | porgerei |
| *tu* | porgeresti |
| *egli* | porgerebbe |
| *noi* | porgeremmo |
| *voi* | porgereste |
| *essi* | porgerèbbero |

**passato**

| | | |
|---|---|---|
| *io* | avrei | porto |
| *tu* | avresti | porto |
| *egli* | avrebbe | porto |
| *noi* | avremmo | porto |
| *voi* | avreste | porto |
| *essi* | avrèbbero | porto |

## imperativo

**presente**

| | |
|---|---|
| ... | |
| porgi | *tu* |
| porga | *egli* |
| porgiamo | *noi* |
| porgete | *voi* |
| pòrgano | *essi* |

## congiuntivo

| presente | | passato | | |
|---|---|---|---|---|
| *io* | porga | *io* | àbbia | porto |
| *tu* | porga | *tu* | àbbia | porto |
| *egli* | porga | *egli* | àbbia | porto |
| *noi* | porgiamo | *noi* | abbiamo | porto |
| *voi* | porgiate | *voi* | abbiate | porto |
| *essi* | pòrgano | *essi* | àbbiano | porto |

| imperfetto | | trapassato | | |
|---|---|---|---|---|
| *io* | porgessi | *io* | avessi | porto |
| *tu* | porgessi | *tu* | avessi | porto |
| *egli* | porgesse | *egli* | avesse | porto |
| *noi* | porgéssimo | *noi* | avéssimo | porto |
| *voi* | porgeste | *voi* | aveste | porto |
| *essi* | porgéssero | *essi* | avéssero | porto |

## infinito

| presente | passato |
|---|---|
| pòrgere | avere porto |

## participio

| presente | passato |
|---|---|
| porgente | porto |

## gerundio

| presente | passato |
|---|---|
| porgendo | avendo porto |

*Porgere* e gli altri verbi in -orgere e in -urgere coniugati secondo questo modello modificano radice e desinenza al passato remoto (I e III persona singolare e III plurale: *-orsi -orse -orsero* / *-ursi -urse -ursero*) e al participio passato (*-orto* e *-urto*).

## indicativo

**presente**

| | |
|---|---|
| *io* | pongo |
| *tu* | poni |
| *egli* | pone |
| *noi* | poniamo |
| *voi* | ponete |
| *essi* | póngono |

**passato prossimo**

| | | |
|---|---|---|
| *io* | ho | posto |
| *tu* | hai | posto |
| *egli* | ha | posto |
| *noi* | abbiamo | posto |
| *voi* | avete | posto |
| *essi* | hanno | posto |

**imperfetto**

| | |
|---|---|
| *io* | ponevo |
| *tu* | ponevi |
| *egli* | poneva |
| *noi* | ponevamo |
| *voi* | ponevate |
| *essi* | ponévano |

**trapassato prossimo**

| | | |
|---|---|---|
| *io* | avevo | posto |
| *tu* | avevi | posto |
| *egli* | aveva | posto |
| *noi* | avevamo | posto |
| *voi* | avevate | posto |
| *essi* | avévano | posto |

**passato remoto**

| | |
|---|---|
| *io* | posi |
| *tu* | ponesti |
| *egli* | pose |
| *noi* | ponemmo |
| *voi* | poneste |
| *essi* | pósero |

**trapassato remoto**

| | | |
|---|---|---|
| *io* | ebbi | posto |
| *tu* | avesti | posto |
| *egli* | ebbe | posto |
| *noi* | avemmo | posto |
| *voi* | aveste | posto |
| *essi* | èbbero | posto |

**futuro semplice**

| | |
|---|---|
| *io* | porrò |
| *tu* | porrai |
| *egli* | porrà |
| *noi* | porremo |
| *voi* | porrete |
| *essi* | porranno |

**futuro anteriore**

| | | |
|---|---|---|
| *io* | avrò | posto |
| *tu* | avrai | posto |
| *egli* | avrà | posto |
| *noi* | avremo | posto |
| *voi* | avrete | posto |
| *essi* | avranno | posto |

## condizionale

**presente**

| | |
|---|---|
| *io* | porrei |
| *tu* | porresti |
| *egli* | porrebbe |
| *noi* | porremmo |
| *voi* | porreste |
| *essi* | porrèbbero |

**passato**

| | | |
|---|---|---|
| *io* | avrei | posto |
| *tu* | avresti | posto |
| *egli* | avrebbe | posto |
| *noi* | avremmo | posto |
| *voi* | avreste | posto |
| *essi* | avrèbbero | posto |

## imperativo

**presente**

| | |
|---|---|
| ... | |
| poni | *tu* |
| ponga | *egli* |
| poniamo | *noi* |
| ponete | *voi* |
| póngano | *essi* |

## congiuntivo

**presente**

| | |
|---|---|
| *io* | ponga |
| *tu* | ponga |
| *egli* | ponga |
| *noi* | poniamo |
| *voi* | poniate |
| *essi* | póngano |

**passato**

| | | |
|---|---|---|
| *io* | àbbia | posto |
| *tu* | àbbia | posto |
| *egli* | àbbia | posto |
| *noi* | abbiamo | posto |
| *voi* | abbiate | posto |
| *essi* | àbbiano | posto |

**imperfetto**

| | |
|---|---|
| *io* | ponessi |
| *tu* | ponessi |
| *egli* | ponesse |
| *noi* | ponéssimo |
| *voi* | poneste |
| *essi* | ponéssero |

**trapassato**

| | | |
|---|---|---|
| *io* | avessi | posto |
| *tu* | avessi | posto |
| *egli* | avesse | posto |
| *noi* | avéssimo | posto |
| *voi* | aveste | posto |
| *essi* | avéssero | posto |

## infinito

| **presente** | **passato** |
|---|---|
| porre | avere posto |

## participio

| **presente** | **passato** |
|---|---|
| ponente | posto |

## gerundio

| **presente** | **passato** |
|---|---|
| ponendo | avendo posto |

Il verbo *porre* forma gran parte delle forme dalla radice *pon-* del verbo latino *ponĕre* da cui deriva, mentre forma regolarmente il futuro semplice e il condizionale presente dalla radice derivata dall'infinito *porr-e*. Al passato remoto (I e III persona singolare e III plurale) e al participio passato modifica ulteriormente radice e desinenza. Sono inoltre irregolari alcune forme singolari del presente indicativo e congiuntivo e dell'imperativo (*pongo*, *ponga*, *póngano*).

## indicativo

| presente | | passato prossimo | | |
|---|---|---|---|---|
| *io* | posso | *io* | ho | potuto |
| *tu* | puoi | *tu* | hai | potuto |
| *egli* | può | *egli* | ha | potuto |
| *noi* | possiamo | *noi* | abbiamo | potuto |
| *voi* | potete | *voi* | avete | potuto |
| *essi* | pòssono | *essi* | hanno | potuto |

| imperfetto | | trapassato prossimo | | |
|---|---|---|---|---|
| *io* | potevo | *io* | avevo | potuto |
| *tu* | potevi | *tu* | avevi | potuto |
| *egli* | poteva | *egli* | aveva | potuto |
| *noi* | potevamo | *noi* | avevamo | potuto |
| *voi* | potevate | *voi* | avevate | potuto |
| *essi* | potévano | *essi* | avévano | potuto |

| passato remoto | | trapassato remoto | | |
|---|---|---|---|---|
| *io* | potei, potetti | *io* | ebbi | potuto |
| *tu* | potesti | *tu* | avesti | potuto |
| *egli* | poté, potette | *egli* | ebbe | potuto |
| *noi* | potemmo | *noi* | avemmo | potuto |
| *voi* | poteste | *voi* | aveste | potuto |
| *essi* | potérono, potéttero | *essi* | èbbero | potuto |

| futuro semplice | | futuro anteriore | | |
|---|---|---|---|---|
| *io* | potrò | *io* | avrò | potuto |
| *tu* | potrai | *tu* | avrai | potuto |
| *egli* | potrà | *egli* | avrà | potuto |
| *noi* | potremo | *noi* | avremo | potuto |
| *voi* | potrete | *voi* | avrete | potuto |
| *essi* | potranno | *essi* | avranno | potuto |

## condizionale

**presente**

| | |
|---|---|
| *io* | potrei |
| *tu* | potresti |
| *egli* | potrebbe |
| *noi* | potremmo |
| *voi* | potreste |
| *essi* | potrèbbero |

**passato**

| | | |
|---|---|---|
| *io* | avrei | potuto |
| *tu* | avresti | potuto |
| *egli* | avrebbe | potuto |
| *noi* | avremmo | potuto |
| *voi* | avreste | potuto |
| *essi* | avrèbbero | potuto |

## imperativo

**presente**

...

## congiuntivo

| presente | | passato | | |
|---|---|---|---|---|
| *io* | possa | *io* | àbbia | potuto |
| *tu* | possa | *tu* | àbbia | potuto |
| *egli* | possa | *egli* | àbbia | potuto |
| *noi* | possiamo | *noi* | abbiamo | potuto |
| *voi* | possiate | *voi* | abbiate | potuto |
| *essi* | pòssano | *essi* | àbbiano | potuto |

| imperfetto | | trapassato | | |
|---|---|---|---|---|
| *io* | potessi | *io* | avessi | potuto |
| *tu* | potessi | *tu* | avessi | potuto |
| *egli* | potesse | *egli* | avesse | potuto |
| *noi* | potéssimo | *noi* | avéssimo | potuto |
| *voi* | poteste | *voi* | aveste | potuto |
| *essi* | potéssero | *essi* | avéssero | potuto |

## infinito

| presente | passato |
|---|---|
| potere | avere potuto |

## participio

| presente | passato |
|---|---|
| potente | potuto |

## gerundio

| presente | passato |
|---|---|
| potendo | avendo potuto |

*Potere* presenta varie particolarità. Sono irregolari tutte le persone del presente indicativo, fatta eccezione per la II plurale. Molte forme sono la continuazione delle corrispondenti forme del latino *pŏsse* (I e III persona singolare e III plurale del presente indicativo; tutte le persone del congiuntivo presente). Registra la caduta della *e* della desinenza al futuro semplice e al condizionale presente.
È difettivo dell'imperativo. Come verbo indipendente prende l'ausiliare *avere*; come verbo servile prende l'ausiliare del verbo a cui si accompagna (*sono venuto – non sono potuto venire*), anche se questa norma è spesso contraddetta dall'uso corrente (*non ho potuto venire*).

## indicativo

**presente**

| | |
|---|---|
| *io* | prendo |
| *tu* | prendi |
| *egli* | prende |
| *noi* | prendiamo |
| *voi* | prendete |
| *essi* | prèndono |

**passato prossimo**

| | | |
|---|---|---|
| *io* | ho | preso |
| *tu* | hai | preso |
| *egli* | ha | preso |
| *noi* | abbiamo | preso |
| *voi* | avete | preso |
| *essi* | hanno | preso |

**imperfetto**

| | |
|---|---|
| *io* | prendevo |
| *tu* | prendevi |
| *egli* | prendeva |
| *noi* | prendevamo |
| *voi* | prendevate |
| *essi* | prendévano |

**trapassato prossimo**

| | | |
|---|---|---|
| *io* | avevo | preso |
| *tu* | avevi | preso |
| *egli* | aveva | preso |
| *noi* | avevamo | preso |
| *voi* | avevate | preso |
| *essi* | avévano | preso |

**passato remoto**

| | |
|---|---|
| *io* | presi |
| *tu* | prendesti |
| *egli* | prese |
| *noi* | prendemmo |
| *voi* | prendeste |
| *essi* | présero |

**trapassato remoto**

| | | |
|---|---|---|
| *io* | ebbi | preso |
| *tu* | avesti | preso |
| *egli* | ebbe | preso |
| *noi* | avemmo | preso |
| *voi* | aveste | preso |
| *essi* | èbbero | preso |

**futuro semplice**

| | |
|---|---|
| *io* | prenderò |
| *tu* | prenderai |
| *egli* | prenderà |
| *noi* | prenderemo |
| *voi* | prenderete |
| *essi* | prenderanno |

**futuro anteriore**

| | | |
|---|---|---|
| *io* | avrò | preso |
| *tu* | avrai | preso |
| *egli* | avrà | preso |
| *noi* | avremo | preso |
| *voi* | avrete | preso |
| *essi* | avranno | preso |

## congiuntivo

**presente**

| | |
|---|---|
| *io* | prenda |
| *tu* | prenda |
| *egli* | prenda |
| *noi* | prendiamo |
| *voi* | prendiate |
| *essi* | prèndano |

**passato**

| | | |
|---|---|---|
| *io* | àbbia | preso |
| *tu* | àbbia | preso |
| *egli* | àbbia | preso |
| *noi* | abbiamo | preso |
| *voi* | abbiate | preso |
| *essi* | àbbiano | preso |

**imperfetto**

| | |
|---|---|
| *io* | prendessi |
| *tu* | prendessi |
| *egli* | prendesse |
| *noi* | prendéssimo |
| *voi* | prendeste |
| *essi* | prendéssero |

**trapassato**

| | | |
|---|---|---|
| *io* | avessi | preso |
| *tu* | avessi | preso |
| *egli* | avesse | preso |
| *noi* | avéssimo | preso |
| *voi* | aveste | preso |
| *essi* | avéssero | preso |

## condizionale

**presente**

| | |
|---|---|
| *io* | prenderei |
| *tu* | prenderesti |
| *egli* | prenderebbe |
| *noi* | prenderemmo |
| *voi* | prendereste |
| *essi* | prenderèbbero |

**passato**

| | | |
|---|---|---|
| *io* | avrei | preso |
| *tu* | avresti | preso |
| *egli* | avrebbe | preso |
| *noi* | avremmo | preso |
| *voi* | avreste | preso |
| *essi* | avrèbbero | preso |

## imperativo

**presente**

| | |
|---|---|
| ... | |
| prendi | *tu* |
| prenda | *egli* |
| prendiamo | *noi* |
| prendete | *voi* |
| prèndano | *essi* |

## infinito

| **presente** | **passato** |
|---|---|
| prendere | avere preso |

## participio

| **presente** | **passato** |
|---|---|
| prendente | preso |

## gerundio

| **presente** | **passato** |
|---|---|
| prendendo | avendo preso |

*Prendere* e gli altri verbi in -endere che seguono questo modello (*accendere*, *accondiscendere*, *appendere* ecc.) modificano radice e desinenza al passato remoto (I e III persona singolare e III plurale) e al participio passato.

## indicativo

**presente**

| | |
|---|---|
| *io* | redigo |
| *tu* | redigi |
| *egli* | redige |
| *noi* | redigiamo |
| *voi* | redigete |
| *essi* | redìgono |

**passato prossimo**

| | | |
|---|---|---|
| *io* | ho | redatto |
| *tu* | hai | redatto |
| *egli* | ha | redatto |
| *noi* | abbiamo | redatto |
| *voi* | avete | redatto |
| *essi* | hanno | redatto |

**imperfetto**

| | |
|---|---|
| *io* | redigevo |
| *tu* | redigevi |
| *egli* | redigeva |
| *noi* | redigevamo |
| *voi* | redigevate |
| *essi* | redigévano |

**trapassato prossimo**

| | | |
|---|---|---|
| *io* | avevo | redatto |
| *tu* | avevi | redatto |
| *egli* | aveva | redatto |
| *noi* | avevamo | redatto |
| *voi* | avevate | redatto |
| *essi* | avévano | redatto |

**passato remoto**

| | |
|---|---|
| *io* | redassi |
| *tu* | redigesti |
| *egli* | redasse |
| *noi* | redigemmo |
| *voi* | redigeste |
| *essi* | redàssero |

**trapassato remoto**

| | | |
|---|---|---|
| *io* | ebbi | redatto |
| *tu* | avesti | redatto |
| *egli* | ebbe | redatto |
| *noi* | avemmo | redatto |
| *voi* | aveste | redatto |
| *essi* | èbbero | redatto |

**futuro semplice**

| | |
|---|---|
| *io* | redigerò |
| *tu* | redigerai |
| *egli* | redigerà |
| *noi* | redigeremo |
| *voi* | redigerete |
| *essi* | redigeranno |

**futuro anteriore**

| | | |
|---|---|---|
| *io* | avrò | redatto |
| *tu* | avrai | redatto |
| *egli* | avrà | redatto |
| *noi* | avremo | redatto |
| *voi* | avrete | redatto |
| *essi* | avranno | redatto |

## condizionale

**presente**

| | |
|---|---|
| *io* | redigerei |
| *tu* | redigeresti |
| *egli* | redigerebbe |
| *noi* | redigeremmo |
| *voi* | redigereste |
| *essi* | redigerèbbero |

**passato**

| | | |
|---|---|---|
| *io* | avrei | redatto |
| *tu* | avresti | redatto |
| *egli* | avrebbe | redatto |
| *noi* | avremmo | redatto |
| *voi* | avreste | redatto |
| *essi* | avrèbbero | redatto |

## imperativo

**presente**

| | |
|---|---|
| ... | |
| redigi | *tu* |
| rediga | *egli* |
| redigiamo | *noi* |
| redigete | *voi* |
| redìgano | *essi* |

## congiuntivo

**presente**

| | |
|---|---|
| *io* | rediga |
| *tu* | rediga |
| *egli* | rediga |
| *noi* | redigiamo |
| *voi* | redigiate |
| *essi* | redìgano |

**passato**

| | | |
|---|---|---|
| *io* | àbbia | redatto |
| *tu* | àbbia | redatto |
| *egli* | àbbia | redatto |
| *noi* | abbiamo | redatto |
| *voi* | abbiate | redatto |
| *essi* | àbbiano | redatto |

**imperfetto**

| | |
|---|---|
| *io* | redigessi |
| *tu* | redigessi |
| *egli* | redigesse |
| *noi* | redigéssimo |
| *voi* | redigeste |
| *essi* | redigéssero |

**trapassato**

| | | |
|---|---|---|
| *io* | avessi | redatto |
| *tu* | avessi | redatto |
| *egli* | avesse | redatto |
| *noi* | avéssimo | redatto |
| *voi* | aveste | redatto |
| *essi* | avéssero | redatto |

## infinito

| **presente** | **passato** |
|---|---|
| redìgere | avere redatto |

## participio

| **presente** | **passato** |
|---|---|
| redigente | redatto |

## gerundio

| **presente** | **passato** |
|---|---|
| redigendo | avendo redatto |

*Redigere* modifica radice e desinenza al passato remoto (I e III persona singolare e III plurale) e al participio passato. *Esigere* e *transigere* si coniugano allo stesso modo, ma hanno il passato remoto regolare (*io esigei / transigei*, *egli esigé / transigé*, *essi esigérono / transigérono*).

## indicativo

**presente**

| | |
|---|---|
| *io* | redimo |
| *tu* | redimi |
| *egli* | redime |
| *noi* | redimiamo |
| *voi* | redimete |
| *essi* | redìmono |

**imperfetto**

| | |
|---|---|
| *io* | redimevo |
| *tu* | redimevi |
| *egli* | redimeva |
| *noi* | redimevamo |
| *voi* | redimevate |
| *essi* | redimévano |

**passato remoto**

| | |
|---|---|
| *io* | redensi |
| *tu* | redimesti |
| *egli* | redense |
| *noi* | redimemmo |
| *voi* | redimeste |
| *essi* | redènsero |

**futuro semplice**

| | |
|---|---|
| *io* | redimerò |
| *tu* | redimerai |
| *egli* | redimerà |
| *noi* | redimeremo |
| *voi* | redimerete |
| *essi* | redimeranno |

**passato prossimo**

| | | |
|---|---|---|
| *io* | ho | redento |
| *tu* | hai | redento |
| *egli* | ha | redento |
| *noi* | abbiamo | redento |
| *voi* | avete | redento |
| *essi* | hanno | redento |

**trapassato prossimo**

| | | |
|---|---|---|
| *io* | avevo | redento |
| *tu* | avevi | redento |
| *egli* | aveva | redento |
| *noi* | avevamo | redento |
| *voi* | avevate | redento |
| *essi* | avévano | redento |

**trapassato remoto**

| | | |
|---|---|---|
| *io* | ebbi | redento |
| *tu* | avesti | redento |
| *egli* | ebbe | redento |
| *noi* | avemmo | redento |
| *voi* | aveste | redento |
| *essi* | èbbero | redento |

**futuro anteriore**

| | | |
|---|---|---|
| *io* | avrò | redento |
| *tu* | avrai | redento |
| *egli* | avrà | redento |
| *noi* | avremo | redento |
| *voi* | avrete | redento |
| *essi* | avranno | redento |

## condizionale

**presente**

| | |
|---|---|
| *io* | redimerei |
| *tu* | redimeresti |
| *egli* | redimerebbe |
| *noi* | redimeremmo |
| *voi* | redimereste |
| *essi* | redimerèbbero |

**passato**

| | | |
|---|---|---|
| *io* | avrei | redento |
| *tu* | avresti | redento |
| *egli* | avrebbe | redento |
| *noi* | avremmo | redento |
| *voi* | avreste | redento |
| *essi* | avrèbbero | redento |

## imperativo

**presente**

| | |
|---|---|
| ... | |
| redimi | *tu* |
| redima | *egli* |
| redimiamo | *noi* |
| redimete | *voi* |
| redìmano | *essi* |

## congiuntivo

**presente**

| | |
|---|---|
| *io* | redima |
| *tu* | redima |
| *egli* | redima |
| *noi* | redimiamo |
| *voi* | redimiate |
| *essi* | redìmano |

**imperfetto**

| | |
|---|---|
| *io* | redimessi |
| *tu* | redimessi |
| *egli* | redimesse |
| *noi* | rediméssimo |
| *voi* | redimeste |
| *essi* | rediméssero |

**passato**

| | | |
|---|---|---|
| *io* | àbbia | redento |
| *tu* | àbbia | redento |
| *egli* | àbbia | redento |
| *noi* | abbiamo | redento |
| *voi* | abbiate | redento |
| *essi* | àbbiano | redento |

**trapassato**

| | | |
|---|---|---|
| *io* | avessi | redento |
| *tu* | avessi | redento |
| *egli* | avesse | redento |
| *noi* | avéssimo | redento |
| *voi* | aveste | redento |
| *essi* | avéssero | redento |

## infinito

| **presente** | **passato** |
|---|---|
| redìmere | avere redento |

## participio

| **presente** | **passato** |
|---|---|
| redimente | redento |

## gerundio

| **presente** | **passato** |
|---|---|
| redimendo | avendo redento |

*Redimere* modifica radice e desinenza al passato remoto (I e III persona singolare e III plurale) e al participio passato.

## indicativo

**presente**

| | |
|---|---|
| *io* | rido |
| *tu* | ridi |
| *egli* | ride |
| *noi* | ridiamo |
| *voi* | ridete |
| *essi* | rìdono |

**passato prossimo**

| | | |
|---|---|---|
| *io* | ho | riso |
| *tu* | hai | riso |
| *egli* | ha | riso |
| *noi* | abbiamo | riso |
| *voi* | avete | riso |
| *essi* | hanno | riso |

**imperfetto**

| | |
|---|---|
| *io* | ridevo |
| *tu* | ridevi |
| *egli* | rideva |
| *noi* | ridevamo |
| *voi* | ridevate |
| *essi* | ridévano |

**trapassato prossimo**

| | | |
|---|---|---|
| *io* | avevo | riso |
| *tu* | avevi | riso |
| *egli* | aveva | riso |
| *noi* | avevamo | riso |
| *voi* | avevate | riso |
| *essi* | avévano | riso |

**passato remoto**

| | |
|---|---|
| *io* | risi |
| *tu* | ridesti |
| *egli* | rise |
| *noi* | ridemmo |
| *voi* | rideste |
| *essi* | rìsero |

**trapassato remoto**

| | | |
|---|---|---|
| *io* | ebbi | riso |
| *tu* | avesti | riso |
| *egli* | ebbe | riso |
| *noi* | avemmo | riso |
| *voi* | aveste | riso |
| *essi* | èbbero | riso |

**futuro semplice**

| | |
|---|---|
| *io* | riderò |
| *tu* | riderai |
| *egli* | riderà |
| *noi* | rideremo |
| *voi* | riderete |
| *essi* | rideranno |

**futuro anteriore**

| | | |
|---|---|---|
| *io* | avrò | riso |
| *tu* | avrai | riso |
| *egli* | avrà | riso |
| *noi* | avremo | riso |
| *voi* | avrete | riso |
| *essi* | avranno | riso |

## condizionale

**presente**

| | |
|---|---|
| *io* | riderei |
| *tu* | rideresti |
| *egli* | riderebbe |
| *noi* | rideremmo |
| *voi* | ridereste |
| *essi* | riderèbbero |

**passato**

| | | |
|---|---|---|
| *io* | avrei | riso |
| *tu* | avresti | riso |
| *egli* | avrebbe | riso |
| *noi* | avremmo | riso |
| *voi* | avreste | riso |
| *essi* | avrèbbero | riso |

## imperativo

**presente**

| | |
|---|---|
| ... | |
| ridi | *tu* |
| rida | *egli* |
| ridiamo | *noi* |
| ridete | *voi* |
| rìdano | *essi* |

## congiuntivo

**presente**

| | |
|---|---|
| *io* | rida |
| *tu* | rida |
| *egli* | rida |
| *noi* | ridiamo |
| *voi* | ridiate |
| *essi* | rìdano |

**passato**

| | | |
|---|---|---|
| *io* | àbbia | riso |
| *tu* | àbbia | riso |
| *egli* | àbbia | riso |
| *noi* | abbiamo | riso |
| *voi* | abbiate | riso |
| *essi* | àbbiano | riso |

**imperfetto**

| | |
|---|---|
| *io* | ridessi |
| *tu* | ridessi |
| *egli* | ridesse |
| *noi* | ridéssimo |
| *voi* | rideste |
| *essi* | ridéssero |

**trapassato**

| | | |
|---|---|---|
| *io* | avessi | riso |
| *tu* | avessi | riso |
| *egli* | avesse | riso |
| *noi* | avéssimo | riso |
| *voi* | aveste | riso |
| *essi* | avéssero | riso |

## infinito

| **presente** | **passato** |
|---|---|
| rìdere | avere riso |

## participio

| **presente** | **passato** |
|---|---|
| ridente | riso |

## gerundio

| **presente** | **passato** |
|---|---|
| ridendo | avendo riso |

*Ridere* e gli altri verbi in -idere che seguono questo modello (*coincidere*, *collidere*, *condividere* ecc.) modificano radice e desinenza al passato remoto (I e III persona singolare e III plurale) e al participio passato.

# rimanere

## indicativo

**presente**

| | |
|---|---|
| *io* | rimango |
| *tu* | rimani |
| *egli* | rimane |
| *noi* | rimaniamo |
| *voi* | rimanete |
| *essi* | rimàngono |

**imperfetto**

| | |
|---|---|
| *io* | rimanevo |
| *tu* | rimanevi |
| *egli* | rimaneva |
| *noi* | rimanevamo |
| *voi* | rimanevate |
| *essi* | rimanévano |

**passato remoto**

| | |
|---|---|
| *io* | rimasi |
| *tu* | rimanesti |
| *egli* | rimase |
| *noi* | rimanemmo |
| *voi* | rimaneste |
| *essi* | rimàsero |

**futuro semplice**

| | |
|---|---|
| *io* | rimarrò |
| *tu* | rimarrai |
| *egli* | rimarrà |
| *noi* | rimarremo |
| *voi* | rimarrete |
| *essi* | rimarranno |

**passato prossimo**

| | | |
|---|---|---|
| *io* | sono | rimasto |
| *tu* | sei | rimasto |
| *egli* | è | rimasto |
| *noi* | siamo | rimasti |
| *voi* | siete | rimasti |
| *essi* | sono | rimasti |

**trapassato prossimo**

| | | |
|---|---|---|
| *io* | ero | rimasto |
| *tu* | eri | rimasto |
| *egli* | era | rimasto |
| *noi* | eravamo | rimasti |
| *voi* | eravate | rimasti |
| *essi* | èrano | rimasti |

**trapassato remoto**

| | | |
|---|---|---|
| *io* | fui | rimasto |
| *tu* | fosti | rimasto |
| *egli* | fu | rimasto |
| *noi* | fummo | rimasti |
| *voi* | foste | rimasti |
| *essi* | fùrono | rimasti |

**futuro anteriore**

| | | |
|---|---|---|
| *io* | sarò | rimasto |
| *tu* | sarai | rimasto |
| *egli* | sarà | rimasto |
| *noi* | saremo | rimasti |
| *voi* | sarete | rimasti |
| *essi* | saranno | rimasti |

## condizionale

**presente**

| | |
|---|---|
| *io* | rimarrei |
| *tu* | rimarresti |
| *egli* | rimarrebbe |
| *noi* | rimarremmo |
| *voi* | rimarreste |
| *essi* | rimarrèbbero |

**passato**

| | | |
|---|---|---|
| *io* | sarei | rimasto |
| *tu* | saresti | rimasto |
| *egli* | sarebbe | rimasto |
| *noi* | saremmo | rimasti |
| *voi* | sareste | rimasti |
| *essi* | sarèbbero | rimasti |

## imperativo

**presente**

| | |
|---|---|
| ... | |
| rimani | *tu* |
| rimanga | *egli* |
| rimaniamo | *noi* |
| rimanete | *voi* |
| rimàngano | *essi* |

## congiuntivo

**presente**

| | |
|---|---|
| *io* | rimanga |
| *tu* | rimanga |
| *egli* | rimanga |
| *noi* | rimaniamo |
| *voi* | rimaniate |
| *essi* | rimàngano |

**imperfetto**

| | |
|---|---|
| *io* | rimanessi |
| *tu* | rimanessi |
| *egli* | rimanesse |
| *noi* | rimanéssimo |
| *voi* | rimaneste |
| *essi* | rimanéssero |

**passato**

| | | |
|---|---|---|
| *io* | sia | rimasto |
| *tu* | sia | rimasto |
| *egli* | sia | rimasto |
| *noi* | siamo | rimasti |
| *voi* | siate | rimasti |
| *essi* | sìano | rimasti |

**trapassato**

| | | |
|---|---|---|
| *io* | fossi | rimasto |
| *tu* | fossi | rimasto |
| *egli* | fosse | rimasto |
| *noi* | fóssimo | rimasti |
| *voi* | foste | rimasti |
| *essi* | fóssero | rimasti |

## infinito

| presente | passato |
|---|---|
| rimanere | essere rimasto |

## participio

| presente | passato |
|---|---|
| rimanente | rimasto |

## gerundio

| presente | passato |
|---|---|
| rimanendo | essendo rimasto |

*Rimanere* modifica radice e desinenza al passato remoto (I e III persona singolare e III plurale) e al participio passato. Alcune forme dell'indicativo e del congiuntivo presente e dell'imperativo inseriscono una g prima della desinenza (*io rimango*, *essi rimangono*, *egli rimanga* ecc.). Il futuro semplice e il condizionale presente registrano invece le forme contratte rimarr- (*io rimarrò* / *rimarrei* ecc.).
*Permanere* si coniuga come *rimanere*, ma al participio passato fa *permaso*.

## indicativo

| presente | | passato prossimo | | |
|---|---|---|---|---|
| *io* | rispondo | *io* | ho | risposto |
| *tu* | rispondi | *tu* | hai | risposto |
| *egli* | risponde | *egli* | ha | risposto |
| *noi* | rispondiamo | *noi* | abbiamo | risposto |
| *voi* | rispondete | *voi* | avete | risposto |
| *essi* | rispóndono | *essi* | hanno | risposto |

| imperfetto | | trapassato prossimo | | |
|---|---|---|---|---|
| *io* | rispondevo | *io* | avevo | risposto |
| *tu* | rispondevi | *tu* | avevi | risposto |
| *egli* | rispondeva | *egli* | aveva | risposto |
| *noi* | rispondevamo | *noi* | avevamo | risposto |
| *voi* | rispondevate | *voi* | avevate | risposto |
| *essi* | rispondévano | *essi* | avévano | risposto |

| passato remoto | | trapassato remoto | | |
|---|---|---|---|---|
| *io* | risposi | *io* | ebbi | risposto |
| *tu* | rispondesti | *tu* | avesti | risposto |
| *egli* | rispose | *egli* | ebbe | risposto |
| *noi* | rispondemmo | *noi* | avemmo | risposto |
| *voi* | rispondeste | *voi* | aveste | risposto |
| *essi* | rispósero | *essi* | èbbero | risposto |

| futuro semplice | | futuro anteriore | | |
|---|---|---|---|---|
| *io* | risponderò | *io* | avrò | risposto |
| *tu* | risponderai | *tu* | avrai | risposto |
| *egli* | risponderà | *egli* | avrà | risposto |
| *noi* | risponderemo | *noi* | avremo | risposto |
| *voi* | risponderete | *voi* | avrete | risposto |
| *essi* | risponderanno | *essi* | avranno | risposto |

## condizionale

**presente**

| | |
|---|---|
| *io* | risponderei |
| *tu* | risponderesti |
| *egli* | risponderebbe |
| *noi* | risponderemmo |
| *voi* | rispondereste |
| *essi* | risponderèbbero |

**passato**

| | | |
|---|---|---|
| *io* | avrei | risposto |
| *tu* | avresti | risposto |
| *egli* | avrebbe | risposto |
| *noi* | avremmo | risposto |
| *voi* | avreste | risposto |
| *essi* | avrèbbero | risposto |

## imperativo

**presente**

...

| | |
|---|---|
| rispondi | *tu* |
| risponda | *egli* |
| rispondiamo | *noi* |
| rispondete | *voi* |
| rispóndano | *essi* |

## congiuntivo

| presente | | passato | | |
|---|---|---|---|---|
| *io* | risponda | *io* | àbbia | risposto |
| *tu* | risponda | *tu* | àbbia | risposto |
| *egli* | risponda | *egli* | àbbia | risposto |
| *noi* | rispondiamo | *noi* | abbiamo | risposto |
| *voi* | rispondiate | *voi* | abbiate | risposto |
| *essi* | rispóndano | *essi* | àbbiano | risposto |

| imperfetto | | trapassato | | |
|---|---|---|---|---|
| *io* | rispondessi | *io* | avessi | risposto |
| *tu* | rispondessi | *tu* | avessi | risposto |
| *egli* | rispondesse | *egli* | avesse | risposto |
| *noi* | rispondéssimo | *noi* | avéssimo | risposto |
| *voi* | rispondeste | *voi* | aveste | risposto |
| *essi* | rispondéssero | *essi* | avéssero | risposto |

## infinito

| presente | passato |
|---|---|
| rispóndere | avere risposto |

## participio

| presente | passato |
|---|---|
| rispondente | risposto |

## gerundio

| presente | passato |
|---|---|
| rispondendo | avendo risposto |

*Rispondere*, *corrispondere* e *nascondere* modificano radice e desinenza al passato remoto (I e III persona singolare e III plurale) e al participio passato.

# rómpere

## indicativo

**presente**

| | |
|---|---|
| *io* | rompo |
| *tu* | rompi |
| *egli* | rompe |
| *noi* | rompiamo |
| *voi* | rompete |
| *essi* | r**ó**mpono |

**imperfetto**

| | |
|---|---|
| *io* | rompevo |
| *tu* | rompevi |
| *egli* | rompeva |
| *noi* | rompevamo |
| *voi* | rompevate |
| *essi* | romp**é**vano |

**passato remoto**

| | |
|---|---|
| *io* | ruppi |
| *tu* | rompesti |
| *egli* | ruppe |
| *noi* | rompemmo |
| *voi* | rompeste |
| *essi* | rùppero |

**futuro semplice**

| | |
|---|---|
| *io* | romperò |
| *tu* | romperai |
| *egli* | romperà |
| *noi* | romperemo |
| *voi* | romperete |
| *essi* | romperanno |

**passato prossimo**

| | | |
|---|---|---|
| *io* | ho | rotto |
| *tu* | hai | rotto |
| *egli* | ha | rotto |
| *noi* | abbiamo | rotto |
| *voi* | avete | rotto |
| *essi* | hanno | rotto |

**trapassato prossimo**

| | | |
|---|---|---|
| *io* | avevo | rotto |
| *tu* | avevi | rotto |
| *egli* | aveva | rotto |
| *noi* | avevamo | rotto |
| *voi* | avevate | rotto |
| *essi* | av**é**vano | rotto |

**trapassato remoto**

| | | |
|---|---|---|
| *io* | ebbi | rotto |
| *tu* | avesti | rotto |
| *egli* | ebbe | rotto |
| *noi* | avemmo | rotto |
| *voi* | aveste | rotto |
| *essi* | **è**bbero | rotto |

**futuro anteriore**

| | | |
|---|---|---|
| *io* | avrò | rotto |
| *tu* | avrai | rotto |
| *egli* | avrà | rotto |
| *noi* | avremo | rotto |
| *voi* | avrete | rotto |
| *essi* | avranno | rotto |

## condizionale

**presente**

| | |
|---|---|
| *io* | romperei |
| *tu* | romperesti |
| *egli* | romperebbe |
| *noi* | romperemmo |
| *voi* | rompereste |
| *essi* | romper**è**bbero |

**passato**

| | | |
|---|---|---|
| *io* | avrei | rotto |
| *tu* | avresti | rotto |
| *egli* | avrebbe | rotto |
| *noi* | avremmo | rotto |
| *voi* | avreste | rotto |
| *essi* | avr**è**bbero | rotto |

## imperativo

**presente**

| | |
|---|---|
| ... | |
| rompi | *tu* |
| rompa | *egli* |
| rompiamo | *noi* |
| rompete | *voi* |
| r**ó**mpano | *essi* |

## congiuntivo

**presente**

| | |
|---|---|
| *io* | rompa |
| *tu* | rompa |
| *egli* | rompa |
| *noi* | rompiamo |
| *voi* | rompiate |
| *essi* | r**ó**mpano |

**imperfetto**

| | |
|---|---|
| *io* | rompessi |
| *tu* | rompessi |
| *egli* | rompesse |
| *noi* | romp**é**ssimo |
| *voi* | rompeste |
| *essi* | romp**é**ssero |

**passato**

| | | |
|---|---|---|
| *io* | **à**bbia | rotto |
| *tu* | **à**bbia | rotto |
| *egli* | **à**bbia | rotto |
| *noi* | abbiamo | rotto |
| *voi* | abbiate | rotto |
| *essi* | **à**bbiano | rotto |

**trapassato**

| | | |
|---|---|---|
| *io* | avessi | rotto |
| *tu* | avessi | rotto |
| *egli* | avesse | rotto |
| *noi* | av**é**ssimo | rotto |
| *voi* | aveste | rotto |
| *essi* | av**é**ssero | rotto |

## infinito

| presente | passato |
|---|---|
| r**ó**mpere | avere rotto |

## participio

| presente | passato |
|---|---|
| rompente | rotto |

## gerundio

| presente | passato |
|---|---|
| rompendo | avendo rotto |

*Rompere* e i suoi composti modificano radice e desinenza al passato remoto (I e III persona singolare e III plurale) e al participio passato.

## indicativo

**presente**

| | |
|---|---|
| *io* | so |
| *tu* | sai |
| *egli* | sa |
| *noi* | sappiamo |
| *voi* | sapete |
| *essi* | sanno |

**passato prossimo**

| | | |
|---|---|---|
| *io* | ho | saputo |
| *tu* | hai | saputo |
| *egli* | ha | saputo |
| *noi* | abbiamo | saputo |
| *voi* | avete | saputo |
| *essi* | hanno | saputo |

**imperfetto**

| | |
|---|---|
| *io* | sapevo |
| *tu* | sapevi |
| *egli* | sapeva |
| *noi* | sapevamo |
| *voi* | sapevate |
| *essi* | sapévano |

**trapassato prossimo**

| | | |
|---|---|---|
| *io* | avevo | saputo |
| *tu* | avevi | saputo |
| *egli* | aveva | saputo |
| *noi* | avevamo | saputo |
| *voi* | avevate | saputo |
| *essi* | avévano | saputo |

**passato remoto**

| | |
|---|---|
| *io* | seppi |
| *tu* | sapesti |
| *egli* | seppe |
| *noi* | sapemmo |
| *voi* | sapeste |
| *essi* | sèppero |

**trapassato remoto**

| | | |
|---|---|---|
| *io* | ebbi | saputo |
| *tu* | avesti | saputo |
| *egli* | ebbe | saputo |
| *noi* | avemmo | saputo |
| *voi* | aveste | saputo |
| *essi* | èbbero | saputo |

**futuro semplice**

| | |
|---|---|
| *io* | saprò |
| *tu* | saprai |
| *egli* | saprà |
| *noi* | sapremo |
| *voi* | saprete |
| *essi* | sapranno |

**futuro anteriore**

| | | |
|---|---|---|
| *io* | avrò | saputo |
| *tu* | avrai | saputo |
| *egli* | avrà | saputo |
| *noi* | avremo | saputo |
| *voi* | avrete | saputo |
| *essi* | avranno | saputo |

## condizionale

**presente**

| | |
|---|---|
| *io* | saprei |
| *tu* | sapresti |
| *egli* | saprebbe |
| *noi* | sapremmo |
| *voi* | sapreste |
| *essi* | saprèbbero |

**passato**

| | | |
|---|---|---|
| *io* | avrei | saputo |
| *tu* | avresti | saputo |
| *egli* | avrebbe | saputo |
| *noi* | avremmo | saputo |
| *voi* | avreste | saputo |
| *essi* | avrèbbero | saputo |

## imperativo

**presente**

| | |
|---|---|
| ... | |
| sappi | *tu* |
| sappia | *egli* |
| sappiamo | *noi* |
| sapete | *voi* |
| sàppiano | *essi* |

## congiuntivo

**presente**

| | |
|---|---|
| *io* | sappia |
| *tu* | sappia |
| *egli* | sappia |
| *noi* | sappiamo |
| *voi* | sappiate |
| *essi* | sàppiano |

**passato**

| | | |
|---|---|---|
| *io* | àbbia | saputo |
| *tu* | àbbia | saputo |
| *egli* | àbbia | saputo |
| *noi* | abbiamo | saputo |
| *voi* | abbiate | saputo |
| *essi* | àbbiano | saputo |

**imperfetto**

| | |
|---|---|
| *io* | sapessi |
| *tu* | sapessi |
| *egli* | sapesse |
| *noi* | sapéssimo |
| *voi* | sapeste |
| *essi* | sapéssero |

**trapassato**

| | | |
|---|---|---|
| *io* | avessi | saputo |
| *tu* | avessi | saputo |
| *egli* | avesse | saputo |
| *noi* | avéssimo | saputo |
| *voi* | aveste | saputo |
| *essi* | avéssero | saputo |

## infinito

| **presente** | **passato** |
|---|---|
| sapere | avere saputo |

## participio

| **presente** | **passato** |
|---|---|
| ... | saputo |

## gerundio

| **presente** | **passato** |
|---|---|
| sapendo | avendo saputo |

*Sapere* presenta varie particolarità:
- sono irregolari tutte le forme del presente indicativo e dell'imperativo tranne la II persona plurale;
- modifica radice e desinenza al passato remoto (I e III persona singolare, III plurale);
- forma il futuro semplice e il condizionale presente dalla radice contratta sapr-;
- forma il congiuntivo presente dalla radice sapp-.

Manca del participio presente.

# scìndere

## indicativo

**presente**

| | |
|---|---|
| *io* | scindo |
| *tu* | scindi |
| *egli* | scinde |
| *noi* | scindiamo |
| *voi* | scindete |
| *essi* | scìndono |

**passato prossimo**

| | | |
|---|---|---|
| *io* | ho | scisso |
| *tu* | hai | scisso |
| *egli* | ha | scisso |
| *noi* | abbiamo | scisso |
| *voi* | avete | scisso |
| *essi* | hanno | scisso |

**imperfetto**

| | |
|---|---|
| *io* | scindevo |
| *tu* | scindevi |
| *egli* | scindeva |
| *noi* | scindevamo |
| *voi* | scindevate |
| *essi* | scindévano |

**trapassato prossimo**

| | | |
|---|---|---|
| *io* | avevo | scisso |
| *tu* | avevi | scisso |
| *egli* | aveva | scisso |
| *noi* | avevamo | scisso |
| *voi* | avevate | scisso |
| *essi* | avévano | scisso |

**passato remoto**

| | |
|---|---|
| *io* | scissi |
| *tu* | scindesti |
| *egli* | scisse |
| *noi* | scindemmo |
| *voi* | scindeste |
| *essi* | scìssero |

**trapassato remoto**

| | | |
|---|---|---|
| *io* | ebbi | scisso |
| *tu* | avesti | scisso |
| *egli* | ebbe | scisso |
| *noi* | avemmo | scisso |
| *voi* | aveste | scisso |
| *essi* | èbbero | scisso |

**futuro semplice**

| | |
|---|---|
| *io* | scinderò |
| *tu* | scinderai |
| *egli* | scinderà |
| *noi* | scinderemo |
| *voi* | scinderete |
| *essi* | scinderanno |

**futuro anteriore**

| | | |
|---|---|---|
| *io* | avrò | scisso |
| *tu* | avrai | scisso |
| *egli* | avrà | scisso |
| *noi* | avremo | scisso |
| *voi* | avrete | scisso |
| *essi* | avranno | scisso |

## condizionale

**presente**

| | |
|---|---|
| *io* | scinderei |
| *tu* | scinderesti |
| *egli* | scinderebbe |
| *noi* | scinderemmo |
| *voi* | scindereste |
| *essi* | scinderèbbero |

**passato**

| | | |
|---|---|---|
| *io* | avrei | scisso |
| *tu* | avresti | scisso |
| *egli* | avrebbe | scisso |
| *noi* | avremmo | scisso |
| *voi* | avreste | scisso |
| *essi* | avrèbbero | scisso |

## imperativo

**presente**

| | |
|---|---|
| ... | |
| scindi | *tu* |
| scinda | *egli* |
| scindiamo | *noi* |
| scindete | *voi* |
| scìndano | *essi* |

## congiuntivo

**presente**

| | |
|---|---|
| *io* | scinda |
| *tu* | scinda |
| *egli* | scinda |
| *noi* | scindiamo |
| *voi* | scindiate |
| *essi* | scìndano |

**passato**

| | | |
|---|---|---|
| *io* | àbbia | scisso |
| *tu* | àbbia | scisso |
| *egli* | àbbia | scisso |
| *noi* | abbiamo | scisso |
| *voi* | abbiate | scisso |
| *essi* | àbbiano | scisso |

**imperfetto**

| | |
|---|---|
| *io* | scindessi |
| *tu* | scindessi |
| *egli* | scindesse |
| *noi* | scindéssimo |
| *voi* | scindeste |
| *essi* | scindéssero |

**trapassato**

| | | |
|---|---|---|
| *io* | avessi | scisso |
| *tu* | avessi | scisso |
| *egli* | avesse | scisso |
| *noi* | avéssimo | scisso |
| *voi* | aveste | scisso |
| *essi* | avéssero | scisso |

## infinito

| **presente** | **passato** |
|---|---|
| scìndere | avere scisso |

## participio

| **presente** | **passato** |
|---|---|
| scindente | scisso |

## gerundio

| **presente** | **passato** |
|---|---|
| scindendo | avendo scisso |

*Scindere*, *prescindere* e *rescindere* si coniugano secondo questo modello, modificando radice e desinenza al passato remoto (I e III persona singolare e III plurale) e al participio passato. *Prescindere* adotta tuttavia al passato remoto le forme regolari *io prescindei, tu prescindesti* ecc.; il participio passato *prescisso* è piuttosto raro.

## indicativo

### presente
| | |
|---|---|
| *io* | sciolgo |
| *tu* | sciogli |
| *egli* | scioglie |
| *noi* | sciogliamo |
| *voi* | sciogliete |
| *essi* | sciòlgono |

### passato prossimo
| | | |
|---|---|---|
| *io* | ho | sciolto |
| *tu* | hai | sciolto |
| *egli* | ha | sciolto |
| *noi* | abbiamo | sciolto |
| *voi* | avete | sciolto |
| *essi* | hanno | sciolto |

### imperfetto
| | |
|---|---|
| *io* | scioglievo |
| *tu* | scioglievi |
| *egli* | scioglieva |
| *noi* | scioglievamo |
| *voi* | scioglievate |
| *essi* | scioglievano |

### trapassato prossimo
| | | |
|---|---|---|
| *io* | avevo | sciolto |
| *tu* | avevi | sciolto |
| *egli* | aveva | sciolto |
| *noi* | avevamo | sciolto |
| *voi* | avevate | sciolto |
| *essi* | avévano | sciolto |

### passato remoto
| | |
|---|---|
| *io* | sciolsi |
| *tu* | sciogliesti |
| *egli* | sciolse |
| *noi* | sciogliemmo |
| *voi* | scioglieste |
| *essi* | sciòlsero |

### trapassato remoto
| | | |
|---|---|---|
| *io* | ebbi | sciolto |
| *tu* | avesti | sciolto |
| *egli* | ebbe | sciolto |
| *noi* | avemmo | sciolto |
| *voi* | aveste | sciolto |
| *essi* | èbbero | sciolto |

### futuro semplice
| | |
|---|---|
| *io* | scioglierò |
| *tu* | scioglierai |
| *egli* | scioglierà |
| *noi* | scioglieremo |
| *voi* | scioglierete |
| *essi* | scioglieranno |

### futuro anteriore
| | | |
|---|---|---|
| *io* | avrò | sciolto |
| *tu* | avrai | sciolto |
| *egli* | avrà | sciolto |
| *noi* | avremo | sciolto |
| *voi* | avrete | sciolto |
| *essi* | avranno | sciolto |

## condizionale

### presente
| | |
|---|---|
| *io* | scioglierei |
| *tu* | scioglieresti |
| *egli* | scioglierebbe |
| *noi* | scioglieremmo |
| *voi* | sciogliereste |
| *essi* | scioglierèbbero |

### passato
| | | |
|---|---|---|
| *io* | avrei | sciolto |
| *tu* | avresti | sciolto |
| *egli* | avrebbe | sciolto |
| *noi* | avremmo | sciolto |
| *voi* | avreste | sciolto |
| *essi* | avrèbbero | sciolto |

## imperativo

### presente
| | |
|---|---|
| ... | |
| sciogli | *tu* |
| sciolga | *egli* |
| sciogliamo | *noi* |
| sciogliete | *voi* |
| sciòlgano | *essi* |

## congiuntivo

### presente
| | |
|---|---|
| *io* | sciolga |
| *tu* | sciolga |
| *egli* | sciolga |
| *noi* | sciogliamo |
| *voi* | sciogliate |
| *essi* | sciòlgano |

### passato
| | | |
|---|---|---|
| *io* | àbbia | sciolto |
| *tu* | àbbia | sciolto |
| *egli* | àbbia | sciolto |
| *noi* | abbiamo | sciolto |
| *voi* | abbiate | sciolto |
| *essi* | àbbiano | sciolto |

### imperfetto
| | |
|---|---|
| *io* | sciogliessi |
| *tu* | sciogliessi |
| *egli* | sciogliesse |
| *noi* | sciogliéssimo |
| *voi* | scioglieste |
| *essi* | sciogliéssero |

### trapassato
| | | |
|---|---|---|
| *io* | avessi | sciolto |
| *tu* | avessi | sciolto |
| *egli* | avesse | sciolto |
| *noi* | avéssimo | sciolto |
| *voi* | aveste | sciolto |
| *essi* | avéssero | sciolto |

## infinito

| presente | passato |
|---|---|
| sciògliere | avere sciolto |

## participio

| presente | passato |
|---|---|
| sciogliente | sciolto |

## gerundio

| presente | passato |
|---|---|
| sciogliendo | avendo sciolto |

*Sciogliere, scegliere* e gli altri verbi in -ogliere (*cogliere* e composti, *togliere* e composti ecc.) e in -egliere (composti di *scegliere*) che seguono questo modello modificano radice e desinenza al passato remoto (I e III persona singolare e III plurale) e al participio passato. All'indicativo e congiuntivo presente e all'imperativo presentano l'alternanza del digramma gl (digramma: insieme di due segni che indicano un suono, come *gl* in *figli*) e del gruppo lg.

## indicativo

**presente**

| | |
|---|---|
| *io* | scrivo |
| *tu* | scrivi |
| *egli* | scrive |
| *noi* | scriviamo |
| *voi* | scrivete |
| *essi* | scr**ì**vono |

**passato prossimo**

| | | |
|---|---|---|
| *io* | ho | scritto |
| *tu* | hai | scritto |
| *egli* | ha | scritto |
| *noi* | abbiamo | scritto |
| *voi* | avete | scritto |
| *essi* | hanno | scritto |

**imperfetto**

| | |
|---|---|
| *io* | scrivevo |
| *tu* | scrivevi |
| *egli* | scriveva |
| *noi* | scrivevamo |
| *voi* | scrivevate |
| *essi* | scriv**é**vano |

**trapassato prossimo**

| | | |
|---|---|---|
| *io* | avevo | scritto |
| *tu* | avevi | scritto |
| *egli* | aveva | scritto |
| *noi* | avevamo | scritto |
| *voi* | avevate | scritto |
| *essi* | av**é**vano | scritto |

**passato remoto**

| | |
|---|---|
| *io* | scrissi |
| *tu* | scrivesti |
| *egli* | scrisse |
| *noi* | scrivemmo |
| *voi* | scriveste |
| *essi* | scrìssero |

**trapassato remoto**

| | | |
|---|---|---|
| *io* | ebbi | scritto |
| *tu* | avesti | scritto |
| *egli* | ebbe | scritto |
| *noi* | avemmo | scritto |
| *voi* | aveste | scritto |
| *essi* | **è**bbero | scritto |

**futuro semplice**

| | |
|---|---|
| *io* | scriverò |
| *tu* | scriverai |
| *egli* | scriverà |
| *noi* | scriveremo |
| *voi* | scriverete |
| *essi* | scriveranno |

**futuro anteriore**

| | | |
|---|---|---|
| *io* | avrò | scritto |
| *tu* | avrai | scritto |
| *egli* | avrà | scritto |
| *noi* | avremo | scritto |
| *voi* | avrete | scritto |
| *essi* | avranno | scritto |

## congiuntivo

**presente**

| | |
|---|---|
| *io* | scriva |
| *tu* | scriva |
| *egli* | scriva |
| *noi* | scriviamo |
| *voi* | scriviate |
| *essi* | scr**ì**vano |

**passato**

| | | |
|---|---|---|
| *io* | **à**bbia | scritto |
| *tu* | **à**bbia | scritto |
| *egli* | **à**bbia | scritto |
| *noi* | abbiamo | scritto |
| *voi* | abbiate | scritto |
| *essi* | **à**bbiano | scritto |

**imperfetto**

| | |
|---|---|
| *io* | scrivessi |
| *tu* | scrivessi |
| *egli* | scrivesse |
| *noi* | scriv**é**ssimo |
| *voi* | scriveste |
| *essi* | scriv**é**ssero |

**trapassato**

| | | |
|---|---|---|
| *io* | avessi | scritto |
| *tu* | avessi | scritto |
| *egli* | avesse | scritto |
| *noi* | av**é**ssimo | scritto |
| *voi* | aveste | scritto |
| *essi* | av**é**ssero | scritto |

## condizionale

**presente**

| | |
|---|---|
| *io* | scriverei |
| *tu* | scriveresti |
| *egli* | scriverebbe |
| *noi* | scriveremmo |
| *voi* | scrivereste |
| *essi* | scriver**è**bbero |

**passato**

| | | |
|---|---|---|
| *io* | avrei | scritto |
| *tu* | avresti | scritto |
| *egli* | avrebbe | scritto |
| *noi* | avremmo | scritto |
| *voi* | avreste | scritto |
| *essi* | avr**è**bbero | scritto |

## imperativo

**presente**

| | |
|---|---|
| ... | |
| scrivi | *tu* |
| scriva | *egli* |
| scriviamo | *noi* |
| scrivete | *voi* |
| scr**ì**vano | *essi* |

## infinito

| **presente** | **passato** |
|---|---|
| scr**ì**vere | avere scritto |

## participio

| **presente** | **passato** |
|---|---|
| scrivente | scritto |

## gerundio

| **presente** | **passato** |
|---|---|
| scrivendo | avendo scritto |

*Scrivere* e i suoi composti modificano radice e desinenza al passato remoto (I e III persona singolare e III plurale) e al participio passato.

## indicativo

### presente

| | |
|---|---|
| *io* | scuoto |
| *tu* | scuoti |
| *egli* | scuote |
| *noi* | scuotiamo |
| *voi* | scuotete |
| *essi* | scu**ò**tono |

### passato prossimo

| | | |
|---|---|---|
| *io* | ho | scosso |
| *tu* | hai | scosso |
| *egli* | ha | scosso |
| *noi* | abbiamo | scosso |
| *voi* | avete | scosso |
| *essi* | hanno | scosso |

### imperfetto

| | |
|---|---|
| *io* | scuotevo |
| *tu* | scuotevi |
| *egli* | scuoteva |
| *noi* | scuotevamo |
| *voi* | scuotevate |
| *essi* | scuot**é**vano |

### trapassato prossimo

| | | |
|---|---|---|
| *io* | avevo | scosso |
| *tu* | avevi | scosso |
| *egli* | aveva | scosso |
| *noi* | avevamo | scosso |
| *voi* | avevate | scosso |
| *essi* | av**é**vano | scosso |

### passato remoto

| | |
|---|---|
| *io* | scossi |
| *tu* | scuotesti |
| *egli* | scosse |
| *noi* | scuotemmo |
| *voi* | scuoteste |
| *essi* | scòssero |

### trapassato remoto

| | | |
|---|---|---|
| *io* | ebbi | scosso |
| *tu* | avesti | scosso |
| *egli* | ebbe | scosso |
| *noi* | avemmo | scosso |
| *voi* | aveste | scosso |
| *essi* | **è**bbero | scosso |

### futuro semplice

| | |
|---|---|
| *io* | scuoterò |
| *tu* | scuoterai |
| *egli* | scuoterà |
| *noi* | scuoteremo |
| *voi* | scuoterete |
| *essi* | scuoteranno |

### futuro anteriore

| | | |
|---|---|---|
| *io* | avrò | scosso |
| *tu* | avrai | scosso |
| *egli* | avrà | scosso |
| *noi* | avremo | scosso |
| *voi* | avrete | scosso |
| *essi* | avranno | scosso |

## condizionale

### presente

| | |
|---|---|
| *io* | scuoterei |
| *tu* | scuoteresti |
| *egli* | scuoterebbe |
| *noi* | scuoteremmo |
| *voi* | scuotereste |
| *essi* | scuoter**è**bbero |

### passato

| | | |
|---|---|---|
| *io* | avrei | scosso |
| *tu* | avresti | scosso |
| *egli* | avrebbe | scosso |
| *noi* | avremmo | scosso |
| *voi* | avreste | scosso |
| *essi* | avr**è**bbero | scosso |

## imperativo

### presente

| | |
|---|---|
| ... | |
| scuoti | *tu* |
| scuota | *egli* |
| scuotiamo | *noi* |
| scuotete | *voi* |
| scu**ò**tano | *essi* |

## congiuntivo

### presente

| | |
|---|---|
| *io* | scuota |
| *tu* | scuota |
| *egli* | scuota |
| *noi* | scuotiamo |
| *voi* | scuotiate |
| *essi* | scu**ò**tano |

### passato

| | | |
|---|---|---|
| *io* | **à**bbia | scosso |
| *tu* | **à**bbia | scosso |
| *egli* | **à**bbia | scosso |
| *noi* | abbiamo | scosso |
| *voi* | abbiate | scosso |
| *essi* | **à**bbiano | scosso |

### imperfetto

| | |
|---|---|
| *io* | scuotessi |
| *tu* | scuotessi |
| *egli* | scuotesse |
| *noi* | scuot**é**ssimo |
| *voi* | scuoteste |
| *essi* | scuot**é**ssero |

### trapassato

| | | |
|---|---|---|
| *io* | avessi | scosso |
| *tu* | avessi | scosso |
| *egli* | avesse | scosso |
| *noi* | av**é**ssimo | scosso |
| *voi* | aveste | scosso |
| *essi* | av**é**ssero | scosso |

## infinito

| presente | passato |
|---|---|
| scu**ò**tere | avere scosso |

## participio

| presente | passato |
|---|---|
| scuotente | scosso |

## gerundio

| presente | passato |
|---|---|
| scuotendo | avendo scosso |

Originariamente il verbo *scuotere* presentava l'alternanza tra forme dittongate (uo in posizione tonica: *io scuòto*) e non dittongate (o in posizione atona, seguita da t: *noi scotiàmo*). Nella lingua contemporanea si preferiscono tuttavia le forme dittongate (*noi scuotiamo, voi scuotete, io scuotevo* ecc.) anche in posizione atona. *Scuotere* modifica radice e desinenza al passato remoto (I e III persona singolare e III plurale) e al participio passato.

## indicativo

**presente**

| | |
|---|---|
| *io* | siedo, seggo |
| *tu* | siedi |
| *egli* | siede |
| *noi* | sediamo |
| *voi* | sedete |
| *essi* | siedono, sèggono |

**passato prossimo**

| | | |
|---|---|---|
| *io* | sono | seduto |
| *tu* | sei | seduto |
| *egli* | è | seduto |
| *noi* | siamo | seduti |
| *voi* | siete | seduti |
| *essi* | sono | seduti |

**imperfetto**

| | |
|---|---|
| *io* | sedevo |
| *tu* | sedevi |
| *egli* | sedeva |
| *noi* | sedevamo |
| *voi* | sedevate |
| *essi* | sedévano |

**trapassato prossimo**

| | | |
|---|---|---|
| *io* | ero | seduto |
| *tu* | eri | seduto |
| *egli* | era | seduto |
| *noi* | eravamo | seduti |
| *voi* | eravate | seduti |
| *essi* | èrano | seduti |

**passato remoto**

| | |
|---|---|
| *io* | sedei, sedetti |
| *tu* | sedesti |
| *egli* | sedé, sedette |
| *noi* | sedemmo |
| *voi* | sedeste |
| *essi* | sedérono, sedéttero |

**trapassato remoto**

| | | |
|---|---|---|
| *io* | fui | seduto |
| *tu* | fosti | seduto |
| *egli* | fu | seduto |
| *noi* | fummo | seduti |
| *voi* | foste | seduti |
| *essi* | fùrono | seduti |

**futuro semplice**

| | |
|---|---|
| *io* | sederò, siederò |
| *tu* | sederai, siederai |
| *egli* | sederà, siederà |
| *noi* | sederemo, siederemo |
| *voi* | sederete, siederete |
| *essi* | sederanno, siederanno |

**futuro anteriore**

| | | |
|---|---|---|
| *io* | sarò | seduto |
| *tu* | sarai | seduto |
| *egli* | sarà | seduto |
| *noi* | saremo | seduti |
| *voi* | sarete | seduti |
| *essi* | saranno | seduti |

## condizionale

**presente**

| | |
|---|---|
| *io* | sederei, siederei |
| *tu* | sederesti, siederesti |
| *egli* | sederebbe, siederebbe |
| *noi* | sederemmo, siederemmo |
| *voi* | sedereste, siedereste |
| *essi* | sederèbbero, siederèbbero |

**passato**

| | | |
|---|---|---|
| *io* | sarei | seduto |
| *tu* | saresti | seduto |
| *egli* | sarebbe | seduto |
| *noi* | saremmo | seduti |
| *voi* | sareste | seduti |
| *essi* | sarèbbero | seduti |

## imperativo

**presente**

| | |
|---|---|
| ... | |
| siedi | *tu* |
| sieda, segga | *egli* |
| sediamo | *noi* |
| sedete | *voi* |
| sièdano, sèggano | *essi* |

## congiuntivo

**presente**

| | |
|---|---|
| *io* | sieda, segga |
| *tu* | sieda, segga |
| *egli* | sieda, segga |
| *noi* | sediamo |
| *voi* | sediate |
| *essi* | siédano, sèggano |

**passato**

| | | |
|---|---|---|
| *io* | sia | seduto |
| *tu* | sia | seduto |
| *egli* | sia | seduto |
| *noi* | siamo | seduti |
| *voi* | siate | seduti |
| *essi* | sìano | seduti |

**imperfetto**

| | |
|---|---|
| *io* | sedessi |
| *tu* | sedessi |
| *egli* | sedesse |
| *noi* | sedéssimo |
| *voi* | sedeste |
| *essi* | sedéssero |

**trapassato**

| | | |
|---|---|---|
| *io* | fossi | seduto |
| *tu* | fossi | seduto |
| *egli* | fosse | seduto |
| *noi* | fóssimo | seduti |
| *voi* | foste | seduti |
| *essi* | fóssero | seduti |

## infinito

| presente | passato |
|---|---|
| sedere | essere seduto |

## participio

| presente | passato |
|---|---|
| sedente | seduto |

## gerundio

| presente | passato |
|---|---|
| sedendo | essendo seduto |

Il verbo *sedere* dittonga la e della radice quando è in posizione tonica (*io sièdo* ma *noi sediàmo*). Il futuro semplice e il condizionale presente ammettono anche le forme dittongate in posizione atona (*io siederò*, *io siederèi*). Al presente indicativo e congiuntivo e all'imperativo esistono anche le forme letterarie *seggo*, *seggono*, *segga*, *seggano*.

*Possedere*, *risedere* e *soprassedere* si coniugano secondo questo modello, ma al futuro e al condizionale ammettono solo le forme dittongate (*io possiederò / risiederò / soprassiederò* ecc.; *io possiederei / risiederei / soprassiederei*).

## indicativo

**presente**
*io* spargo
*tu* spargi
*egli* sparge
*noi* spargiamo
*voi* spargete
*essi* spàrgono

**imperfetto**
*io* spargevo
*tu* spargevi
*egli* spargeva
*noi* spargevamo
*voi* spargevate
*essi* spargévano

**passato remoto**
*io* sparsi
*tu* spargesti
*egli* sparse
*noi* spargemmo
*voi* spargeste
*essi* spàrsero

**futuro semplice**
*io* spargerò
*tu* spargerai
*egli* spargerà
*noi* spargeremo
*voi* spargerete
*essi* spargeranno

**passato prossimo**
*io* ho sparso
*tu* hai sparso
*egli* ha sparso
*noi* abbiamo sparso
*voi* avete sparso
*essi* hanno sparso

**trapassato prossimo**
*io* avevo sparso
*tu* avevi sparso
*egli* aveva sparso
*noi* avevamo sparso
*voi* avevate sparso
*essi* avévano sparso

**trapassato remoto**
*io* ebbi sparso
*tu* avesti sparso
*egli* ebbe sparso
*noi* avemmo sparso
*voi* aveste sparso
*essi* èbbero sparso

**futuro anteriore**
*io* avrò sparso
*tu* avrai sparso
*egli* avrà sparso
*noi* avremo sparso
*voi* avrete sparso
*essi* avranno sparso

## condizionale

**presente**
*io* spargerei
*tu* spargeresti
*egli* spargerebbe
*noi* spargeremmo
*voi* spargereste
*essi* spargerèbbero

**passato**
*io* avrei sparso
*tu* avresti sparso
*egli* avrebbe sparso
*noi* avremmo sparso
*voi* avreste sparso
*essi* avrèbbero sparso

## imperativo

**presente**
...
spargi *tu*
sparga *egli*
spargiamo *noi*
spargete *voi*
spàrgano *essi*

## congiuntivo

**presente**
*io* sparga
*tu* sparga
*egli* sparga
*noi* spargiamo
*voi* spargiate
*essi* spàrgano

**imperfetto**
*io* spargessi
*tu* spargessi
*egli* spargesse
*noi* spargéssimo
*voi* spargeste
*essi* spargéssero

**passato**
*io* àbbia sparso
*tu* àbbia sparso
*egli* àbbia sparso
*noi* abbiamo sparso
*voi* abbiate sparso
*essi* àbbiano sparso

**trapassato**
*io* avessi sparso
*tu* avessi sparso
*egli* avesse sparso
*noi* avéssimo sparso
*voi* aveste sparso
*essi* avéssero sparso

## infinito

| **presente** | **passato** |
|---|---|
| spàrgere | avere sparso |

## participio

| **presente** | **passato** |
|---|---|
| spargente | sparso |

## gerundio

| **presente** | **passato** |
|---|---|
| spargendo | avendo sparso |

*Spargere* e i suoi composti (*cospargere* e *ricospargere*) modificano radice e desinenza al passato remoto (I e III persona singolare e III plurale) e al participio passato.

# spègnere o spégnere

## indicativo

| **presente** | | **passato prossimo** | | |
|---|---|---|---|---|
| *io* | spengo | *io* | ho | spento |
| *tu* | spegni | *tu* | hai | spento |
| *egli* | spegne | *egli* | ha | spento |
| *noi* | spegniamo | *noi* | abbiamo | spento |
| *voi* | spegnete | *voi* | avete | spento |
| *essi* | spèngono / spéngono | *essi* | hanno | spento |
| **imperfetto** | | **trapassato prossimo** | | |
| *io* | spegnevo | *io* | avevo | spento |
| *tu* | spegnevi | *tu* | avevi | spento |
| *egli* | spegneva | *egli* | aveva | spento |
| *noi* | spegnevamo | *noi* | avevamo | spento |
| *voi* | spegnevate | *voi* | avevate | spento |
| *essi* | spegnévano | *essi* | avévano | spento |
| **passato remoto** | | **trapassato remoto** | | |
| *io* | spensi | *io* | ebbi | spento |
| *tu* | spegnesti | *tu* | avesti | spento |
| *egli* | spense | *egli* | ebbe | spento |
| *noi* | spegnemmo | *noi* | avemmo | spento |
| *voi* | spegneste | *voi* | aveste | spento |
| *essi* | spènsero / spénsero | *essi* | èbbero | spento |
| **futuro semplice** | | **futuro anteriore** | | |
| *io* | spegnerò | *io* | avrò | spento |
| *tu* | spegnerai | *tu* | avrai | spento |
| *egli* | spegnerà | *egli* | avrà | spento |
| *noi* | spegneremo | *noi* | avremo | spento |
| *voi* | spegnerete | *voi* | avrete | spento |
| *essi* | spegneranno | *essi* | avranno | spento |

## condizionale

| **presente** | | **passato** | | |
|---|---|---|---|---|
| *io* | spegnerei | *io* | avrei | spento |
| *tu* | spegneresti | *tu* | avresti | spento |
| *egli* | spegnerebbe | *egli* | avrebbe | spento |
| *noi* | spegneremmo | *noi* | avremmo | spento |
| *voi* | spegnereste | *voi* | avreste | spento |
| *essi* | spegnerèbbero | *essi* | avrèbbero | spento |

## imperativo

**presente**

| | |
|---|---|
| ... | |
| spegni | *tu* |
| spenga | *egli* |
| spegniamo | *noi* |
| spegnete | *voi* |
| spèngano / spéngano | *essi* |

## congiuntivo

| **presente** | | **passato** | | |
|---|---|---|---|---|
| *io* | spenga | *io* | àbbia | spento |
| *tu* | spenga | *tu* | àbbia | spento |
| *egli* | spenga | *egli* | àbbia | spento |
| *noi* | spegniamo | *noi* | abbiamo | spento |
| *voi* | spegniate | *voi* | abbiate | spento |
| *essi* | spèngano / spéngano | *essi* | àbbiano | spento |
| **imperfetto** | | **trapassato** | | |
| *io* | spegnessi | *io* | avessi | spento |
| *tu* | spegnessi | *tu* | avessi | spento |
| *egli* | spegnesse | *egli* | avesse | spento |
| *noi* | spegnéssimo | *noi* | avéssimo | spento |
| *voi* | spegneste | *voi* | aveste | spento |
| *essi* | spegnéssero | *essi* | avéssero | spento |

## infinito

| **presente** | **passato** |
|---|---|
| spègnere / spégnere | avere spento |

## participio

| **presente** | **passato** |
|---|---|
| spegnente | spento |

## gerundio

| **presente** | **passato** |
|---|---|
| spegnendo | avendo spento |

*Spegnere* modifica radice e desinenza al passato remoto (I e III persona singolare e III plurale) e al participio passato.
Al presente indicativo e congiuntivo e all'imperativo presenta un'alternanza fra le forme con digramma gn (digramma: due segni che indicano un unico suono, come *gn* in *gnomo*) e quelle col gruppo consonantico ng. Come *spegnere* si coniuga la variante toscana *spèngere* o *spéngere*.

## indicativo

**presente**

| | |
|---|---|
| *io* | spingo |
| *tu* | spingi |
| *egli* | spinge |
| *noi* | spingiamo |
| *voi* | spingete |
| *essi* | spìngono |

**passato prossimo**

| | | |
|---|---|---|
| *io* | ho | spinto |
| *tu* | hai | spinto |
| *egli* | ha | spinto |
| *noi* | abbiamo | spinto |
| *voi* | avete | spinto |
| *essi* | hanno | spinto |

**imperfetto**

| | |
|---|---|
| *io* | spingevo |
| *tu* | spingevi |
| *egli* | spingeva |
| *noi* | spingevamo |
| *voi* | spingevate |
| *essi* | spingévano |

**trapassato prossimo**

| | | |
|---|---|---|
| *io* | avevo | spinto |
| *tu* | avevi | spinto |
| *egli* | aveva | spinto |
| *noi* | avevamo | spinto |
| *voi* | avevate | spinto |
| *essi* | avévano | spinto |

**passato remoto**

| | |
|---|---|
| *io* | spinsi |
| *tu* | spingesti |
| *egli* | spinse |
| *noi* | spingemmo |
| *voi* | spingeste |
| *essi* | spìnsero |

**trapassato remoto**

| | | |
|---|---|---|
| *io* | ebbi | spinto |
| *tu* | avesti | spinto |
| *egli* | ebbe | spinto |
| *noi* | avemmo | spinto |
| *voi* | aveste | spinto |
| *essi* | èbbero | spinto |

**futuro semplice**

| | |
|---|---|
| *io* | spingerò |
| *tu* | spingerai |
| *egli* | spingerà |
| *noi* | spingeremo |
| *voi* | spingerete |
| *essi* | spingeranno |

**futuro anteriore**

| | | |
|---|---|---|
| *io* | avrò | spinto |
| *tu* | avrai | spinto |
| *egli* | avrà | spinto |
| *noi* | avremo | spinto |
| *voi* | avrete | spinto |
| *essi* | avranno | spinto |

## condizionale

**presente**

| | |
|---|---|
| *io* | spingerei |
| *tu* | spingeresti |
| *egli* | spingerebbe |
| *noi* | spingeremmo |
| *voi* | spingereste |
| *essi* | spingerèbbero |

**passato**

| | | |
|---|---|---|
| *io* | avrei | spinto |
| *tu* | avresti | spinto |
| *egli* | avrebbe | spinto |
| *noi* | avremmo | spinto |
| *voi* | avreste | spinto |
| *essi* | avrèbbero | spinto |

## imperativo

**presente**

| | |
|---|---|
| ... | |
| spingi | *tu* |
| spinga | *egli* |
| spingiamo | *noi* |
| spingete | *voi* |
| spìngano | *essi* |

## congiuntivo

**presente**

| | |
|---|---|
| *io* | spinga |
| *tu* | spinga |
| *egli* | spinga |
| *noi* | spingiamo |
| *voi* | spingiate |
| *essi* | spìngano |

**passato**

| | | |
|---|---|---|
| *io* | àbbia | spinto |
| *tu* | àbbia | spinto |
| *egli* | àbbia | spinto |
| *noi* | abbiamo | spinto |
| *voi* | abbiate | spinto |
| *essi* | àbbiano | spinto |

**imperfetto**

| | |
|---|---|
| *io* | spingessi |
| *tu* | spingessi |
| *egli* | spingesse |
| *noi* | spingéssimo |
| *voi* | spingeste |
| *essi* | spingéssero |

**trapassato**

| | | |
|---|---|---|
| *io* | avessi | spinto |
| *tu* | avessi | spinto |
| *egli* | avesse | spinto |
| *noi* | avéssimo | spinto |
| *voi* | aveste | spinto |
| *essi* | avéssero | spinto |

## infinito

| presente | passato |
|---|---|
| spìngere | avere spinto |

## participio

| presente | passato |
|---|---|
| spingente | spinto |

## gerundio

| presente | passato |
|---|---|
| spingendo | avendo spinto |

*Spingere* e gli altri verbi in -ingere che seguono questo modello (*attingere*, *cingere*, *dipingere* ecc.) modificano radice e desinenza al passato remoto (I e III persona singolare e III plurale) e al participio passato.

# strìngere

## indicativo

**presente**

| | |
|---|---|
| *io* | stringo |
| *tu* | stringi |
| *egli* | stringe |
| *noi* | stringiamo |
| *voi* | stringete |
| *essi* | strìngono |

**imperfetto**

| | |
|---|---|
| *io* | stringevo |
| *tu* | stringevi |
| *egli* | stringeva |
| *noi* | stringevamo |
| *voi* | stringevate |
| *essi* | stringévano |

**passato remoto**

| | |
|---|---|
| *io* | strinsi |
| *tu* | stringesti |
| *egli* | strinse |
| *noi* | stringemmo |
| *voi* | stringeste |
| *essi* | strìnsero |

**futuro semplice**

| | |
|---|---|
| *io* | stringerò |
| *tu* | stringerai |
| *egli* | stringerà |
| *noi* | stringeremo |
| *voi* | stringerete |
| *essi* | stringeranno |

**passato prossimo**

| | | |
|---|---|---|
| *io* | ho | stretto |
| *tu* | hai | stretto |
| *egli* | ha | stretto |
| *noi* | abbiamo | stretto |
| *voi* | avete | stretto |
| *essi* | hanno | stretto |

**trapassato prossimo**

| | | |
|---|---|---|
| *io* | avevo | stretto |
| *tu* | avevi | stretto |
| *egli* | aveva | stretto |
| *noi* | avevamo | stretto |
| *voi* | avevate | stretto |
| *essi* | avévano | stretto |

**trapassato remoto**

| | | |
|---|---|---|
| *io* | ebbi | stretto |
| *tu* | avesti | stretto |
| *egli* | ebbe | stretto |
| *noi* | avemmo | stretto |
| *voi* | aveste | stretto |
| *essi* | èbbero | stretto |

**futuro anteriore**

| | | |
|---|---|---|
| *io* | avrò | stretto |
| *tu* | avrai | stretto |
| *egli* | avrà | stretto |
| *noi* | avremo | stretto |
| *voi* | avrete | stretto |
| *essi* | avranno | stretto |

## condizionale

**presente**

| | |
|---|---|
| *io* | stringerei |
| *tu* | stringeresti |
| *egli* | stringerebbe |
| *noi* | stringeremmo |
| *voi* | stringereste |
| *essi* | stringerèbbero |

**passato**

| | | |
|---|---|---|
| *io* | avrei | stretto |
| *tu* | avresti | stretto |
| *egli* | avrebbe | stretto |
| *noi* | avremmo | stretto |
| *voi* | avreste | stretto |
| *essi* | avrèbbero | stretto |

## imperativo

**presente**

| | |
|---|---|
| ... | |
| stringi | *tu* |
| stringa | *egli* |
| stringiamo | *noi* |
| stringete | *voi* |
| strìngano | *essi* |

## congiuntivo

**presente**

| | |
|---|---|
| *io* | stringa |
| *tu* | stringa |
| *egli* | stringa |
| *noi* | stringiamo |
| *voi* | stringiate |
| *essi* | strìngano |

**imperfetto**

| | |
|---|---|
| *io* | stringessi |
| *tu* | stringessi |
| *egli* | stringesse |
| *noi* | stringéssimo |
| *voi* | stringeste |
| *essi* | stringéssero |

**passato**

| | | |
|---|---|---|
| *io* | àbbia | stretto |
| *tu* | àbbia | stretto |
| *egli* | àbbia | stretto |
| *noi* | abbiamo | stretto |
| *voi* | abbiate | stretto |
| *essi* | àbbiano | stretto |

**trapassato**

| | | |
|---|---|---|
| *io* | avessi | stretto |
| *tu* | avessi | stretto |
| *egli* | avesse | stretto |
| *noi* | avéssimo | stretto |
| *voi* | aveste | stretto |
| *essi* | avéssero | stretto |

## infinito

| **presente** | **passato** |
|---|---|
| strìngere | avere stretto |

## participio

| **presente** | **passato** |
|---|---|
| stringente | stretto |

## gerundio

| **presente** | **passato** |
|---|---|
| stringendo | avendo stretto |

*Stringere* e i suoi composti (*costringere*, *restringere* ecc.) modificano radice e desinenza al passato remoto (I e III persona singolare e III plurale) e al participio passato.

## indicativo

**presente**

| | |
|---|---|
| *io* | svello |
| *tu* | svelli |
| *egli* | svelle |
| *noi* | svelliamo |
| *voi* | svellete |
| *essi* | svèllono |

**passato prossimo**

| | | |
|---|---|---|
| *io* | ho | svelto |
| *tu* | hai | svelto |
| *egli* | ha | svelto |
| *noi* | abbiamo | svelto |
| *voi* | avete | svelto |
| *essi* | hanno | svelto |

**imperfetto**

| | |
|---|---|
| *io* | svellevo |
| *tu* | svellevi |
| *egli* | svelleva |
| *noi* | svellevamo |
| *voi* | svellevate |
| *essi* | svellévano |

**trapassato prossimo**

| | | |
|---|---|---|
| *io* | avevo | svelto |
| *tu* | avevi | svelto |
| *egli* | aveva | svelto |
| *noi* | avevamo | svelto |
| *voi* | avevate | svelto |
| *essi* | avévano | svelto |

**passato remoto**

| | |
|---|---|
| *io* | svelsi |
| *tu* | svellesti |
| *egli* | svelse |
| *noi* | svellemmo |
| *voi* | svelleste |
| *essi* | svèlsero |

**trapassato remoto**

| | | |
|---|---|---|
| *io* | ebbi | svelto |
| *tu* | avesti | svelto |
| *egli* | ebbe | svelto |
| *noi* | avemmo | svelto |
| *voi* | aveste | svelto |
| *essi* | èbbero | svelto |

**futuro semplice**

| | |
|---|---|
| *io* | svellerò |
| *tu* | svellerai |
| *egli* | svellerà |
| *noi* | svelleremo |
| *voi* | svellerete |
| *essi* | svelleranno |

**futuro anteriore**

| | | |
|---|---|---|
| *io* | avrò | svelto |
| *tu* | avrai | svelto |
| *egli* | avrà | svelto |
| *noi* | avremo | svelto |
| *voi* | avrete | svelto |
| *essi* | avranno | svelto |

## condizionale

**presente**

| | |
|---|---|
| *io* | svellerei |
| *tu* | svelleresti |
| *egli* | svellerebbe |
| *noi* | svelleremmo |
| *voi* | svellereste |
| *essi* | svellerèbbero |

**passato**

| | | |
|---|---|---|
| *io* | avrei | svelto |
| *tu* | avresti | svelto |
| *egli* | avrebbe | svelto |
| *noi* | avremmo | svelto |
| *voi* | avreste | svelto |
| *essi* | avrèbbero | svelto |

## imperativo

**presente**

| | |
|---|---|
| ... | |
| svelli | *tu* |
| svella | *egli* |
| svelliamo | *noi* |
| svellete | *voi* |
| svèllano | *essi* |

## congiuntivo

**presente**

| | |
|---|---|
| *io* | svella |
| *tu* | svella |
| *egli* | svella |
| *noi* | svelliamo |
| *voi* | svelliate |
| *essi* | svèllano |

**passato**

| | | |
|---|---|---|
| *io* | àbbia | svelto |
| *tu* | àbbia | svelto |
| *egli* | àbbia | svelto |
| *noi* | abbiamo | svelto |
| *voi* | abbiate | svelto |
| *essi* | àbbiano | svelto |

**imperfetto**

| | |
|---|---|
| *io* | svellessi |
| *tu* | svellessi |
| *egli* | svellesse |
| *noi* | svelléssimo |
| *voi* | svelleste |
| *essi* | svelléssero |

**trapassato**

| | | |
|---|---|---|
| *io* | avessi | svelto |
| *tu* | avessi | svelto |
| *egli* | avesse | svelto |
| *noi* | avéssimo | svelto |
| *voi* | aveste | svelto |
| *essi* | avéssero | svelto |

## infinito

| presente | passato |
|---|---|
| svèllere | avere svelto |

## participio

| presente | passato |
|---|---|
| svellente | svelto |

## gerundio

| presente | passato |
|---|---|
| svellendo | avendo svelto |

---

*Svellere*, *vellere* e *divellere* modificano radice e desinenza al passato remoto (I e III persona singolare e III plurale) e al participio passato. *Eccellere* si coniuga secondo lo stesso modello, fatta eccezione per il participio passato: *eccelso*.

## indicativo

**presente**

*io* tengo
*tu* tieni
*egli* tiene
*noi* teniamo
*voi* tenete
*essi* tèngono

**imperfetto**

*io* tenevo
*tu* tenevi
*egli* teneva
*noi* tenevamo
*voi* tenevate
*essi* tenévano

**passato remoto**

*io* tenni, tenei
*tu* tenesti
*egli* tenne, tené
*noi* tenemmo
*voi* teneste
*essi* ténnero, tenérono

**futuro semplice**

*io* terrò
*tu* terrai
*egli* terrà
*noi* terremo
*voi* terrete
*essi* terranno

**passato prossimo**

*io* ho tenuto
*tu* hai tenuto
*egli* ha tenuto
*noi* abbiamo tenuto
*voi* avete tenuto
*essi* hanno tenuto

**trapassato prossimo**

*io* avevo tenuto
*tu* avevi tenuto
*egli* aveva tenuto
*noi* avevamo tenuto
*voi* avevate tenuto
*essi* avévano tenuto

**trapassato remoto**

*io* ebbi tenuto
*tu* avesti tenuto
*egli* ebbe tenuto
*noi* avemmo tenuto
*voi* aveste tenuto
*essi* èbbero tenuto

**futuro anteriore**

*io* avrò tenuto
*tu* avrai tenuto
*egli* avrà tenuto
*noi* avremo tenuto
*voi* avrete tenuto
*essi* avranno tenuto

## condizionale

**presente**

*io* terrei
*tu* terresti
*egli* terrebbe
*noi* terremmo
*voi* terreste
*essi* terrèbbero

**passato**

*io* avrei tenuto
*tu* avresti tenuto
*egli* avrebbe tenuto
*noi* avremmo tenuto
*voi* avreste tenuto
*essi* avrèbbero tenuto

## imperativo

**presente**

...
tieni *tu*
tenga *egli*
teniamo *noi*
tenete *voi*
tèngano *essi*

## congiuntivo

**presente**

*io* tenga
*tu* tenga
*egli* tenga
*noi* teniamo
*voi* teniate
*essi* tèngano

**imperfetto**

*io* tenessi
*tu* tenessi
*egli* tenesse
*noi* tenéssimo
*voi* teneste
*essi* tenéssero

**passato**

*io* àbbia tenuto
*tu* àbbia tenuto
*egli* àbbia tenuto
*noi* abbiamo tenuto
*voi* abbiate tenuto
*essi* àbbiano tenuto

**trapassato**

*io* avessi tenuto
*tu* avessi tenuto
*egli* avesse tenuto
*noi* avéssimo tenuto
*voi* aveste tenuto
*essi* avéssero tenuto

## infinito

**presente** tenere
**passato** avere tenuto

## participio

**presente** tenente
**passato** tenuto

## gerundio

**presente** tenendo
**passato** avendo tenuto

---

*Tenere* e tutti i suoi composti (*appartenere*, *attenere*, *contenere* ecc.) presentano alcune particolarità:

- modificano radice e desinenza al passato remoto (I e III persona singolare e III plurale);
- al presente indicativo e congiuntivo e all'imperativo introducono una g prima delle desinenze in a e in o;
- la e della radice si dittonga in ie in alcune forme (*tieni*);
- il futuro semplice e il condizionale presente registrano le forme contratte *io terrò* / *terrei* ecc.

## indicativo

**presente**

| | |
|---|---|
| *io* | torco |
| *tu* | torci |
| *egli* | torce |
| *noi* | torciamo |
| *voi* | torcete |
| *essi* | t**ò**rcono |

**imperfetto**

| | |
|---|---|
| *io* | torcevo |
| *tu* | torcevi |
| *egli* | torceva |
| *noi* | torcevamo |
| *voi* | torcevate |
| *essi* | torc**é**vano |

**passato remoto**

| | |
|---|---|
| *io* | torsi |
| *tu* | torcesti |
| *egli* | torse |
| *noi* | torcemmo |
| *voi* | torceste |
| *essi* | tòrsero |

**futuro semplice**

| | |
|---|---|
| *io* | torcerò |
| *tu* | torcerai |
| *egli* | torcerà |
| *noi* | torceremo |
| *voi* | torcerete |
| *essi* | torceranno |

**passato prossimo**

| | | |
|---|---|---|
| *io* | ho | torto |
| *tu* | hai | torto |
| *egli* | ha | torto |
| *noi* | abbiamo | torto |
| *voi* | avete | torto |
| *essi* | hanno | torto |

**trapassato prossimo**

| | | |
|---|---|---|
| *io* | avevo | torto |
| *tu* | avevi | torto |
| *egli* | aveva | torto |
| *noi* | avevamo | torto |
| *voi* | avevate | torto |
| *essi* | av**é**vano | torto |

**trapassato remoto**

| | | |
|---|---|---|
| *io* | ebbi | torto |
| *tu* | avesti | torto |
| *egli* | ebbe | torto |
| *noi* | avemmo | torto |
| *voi* | aveste | torto |
| *essi* | **è**bbero | torto |

**futuro anteriore**

| | | |
|---|---|---|
| *io* | avrò | torto |
| *tu* | avrai | torto |
| *egli* | avrà | torto |
| *noi* | avremo | torto |
| *voi* | avrete | torto |
| *essi* | avranno | torto |

## condizionale

**presente**

| | |
|---|---|
| *io* | torcerei |
| *tu* | torceresti |
| *egli* | torcerebbe |
| *noi* | torceremmo |
| *voi* | torcereste |
| *essi* | torcer**è**bbero |

**passato**

| | | |
|---|---|---|
| *io* | avrei | torto |
| *tu* | avresti | torto |
| *egli* | avrebbe | torto |
| *noi* | avremmo | torto |
| *voi* | avreste | torto |
| *essi* | avr**è**bbero | torto |

## imperativo

**presente**

| | |
|---|---|
| ... | |
| torci | *tu* |
| torca | *egli* |
| torciamo | *noi* |
| torcete | *voi* |
| t**ò**rcano | *essi* |

## congiuntivo

**presente**

| | |
|---|---|
| *io* | torca |
| *tu* | torca |
| *egli* | torca |
| *noi* | torciamo |
| *voi* | torciate |
| *essi* | t**ò**rcano |

**imperfetto**

| | |
|---|---|
| *io* | torcessi |
| *tu* | torcessi |
| *egli* | torcesse |
| *noi* | torc**é**ssimo |
| *voi* | torceste |
| *essi* | torc**é**ssero |

**passato**

| | | |
|---|---|---|
| *io* | **à**bbia | torto |
| *tu* | **à**bbia | torto |
| *egli* | **à**bbia | torto |
| *noi* | abbiamo | torto |
| *voi* | abbiate | torto |
| *essi* | **à**bbiano | torto |

**trapassato**

| | | |
|---|---|---|
| *io* | avessi | torto |
| *tu* | avessi | torto |
| *egli* | avesse | torto |
| *noi* | av**é**ssimo | torto |
| *voi* | aveste | torto |
| *essi* | av**é**ssero | torto |

## infinito

| **presente** | **passato** |
|---|---|
| t**ò**rcere | avere torto |

## participio

| **presente** | **passato** |
|---|---|
| torcente | torto |

## gerundio

| **presente** | **passato** |
|---|---|
| torcendo | avendo torto |

*Torcere* e tutti i suoi composti modificano radice e desinenza al passato remoto (I e III persona singolare e III plurale) e al participio passato.

## indicativo

| presente | | passato prossimo | | |
|---|---|---|---|---|
| *io* | traggo | *io* | ho | tratto |
| *tu* | trai | *tu* | hai | tratto |
| *egli* | trae | *egli* | ha | tratto |
| *noi* | traiamo | *noi* | abbiamo | tratto |
| *voi* | traete | *voi* | avete | tratto |
| *essi* | tràggono | *essi* | hanno | tratto |
| **imperfetto** | | **trapassato prossimo** | | |
| *io* | traevo | *io* | avevo | tratto |
| *tu* | traevi | *tu* | avevi | tratto |
| *egli* | traeva | *egli* | aveva | tratto |
| *noi* | traevamo | *noi* | avevamo | tratto |
| *voi* | traevate | *voi* | avevate | tratto |
| *essi* | traévano | *essi* | avévano | tratto |
| **passato remoto** | | **trapassato remoto** | | |
| *io* | trassi | *io* | ebbi | tratto |
| *tu* | traesti | *tu* | avesti | tratto |
| *egli* | trasse | *egli* | ebbe | tratto |
| *noi* | traemmo | *noi* | avemmo | tratto |
| *voi* | traeste | *voi* | aveste | tratto |
| *essi* | tràssero | *essi* | èbbero | tratto |
| **futuro semplice** | | **futuro anteriore** | | |
| *io* | trarrò | *io* | avrò | tratto |
| *tu* | trarrai | *tu* | avrai | tratto |
| *egli* | trarrà | *egli* | avrà | tratto |
| *noi* | trarremo | *noi* | avremo | tratto |
| *voi* | trarrete | *voi* | avrete | tratto |
| *essi* | trarranno | *essi* | avranno | tratto |

## condizionale

| presente | | passato | | |
|---|---|---|---|---|
| *io* | trarrei | *io* | avrei | tratto |
| *tu* | trarresti | *tu* | avresti | tratto |
| *egli* | trarrebbe | *egli* | avrebbe | tratto |
| *noi* | trarremmo | *noi* | avremmo | tratto |
| *voi* | trarreste | *voi* | avreste | tratto |
| *essi* | trarrèbbero | *essi* | avrèbbero | tratto |

## imperativo

**presente**

| | |
|---|---|
| ... | |
| trai | *tu* |
| tragga | *egli* |
| traiamo | *noi* |
| traete | *voi* |
| tràggano | *essi* |

## congiuntivo

| presente | | passato | | |
|---|---|---|---|---|
| *io* | tragga | *io* | àbbia | tratto |
| *tu* | tragga | *tu* | àbbia | tratto |
| *egli* | tragga | *egli* | àbbia | tratto |
| *noi* | traiamo | *noi* | abbiamo | tratto |
| *voi* | traiate | *voi* | abbiate | tratto |
| *essi* | tràggano | *essi* | àbbiano | tratto |
| **imperfetto** | | **trapassato** | | |
| *io* | traessi | *io* | avessi | tratto |
| *tu* | traessi | *tu* | avessi | tratto |
| *egli* | traesse | *egli* | avesse | tratto |
| *noi* | traéssimo | *noi* | avéssimo | tratto |
| *voi* | traeste | *voi* | aveste | tratto |
| *essi* | traéssero | *essi* | avéssero | tratto |

## infinito

| presente | passato |
|---|---|
| trarre | avere tratto |

## participio

| presente | passato |
|---|---|
| traente | tratto |

## gerundio

| presente | passato |
|---|---|
| traendo | avendo tratto |

*Trarre* si considera appartenente alla seconda coniugazione perché deriva dal verbo latino *trahĕre*.
Il verbo, oltre a modificare radice e desinenza al passato remoto (I e III persona singolare e III plurale) e al participio passato, in alcune forme del presente indicativo e congiuntivo e dell'imperativo ha coniugazione irregolare (*io traggo* ecc.). Forma il futuro semplice e il condizionale regolarmente dall'infinito *trarre*.

## indicativo

| presente | | passato prossimo | | |
|---|---|---|---|---|
| *io* | valgo | *io* | ho | valso |
| *tu* | vali | *tu* | hai | valso |
| *egli* | vale | *egli* | ha | valso |
| *noi* | valiamo | *noi* | abbiamo | valso |
| *voi* | valete | *voi* | avete | valso |
| *essi* | vàlgono | *essi* | hanno | valso |

| imperfetto | | trapassato prossimo | | |
|---|---|---|---|---|
| *io* | valevo | *io* | avevo | valso |
| *tu* | valevi | *tu* | avevi | valso |
| *egli* | valeva | *egli* | aveva | valso |
| *noi* | valevamo | *noi* | avevamo | valso |
| *voi* | valevate | *voi* | avevate | valso |
| *essi* | valévano | *essi* | avévano | valso |

| passato remoto | | trapassato remoto | | |
|---|---|---|---|---|
| *io* | valsi | *io* | ebbi | valso |
| *tu* | valesti | *tu* | avesti | valso |
| *egli* | valse | *egli* | ebbe | valso |
| *noi* | valemmo | *noi* | avemmo | valso |
| *voi* | valeste | *voi* | aveste | valso |
| *essi* | vàlsero | *essi* | èbbero | valso |

| futuro semplice | | futuro anteriore | | |
|---|---|---|---|---|
| *io* | varrò | *io* | avrò | valso |
| *tu* | varrai | *tu* | avrai | valso |
| *egli* | varrà | *egli* | avrà | valso |
| *noi* | varremo | *noi* | avremo | valso |
| *voi* | varrete | *voi* | avrete | valso |
| *essi* | varranno | *essi* | avranno | valso |

## condizionale

| presente | |
|---|---|
| *io* | varrei |
| *tu* | varresti |
| *egli* | varrebbe |
| *noi* | varremmo |
| *voi* | varreste |
| *essi* | varrèbbero |

| passato | | |
|---|---|---|
| *io* | avrei | valso |
| *tu* | avresti | valso |
| *egli* | avrebbe | valso |
| *noi* | avremmo | valso |
| *voi* | avreste | valso |
| *essi* | avrèbbero | valso |

## imperativo

**presente**

| | |
|---|---|
| ... | |
| vali | *tu* |
| valga | *egli* |
| valiamo | *noi* |
| valete | *voi* |
| vàlgano | *essi* |

## congiuntivo

| presente | | passato | | |
|---|---|---|---|---|
| *io* | valga | *io* | àbbia | valso |
| *tu* | valga | *tu* | àbbia | valso |
| *egli* | valga | *egli* | àbbia | valso |
| *noi* | valiamo | *noi* | abbiamo | valso |
| *voi* | valiate | *voi* | abbiate | valso |
| *essi* | vàlgano | *essi* | àbbiano | valso |

| imperfetto | | trapassato | | |
|---|---|---|---|---|
| *io* | valessi | *io* | avessi | valso |
| *tu* | valessi | *tu* | avessi | valso |
| *egli* | valesse | *egli* | avesse | valso |
| *noi* | valéssimo | *noi* | avéssimo | valso |
| *voi* | valeste | *voi* | aveste | valso |
| *essi* | caléssero | *essi* | avéssero | valso |

## infinito

| presente | passato |
|---|---|
| valere | avere valso |

## participio

| presente | passato |
|---|---|
| valente | valso |

## gerundio

| presente | passato |
|---|---|
| valendo | avendo valso |

*Valere* e i suoi composti modificano radice e desinenza al passato remoto (I e III persona singolare e III plurale) e al participio passato. Le forme del presente indicativo e congiuntivo e dell'imperativo prendono una g prima delle desinenze che cominciano per a e per o. Al futuro semplice e al condizionale si registrano le forme contratte *io varrò / varrei, tu varrai / varresti* ecc.

## indicativo

**presente**

| | |
|---|---|
| *io* | vedo |
| *tu* | vedi |
| *egli* | vede |
| *noi* | vediamo |
| *voi* | vedete |
| *essi* | védono |

**imperfetto**

| | |
|---|---|
| *io* | vedevo |
| *tu* | vedevi |
| *egli* | vedeva |
| *noi* | vedevamo |
| *voi* | vedevate |
| *essi* | vedévano |

**passato remoto**

| | |
|---|---|
| *io* | vidi |
| *tu* | vedesti |
| *egli* | vide |
| *noi* | vedemmo |
| *voi* | vedeste |
| *essi* | vìdero |

**futuro semplice**

| | |
|---|---|
| *io* | vedrò |
| *tu* | vedrai |
| *egli* | vedrà |
| *noi* | vedremo |
| *voi* | vedrete |
| *essi* | vedranno |

**passato prossimo**

| | | |
|---|---|---|
| *io* | ho | visto |
| *tu* | hai | visto |
| *egli* | ha | visto |
| *noi* | abbiamo | visto |
| *voi* | avete | visto |
| *essi* | hanno | visto |

**trapassato prossimo**

| | | |
|---|---|---|
| *io* | avevo | visto |
| *tu* | avevi | visto |
| *egli* | aveva | visto |
| *noi* | avevamo | visto |
| *voi* | avevate | visto |
| *essi* | avévano | visto |

**trapassato remoto**

| | | |
|---|---|---|
| *io* | ebbi | visto |
| *tu* | avesti | visto |
| *egli* | ebbe | visto |
| *noi* | avemmo | visto |
| *voi* | aveste | visto |
| *essi* | èbbero | visto |

**futuro anteriore**

| | | |
|---|---|---|
| *io* | avrò | visto |
| *tu* | avrai | visto |
| *egli* | avrà | visto |
| *noi* | avremo | visto |
| *voi* | avrete | visto |
| *essi* | avranno | visto |

## condizionale

**presente**

| | |
|---|---|
| *io* | vedrei |
| *tu* | vedresti |
| *egli* | vedrebbe |
| *noi* | vedremmo |
| *voi* | vedreste |
| *essi* | vedrèbbero |

**passato**

| | | |
|---|---|---|
| *io* | avrei | visto |
| *tu* | avresti | visto |
| *egli* | avrebbe | visto |
| *noi* | avremmo | visto |
| *voi* | avreste | visto |
| *essi* | avrèbbero | visto |

## imperativo

**presente**

| | |
|---|---|
| ... | |
| vedi | *tu* |
| veda | *egli* |
| vediamo | *noi* |
| vedete | *voi* |
| védano | *essi* |

## congiuntivo

**presente**

| | |
|---|---|
| *io* | veda |
| *tu* | veda |
| *egli* | veda |
| *noi* | vediamo |
| *voi* | vediate |
| *essi* | védano |

**imperfetto**

| | |
|---|---|
| *io* | vedessi |
| *tu* | vedessi |
| *egli* | vedesse |
| *noi* | vedéssimo |
| *voi* | vedeste |
| *essi* | vedéssero |

**passato**

| | | |
|---|---|---|
| *io* | àbbia | visto |
| *tu* | àbbia | visto |
| *egli* | àbbia | visto |
| *noi* | abbiamo | visto |
| *voi* | abbiate | visto |
| *essi* | àbbiano | visto |

**trapassato**

| | | |
|---|---|---|
| *io* | avessi | visto |
| *tu* | avessi | visto |
| *egli* | avesse | visto |
| *noi* | avéssimo | visto |
| *voi* | aveste | visto |
| *essi* | avéssero | visto |

## infinito

| **presente** | **passato** |
|---|---|
| vedere | avere visto |

## participio

| **presente** | **passato** |
|---|---|
| vedente | visto, veduto |

## gerundio

| **presente** | **passato** |
|---|---|
| vedendo | avendo visto |

*Vedere* modifica radice e desinenza al passato remoto (I e III persona singolare e III plurale) e al participio passato, dove registra tuttavia anche la forma regolare *veduto*. Al futuro semplice e al condizionale presenta le forme contratte *io vedrò / vedrai*, *io vedrei / vedresti*. Tra i suoi composti, *avvedersi*, *intravedere*, *rivedere*, *stravedere* e *travedere* si coniugano come il modello, anche se *avvedersi* al participio passato ha solo la forma *avveduto*. *Prevedere*, *provvedere* e *ravvedersi* si distinguono invece dal verbo principale al futuro semplice e al condizionale, dove registrano le forme regolari con e: *io prevederò / provvederò / mi ravvederò* ecc., *io prevederei / provvederei / ravvederei* ecc.

## indicativo

**presente**

| | |
|---|---|
| *io* | vinco |
| *tu* | vinci |
| *egli* | vince |
| *noi* | vinciamo |
| *voi* | vincete |
| *essi* | vìncono |

**passato prossimo**

| | | |
|---|---|---|
| *io* | ho | vinto |
| *tu* | hai | vinto |
| *egli* | ha | vinto |
| *noi* | abbiamo | vinto |
| *voi* | avete | vinto |
| *essi* | hanno | vinto |

**imperfetto**

| | |
|---|---|
| *io* | vincevo |
| *tu* | vincevi |
| *egli* | vinceva |
| *noi* | vincevamo |
| *voi* | vincevate |
| *essi* | vincévano |

**trapassato prossimo**

| | | |
|---|---|---|
| *io* | avevo | vinto |
| *tu* | avevi | vinto |
| *egli* | aveva | vinto |
| *noi* | avevamo | vinto |
| *voi* | avevate | vinto |
| *essi* | avévano | vinto |

**passato remoto**

| | |
|---|---|
| *io* | vinsi |
| *tu* | vincesti |
| *egli* | vinse |
| *noi* | vincemmo |
| *voi* | vinceste |
| *essi* | vìnsero |

**trapassato remoto**

| | | |
|---|---|---|
| *io* | ebbi | vinto |
| *tu* | avesti | vinto |
| *egli* | ebbe | vinto |
| *noi* | avemmo | vinto |
| *voi* | aveste | vinto |
| *essi* | èbbero | vinto |

**futuro semplice**

| | |
|---|---|
| *io* | vincerò |
| *tu* | vincerai |
| *egli* | vincerà |
| *noi* | vinceremo |
| *voi* | vincerete |
| *essi* | vinceranno |

**futuro anteriore**

| | | |
|---|---|---|
| *io* | avrò | vinto |
| *tu* | avrai | vinto |
| *egli* | avrà | vinto |
| *noi* | avremo | vinto |
| *voi* | avrete | vinto |
| *essi* | avranno | vinto |

## condizionale

**presente**

| | |
|---|---|
| *io* | vincerei |
| *tu* | vinceresti |
| *egli* | vincerebbe |
| *noi* | vinceremmo |
| *voi* | vincereste |
| *essi* | vincerèbbero |

**passato**

| | | |
|---|---|---|
| *io* | avrei | vinto |
| *tu* | avresti | vinto |
| *egli* | avrebbe | vinto |
| *noi* | avremmo | vinto |
| *voi* | avreste | vinto |
| *essi* | avrèbbero | vinto |

## imperativo

**presente**

| | |
|---|---|
| ... | |
| vinci | *tu* |
| vinca | *egli* |
| vinciamo | *noi* |
| vincete | *voi* |
| vìncano | *essi* |

## congiuntivo

**presente**

| | |
|---|---|
| *io* | vinca |
| *tu* | vinca |
| *egli* | vinca |
| *noi* | vinciamo |
| *voi* | vinciate |
| *essi* | vìncano |

**passato**

| | | |
|---|---|---|
| *io* | àbbia | vinto |
| *tu* | àbbia | vinto |
| *egli* | àbbia | vinto |
| *noi* | abbiamo | vinto |
| *voi* | abbiate | vinto |
| *essi* | àbbiano | vinto |

**imperfetto**

| | |
|---|---|
| *io* | vincessi |
| *tu* | vincessi |
| *egli* | vincesse |
| *noi* | vincéssimo |
| *voi* | vinceste |
| *essi* | vincéssero |

**trapassato**

| | | |
|---|---|---|
| *io* | avessi | vinto |
| *tu* | avessi | vinto |
| *egli* | avesse | vinto |
| *noi* | avéssimo | vinto |
| *voi* | aveste | vinto |
| *essi* | avéssero | vinto |

## infinito

| presente | passato |
|---|---|
| vìncere | avere vinto |

## participio

| presente | passato |
|---|---|
| vincente | vinto |

## gerundio

| presente | passato |
|---|---|
| vincendo | avendo vinto |

*Vincere* e i suoi composti modificano radice e desinenza al passato remoto (I e III persona singolare e III plurale) e al participio passato.

## indicativo

**presente**

| | |
|---|---|
| *io* | vivo |
| *tu* | vivi |
| *egli* | vive |
| *noi* | viviamo |
| *voi* | vivete |
| *essi* | vìvono |

**imperfetto**

| | |
|---|---|
| *io* | vivevo |
| *tu* | vivevi |
| *egli* | viveva |
| *noi* | vivevamo |
| *voi* | vivevate |
| *essi* | vivévano |

**passato remoto**

| | |
|---|---|
| *io* | vissi |
| *tu* | vivesti |
| *egli* | visse |
| *noi* | vivemmo |
| *voi* | viveste |
| *essi* | vìssero |

**futuro semplice**

| | |
|---|---|
| *io* | vivrò |
| *tu* | vivrai |
| *egli* | vivrà |
| *noi* | vivremo |
| *voi* | vivrete |
| *essi* | vivranno |

**passato prossimo**

| | | |
|---|---|---|
| *io* | ho | vissuto |
| *tu* | hai | vissuto |
| *egli* | ha | vissuto |
| *noi* | abbiamo | vissuto |
| *voi* | avete | vissuto |
| *essi* | hanno | vissuto |

**trapassato prossimo**

| | | |
|---|---|---|
| *io* | avevo | vissuto |
| *tu* | avevi | vissuto |
| *egli* | aveva | vissuto |
| *noi* | avevamo | vissuto |
| *voi* | avevate | vissuto |
| *essi* | avévano | vissuto |

**trapassato remoto**

| | | |
|---|---|---|
| *io* | ebbi | vissuto |
| *tu* | avesti | vissuto |
| *egli* | ebbe | vissuto |
| *noi* | avemmo | vissuto |
| *voi* | aveste | vissuto |
| *essi* | èbbero | vissuto |

**futuro anteriore**

| | | |
|---|---|---|
| *io* | avrò | vissuto |
| *tu* | avrai | vissuto |
| *egli* | avrà | vissuto |
| *noi* | avremo | vissuto |
| *voi* | avrete | vissuto |
| *essi* | avranno | vissuto |

## condizionale

**presente**

| | |
|---|---|
| *io* | vivrei |
| *tu* | vivresti |
| *egli* | vivrebbe |
| *noi* | vivremmo |
| *voi* | vivreste |
| *essi* | vivrèbbero |

**passato**

| | | |
|---|---|---|
| *io* | avrei | vissuto |
| *tu* | avresti | vissuto |
| *egli* | avrebbe | vissuto |
| *noi* | avremmo | vissuto |
| *voi* | avreste | vissuto |
| *essi* | avrèbbero | vissuto |

## imperativo

**presente**

| | |
|---|---|
| ... | |
| vivi | *tu* |
| viva | *egli* |
| viviamo | *noi* |
| vivete | *voi* |
| vìvano | *essi* |

## congiuntivo

**presente**

| | |
|---|---|
| *io* | viva |
| *tu* | viva |
| *egli* | viva |
| *noi* | viviamo |
| *voi* | viviate |
| *essi* | vìvano |

**imperfetto**

| | |
|---|---|
| *io* | vivessi |
| *tu* | vivessi |
| *egli* | vivesse |
| *noi* | vivéssimo |
| *voi* | viveste |
| *essi* | vivéssero |

**passato**

| | | |
|---|---|---|
| *io* | àbbia | vissuto |
| *tu* | àbbia | vissuto |
| *egli* | àbbia | vissuto |
| *noi* | abbiamo | vissuto |
| *voi* | abbiate | vissuto |
| *essi* | àbbiano | vissuto |

**trapassato**

| | | |
|---|---|---|
| *io* | avessi | vissuto |
| *tu* | avessi | vissuto |
| *egli* | avesse | vissuto |
| *noi* | avéssimo | vissuto |
| *voi* | aveste | vissuto |
| *essi* | avéssero | vissuto |

## infinito

| **presente** | **passato** |
|---|---|
| vìvere | avere vissuto |

## participio

| **presente** | **passato** |
|---|---|
| vivente | vissuto |

## gerundio

| **presente** | **passato** |
|---|---|
| vivendo | avendo vissuto |

*Vivere* e i suoi composti modificano radice e desinenza al passato remoto (I e III persona singolare e III plurale) e al participio passato; al futuro semplice e al condizionale si registrano le forme contratte *io vivrò / vivrei*, *tu vivrai / vivresti* ecc. (tranne *sopravvivere* che ammette anche le forme *io sopravviverò / sopravviverei*).

## indicativo

**presente**

| | |
|---|---|
| *io* | voglio |
| *tu* | vuoi |
| *egli* | vuole |
| *noi* | vogliamo |
| *voi* | volete |
| *essi* | vògliono |

**passato prossimo**

| | | |
|---|---|---|
| *io* | ho | voluto |
| *tu* | hai | voluto |
| *egli* | ha | voluto |
| *noi* | abbiamo | voluto |
| *voi* | avete | voluto |
| *essi* | hanno | voluto |

**imperfetto**

| | |
|---|---|
| *io* | volevo |
| *tu* | volevi |
| *egli* | voleva |
| *noi* | volevamo |
| *voi* | volevate |
| *essi* | volévano |

**trapassato prossimo**

| | | |
|---|---|---|
| *io* | avevo | voluto |
| *tu* | avevi | voluto |
| *egli* | aveva | voluto |
| *noi* | avevamo | voluto |
| *voi* | avevate | voluto |
| *essi* | avévano | voluto |

**passato remoto**

| | |
|---|---|
| *io* | volli |
| *tu* | volesti |
| *egli* | volle |
| *noi* | volemmo |
| *voi* | voleste |
| *essi* | vòllero |

**trapassato remoto**

| | | |
|---|---|---|
| *io* | ebbi | voluto |
| *tu* | avesti | voluto |
| *egli* | ebbe | voluto |
| *noi* | avemmo | voluto |
| *voi* | aveste | voluto |
| *essi* | èbbero | voluto |

**futuro semplice**

| | |
|---|---|
| *io* | vorrò |
| *tu* | vorrai |
| *egli* | vorrà |
| *noi* | vorremo |
| *voi* | vorrete |
| *essi* | vorranno |

**futuro anteriore**

| | | |
|---|---|---|
| *io* | avrò | voluto |
| *tu* | avrai | voluto |
| *egli* | avrà | voluto |
| *noi* | avremo | voluto |
| *voi* | avrete | voluto |
| *essi* | avranno | voluto |

## condizionale

**presente**

| | |
|---|---|
| *io* | vorrei |
| *tu* | vorresti |
| *egli* | vorrebbe |
| *noi* | vorremmo |
| *voi* | vorreste |
| *essi* | vorrèbbero |

**passato**

| | | |
|---|---|---|
| *io* | avrei | voluto |
| *tu* | avresti | voluto |
| *egli* | avrebbe | voluto |
| *noi* | avremmo | voluto |
| *voi* | avreste | voluto |
| *essi* | avrèbbero | voluto |

## imperativo

**presente**

| | |
|---|---|
| ... | |
| vuoi | *tu* |
| voglia | *egli* |
| vogliamo | *noi* |
| volete | *voi* |
| vògliano | *essi* |

## congiuntivo

**presente**

| | |
|---|---|
| *io* | voglia |
| *tu* | voglia |
| *egli* | voglia |
| *noi* | vogliamo |
| *voi* | vogliate |
| *essi* | vògliano |

**passato**

| | | |
|---|---|---|
| *io* | àbbia | voluto |
| *tu* | àbbia | voluto |
| *egli* | àbbia | voluto |
| *noi* | abbiamo | voluto |
| *voi* | abbiate | voluto |
| *essi* | àbbiano | voluto |

**imperfetto**

| | |
|---|---|
| *io* | volessi |
| *tu* | volessi |
| *egli* | volesse |
| *noi* | voléssimo |
| *voi* | voleste |
| *essi* | voléssero |

**trapassato**

| | | |
|---|---|---|
| *io* | avessi | voluto |
| *tu* | avessi | voluto |
| *egli* | avesse | voluto |
| *noi* | avéssimo | voluto |
| *voi* | aveste | voluto |
| *essi* | avéssero | voluto |

## infinito

| **presente** | **passato** |
|---|---|
| volere | avere voluto |

## participio

| **presente** | **passato** |
|---|---|
| volente | voluto |

## gerundio

| **presente** | **passato** |
|---|---|
| volendo | avendo voluto |

*Volere* presenta numerose irregolarità. Modifica radice e desinenza al passato remoto (I e III persona singolare e III plurale). Al presente indicativo alterna le radici vogli- e v(u)ol- e al congiuntivo presente utilizza la radice vogl- per tutte le persone. Al condizionale presente e al futuro utilizza invece la radice vorr-.
Come verbo indipendente prende l'ausiliare *avere*; come verbo servile prende l'ausiliare del verbo a cui si accompagna (*ho sentito – ho voluto sentire*; *non sono partito – non sono voluto partire*), anche se quest'ultima norma è spesso contraddetta dall'uso corrente (*non ho voluto partire, ho voluto andarci* ecc.).

## indicativo

**presente**

| | |
|---|---|
| *io* | volgo |
| *tu* | volgi |
| *egli* | volge |
| *noi* | volgiamo |
| *voi* | volgete |
| *essi* | vòlgono |

**passato prossimo**

| | | |
|---|---|---|
| *io* | ho | volto |
| *tu* | hai | volto |
| *egli* | ha | volto |
| *noi* | abbiamo | volto |
| *voi* | avete | volto |
| *essi* | hanno | volto |

**imperfetto**

| | |
|---|---|
| *io* | volgevo |
| *tu* | volgevi |
| *egli* | volgeva |
| *noi* | volgevamo |
| *voi* | volgevate |
| *essi* | volgévano |

**trapassato prossimo**

| | | |
|---|---|---|
| *io* | avevo | volto |
| *tu* | avevi | volto |
| *egli* | aveva | volto |
| *noi* | avevamo | volto |
| *voi* | avevate | volto |
| *essi* | avévano | volto |

**passato remoto**

| | |
|---|---|
| *io* | volsi |
| *tu* | volgesti |
| *egli* | volse |
| *noi* | volgemmo |
| *voi* | volgeste |
| *essi* | volsero |

**trapassato remoto**

| | | |
|---|---|---|
| *io* | ebbi | volto |
| *tu* | avesti | volto |
| *egli* | ebbe | volto |
| *noi* | avemmo | volto |
| *voi* | aveste | volto |
| *essi* | èbbero | volto |

**futuro semplice**

| | |
|---|---|
| *io* | volgerò |
| *tu* | volgerai |
| *egli* | volgerà |
| *noi* | volgeremo |
| *voi* | volgerete |
| *essi* | volgeranno |

**futuro anteriore**

| | | |
|---|---|---|
| *io* | avrò | volto |
| *tu* | avrai | volto |
| *egli* | avrà | volto |
| *noi* | avremo | volto |
| *voi* | avrete | volto |
| *essi* | avranno | volto |

## condizionale

**presente**

| | |
|---|---|
| *io* | volgerei |
| *tu* | volgeresti |
| *egli* | volgerebbe |
| *noi* | volgeremmo |
| *voi* | volgereste |
| *essi* | volgerèbbero |

**passato**

| | | |
|---|---|---|
| *io* | avrei | volto |
| *tu* | avresti | volto |
| *egli* | avrebbe | volto |
| *noi* | avremmo | volto |
| *voi* | avreste | volto |
| *essi* | avrèbbero | volto |

## imperativo

**presente**

| | |
|---|---|
| ... | |
| volgi | *tu* |
| volga | *egli* |
| volgiamo | *noi* |
| volgete | *voi* |
| vòlgano | *essi* |

## congiuntivo

**presente**

| | |
|---|---|
| *io* | volga |
| *tu* | volga |
| *egli* | volga |
| *noi* | volgiamo |
| *voi* | volgiate |
| *essi* | vòlgano |

**passato**

| | | |
|---|---|---|
| *io* | àbbia | volto |
| *tu* | àbbia | volto |
| *egli* | àbbia | volto |
| *noi* | abbiamo | volto |
| *voi* | abbiate | volto |
| *essi* | àbbiano | volto |

**imperfetto**

| | |
|---|---|
| *io* | volgessi |
| *tu* | volgessi |
| *egli* | volgesse |
| *noi* | volgéssimo |
| *voi* | volgeste |
| *essi* | volgéssero |

**trapassato**

| | | |
|---|---|---|
| *io* | avessi | volto |
| *tu* | avessi | volto |
| *egli* | avesse | volto |
| *noi* | avéssimo | volto |
| *voi* | aveste | volto |
| *essi* | avéssero | volto |

## infinito

| presente | passato |
|---|---|
| vòlgere | avere volto |

## participio

| presente | passato |
|---|---|
| volgente | volto |

## gerundio

| presente | passato |
|---|---|
| volgendo | avendo volto |

*Volgere* e i suoi composti modificano radice e desinenza al passato remoto (I e III persona singolare e III plurale) e al participio passato.

## indicativo

| presente | | passato prossimo | | |
|---|---|---|---|---|
| *io* | sento | *io* | ho | sentito |
| *tu* | senti | *tu* | hai | sentito |
| *egli* | sente | *egli* | ha | sentito |
| *noi* | sentiamo | *noi* | abbiamo | sentito |
| *voi* | sentite | *voi* | avete | sentito |
| *essi* | sèntono | *essi* | hanno | sentito |

| imperfetto | | trapassato prossimo | | |
|---|---|---|---|---|
| *io* | sentivo | *io* | avevo | sentito |
| *tu* | sentivi | *tu* | avevi | sentito |
| *egli* | sentiva | *egli* | aveva | sentito |
| *noi* | sentivamo | *noi* | avevamo | sentito |
| *voi* | sentivate | *voi* | avevate | sentito |
| *essi* | sentìvano | *essi* | avévano | sentito |

| passato remoto | | trapassato remoto | | |
|---|---|---|---|---|
| *io* | sentii | *io* | ebbi | sentito |
| *tu* | sentisti | *tu* | avesti | sentito |
| *egli* | sentì | *egli* | ebbe | sentito |
| *noi* | sentimmo | *noi* | avemmo | sentito |
| *voi* | sentiste | *voi* | aveste | sentito |
| *essi* | sentìrono | *essi* | èbbero | sentito |

| futuro semplice | | futuro anteriore | | |
|---|---|---|---|---|
| *io* | sentirò | *io* | avrò | sentito |
| *tu* | sentirai | *tu* | avrai | sentito |
| *egli* | sentirà | *egli* | avrà | sentito |
| *noi* | sentiremo | *noi* | avremo | sentito |
| *voi* | sentirete | *voi* | avrete | sentito |
| *essi* | sentiranno | *essi* | avranno | sentito |

## condizionale

| presente | | passato | | |
|---|---|---|---|---|
| *io* | sentirei | *io* | avrei | sentito |
| *tu* | sentiresti | *tu* | avresti | sentito |
| *egli* | sentrebbe | *egli* | avrebbe | sentito |
| *noi* | sentiremmo | *noi* | avremmo | sentito |
| *voi* | sentireste | *voi* | avreste | sentito |
| *essi* | sentirèbbero | *essi* | avrèbbero | sentito |

## imperativo

**presente**

| | |
|---|---|
| ... | |
| senti | *tu* |
| senta | *egli* |
| sentiamo | *noi* |
| sentite | *voi* |
| sèntano | *essi* |

## congiuntivo

| presente | | passato | | |
|---|---|---|---|---|
| *io* | senta | *io* | àbbia | sentito |
| *tu* | senta | *tu* | àbbia | sentito |
| *egli* | senta | *egli* | àbbia | sentito |
| *noi* | sentiamo | *noi* | abbiamo | sentito |
| *voi* | sentiate | *voi* | abbiate | sentito |
| *essi* | sèntano | *essi* | àbbiano | sentito |

| imperfetto | | trapassato | | |
|---|---|---|---|---|
| *io* | sentissi | *io* | avessi | sentito |
| *tu* | sentissi | *tu* | avessi | sentito |
| *egli* | sentisse | *egli* | avesse | sentito |
| *noi* | sentissimo | *noi* | avéssimo | sentito |
| *voi* | sentiste | *voi* | aveste | sentito |
| *essi* | sentìssero | *essi* | avéssero | sentito |

## infinito

| presente | passato |
|---|---|
| sentire | avere sentito |

## participio

| presente | passato |
|---|---|
| sentente | sentito |

## gerundio

| presente | passato |
|---|---|
| sentendo | avendo sentito |

È il verbo modello della terza coniugazione.
Alcuni verbi che seguono questo modello, come *dormire* o *nutrire*, inseriscono una i prima della desinenza del participio presente: *dormiente*, *nutriente*.

# finire

## indicativo

| presente | | passato prossimo | | |
|---|---|---|---|---|
| *io* | finisco | *io* | ho | finito |
| *tu* | finisci | *tu* | hai | finito |
| *egli* | finisce | *egli* | ha | finito |
| *noi* | finiamo | *noi* | abbiamo | finito |
| *voi* | finite | *voi* | avete | finito |
| *essi* | finìscono | *essi* | hanno | finito |

| imperfetto | | trapassato prossimo | | |
|---|---|---|---|---|
| *io* | finivo | *io* | avevo | finito |
| *tu* | finivi | *tu* | avevi | finito |
| *egli* | finiva | *egli* | aveva | finito |
| *noi* | finivamo | *noi* | avevamo | finito |
| *voi* | finivate | *voi* | avevate | finito |
| *essi* | finìvano | *essi* | avévano | finito |

| passato remoto | | trapassato remoto | | |
|---|---|---|---|---|
| *io* | finii | *io* | ebbi | finito |
| *tu* | finisti | *tu* | avesti | finito |
| *egli* | finì | *egli* | ebbe | finito |
| *noi* | finimmo | *noi* | avemmo | finito |
| *voi* | finiste | *voi* | aveste | finito |
| *essi* | finìrono | *essi* | èbbero | finito |

| futuro semplice | | futuro anteriore | | |
|---|---|---|---|---|
| *io* | finirò | *io* | avrò | finito |
| *tu* | finirai | *tu* | avrai | finito |
| *egli* | finirà | *egli* | avrà | finito |
| *noi* | finiremo | *noi* | avremo | finito |
| *voi* | finirete | *voi* | avrete | finito |
| *essi* | finiranno | *essi* | avranno | finito |

## condizionale

| presente | | passato | | |
|---|---|---|---|---|
| *io* | finirei | *io* | avrei | finito |
| *tu* | finiresti | *tu* | avresti | finito |
| *egli* | finirebbe | *egli* | avrebbe | finito |
| *noi* | finiremmo | *noi* | avremmo | finito |
| *voi* | finireste | *voi* | avreste | finito |
| *essi* | finirèbbero | *essi* | avrèbbero | finito |

## imperativo

**presente**

| | |
|---|---|
| ... | |
| finisci | *tu* |
| finisca | *egli* |
| finiamo | *noi* |
| finite | *voi* |
| finìscano | *essi* |

## congiuntivo

| presente | | passato | | |
|---|---|---|---|---|
| *io* | finisca | *io* | àbbia | finito |
| *tu* | finisca | *tu* | àbbia | finito |
| *egli* | finisca | *egli* | àbbia | finito |
| *noi* | finiamo | *noi* | abbiamo | finito |
| *voi* | finiate | *voi* | abbiate | finito |
| *essi* | finìscano | *essi* | àbbiano | finito |

| imperfetto | | trapassato | | |
|---|---|---|---|---|
| *io* | finissi | *io* | avessi | finito |
| *tu* | finissi | *tu* | avessi | finito |
| *egli* | finisse | *egli* | avesse | finito |
| *noi* | finìssimo | *noi* | avéssimo | finito |
| *voi* | finiste | *voi* | aveste | finito |
| *essi* | finìssero | *essi* | avéssero | finito |

## infinito

| presente | passato |
|---|---|
| finire | avere finito |

## participio

| presente | passato |
|---|---|
| finente | finito |

## gerundio

| presente | passato |
|---|---|
| finendo | avendo finito |

*Finire* e gli altri numerosissimi verbi che seguono questo modello inseriscono il gruppo isc prima della desinenza alla I, II, III persona singolare e III plurale del presente indicativo e congiuntivo e dell'imperativo. Alcuni verbi ammettono entrambi i modelli di coniugazione: questo e quello illustrato alla tav. 95.
*Profferire* e *seppellire* si coniugano secondo questo modello, ma al participio passato registrano anche le forme *profferto* e *sepolto*.

## indicativo

**presente**

| | |
|---|---|
| *io* | appaio |
| *tu* | appari |
| *egli* | appare |
| *noi* | appariamo |
| *voi* | apparite |
| *essi* | appàiono |

**passato prossimo**

| | | |
|---|---|---|
| *io* | sono | apparso |
| *tu* | sei | apparso |
| *egli* | è | apparso |
| *noi* | siamo | apparsi |
| *voi* | siete | apparsi |
| *essi* | sono | apparsi |

**imperfetto**

| | |
|---|---|
| *io* | apparivo |
| *tu* | apparivi |
| *egli* | appariva |
| *noi* | apparivamo |
| *voi* | apparivate |
| *essi* | apparìvano |

**trapassato prossimo**

| | | |
|---|---|---|
| *io* | ero | apparso |
| *tu* | eri | apparso |
| *egli* | era | apparso |
| *noi* | eravamo | apparsi |
| *voi* | eravate | apparsi |
| *essi* | èrano | apparsi |

**passato remoto**

| | |
|---|---|
| *io* | apparvi |
| *tu* | apparisti |
| *egli* | apparve |
| *noi* | apparimmo |
| *voi* | appariste |
| *essi* | appàrvero |

**trapassato remoto**

| | | |
|---|---|---|
| *io* | fui | apparso |
| *tu* | fosti | apparso |
| *egli* | fu | apparso |
| *noi* | fummo | apparsi |
| *voi* | foste | apparsi |
| *essi* | fùrono | apparsi |

**futuro semplice**

| | |
|---|---|
| *io* | apparirò |
| *tu* | apparirai |
| *egli* | apparirà |
| *noi* | appariremo |
| *voi* | apparirete |
| *essi* | appariranno |

**futuro anteriore**

| | | |
|---|---|---|
| *io* | sarò | apparso |
| *tu* | sarai | apparso |
| *egli* | sarà | apparso |
| *noi* | saremo | apparsi |
| *voi* | sarete | apparsi |
| *essi* | saranno | apparsi |

## condizionale

**presente**

| | |
|---|---|
| *io* | apparirei |
| *tu* | appariresti |
| *egli* | apparirebbe |
| *noi* | appariremmo |
| *voi* | apparireste |
| *essi* | apparirèbbero |

**passato**

| | | |
|---|---|---|
| *io* | sarei | apparso |
| *tu* | saresti | apparso |
| *egli* | sarebbe | apparso |
| *noi* | saremmo | apparsi |
| *voi* | sareste | apparsi |
| *essi* | sarèbbero | apparsi |

## imperativo

**presente**

| | |
|---|---|
| ... | |
| appari | *tu* |
| appaia | *egli* |
| appariamo | *noi* |
| apparite | *voi* |
| appàiano | *essi* |

## congiuntivo

**presente**

| | |
|---|---|
| *io* | appaia |
| *tu* | appaia |
| *egli* | appaia |
| *noi* | appariamo |
| *voi* | appariate |
| *essi* | appàiano |

**passato**

| | | |
|---|---|---|
| *io* | sia | apparso |
| *tu* | sia | apparso |
| *egli* | sia | apparso |
| *noi* | siamo | apparsi |
| *voi* | siate | apparsi |
| *essi* | sìano | apparsi |

**imperfetto**

| | |
|---|---|
| *io* | apparissi |
| *tu* | apparissi |
| *egli* | apparisse |
| *noi* | apparìssimo |
| *voi* | appariste |
| *essi* | apparìssero |

**trapassato**

| | | |
|---|---|---|
| *io* | fossi | apparso |
| *tu* | fossi | apparso |
| *egli* | fosse | apparso |
| *noi* | fóssimo | apparsi |
| *voi* | foste | apparsi |
| *essi* | fóssero | apparsi |

## infinito

| **presente** | **passato** |
|---|---|
| apparire | essere apparso |

## participio

| **presente** | **passato** |
|---|---|
| apparente | apparso |

## gerundio

| **presente** | **passato** |
|---|---|
| apparendo | essendo apparso |

*Apparire* presenta due particolarità:

- modifica la radice in alcune forme del presente indicativo e congiuntivo (appai-);
- modifica radice e desinenza al passato remoto (I e III persona singolare e III plurale) e al participio passato.

Più raramente può essere coniugato secondo il modello illustrato alla tav. 96.

## indicativo

| presente | | passato prossimo | | |
|---|---|---|---|---|
| *io* | apro | *io* | ho | aperto |
| *tu* | apri | *tu* | hai | aperto |
| *egli* | apre | *egli* | ha | aperto |
| *noi* | apriamo | *noi* | abbiamo | aperto |
| *voi* | aprite | *voi* | avete | aperto |
| *essi* | **à**prono | *essi* | hanno | aperto |

| imperfetto | | trapassato prossimo | | |
|---|---|---|---|---|
| *io* | aprivo | *io* | avevo | aperto |
| *tu* | aprivi | *tu* | avevi | aperto |
| *egli* | apriva | *egli* | aveva | aperto |
| *noi* | aprivamo | *noi* | avevamo | aperto |
| *voi* | aprivate | *voi* | avevate | aperto |
| *essi* | apr**ì**vano | *essi* | av**é**vano | aperto |

| passato remoto | | trapassato remoto | | |
|---|---|---|---|---|
| *io* | aprii, apersi | *io* | ebbi | aperto |
| *tu* | apristi | *tu* | avesti | aperto |
| *egli* | aprì, aperse | *egli* | ebbe | aperto |
| *noi* | aprimmo | *noi* | avemmo | aperto |
| *voi* | apriste | *voi* | aveste | aperto |
| *essi* | apr**ì**rono, apèrsero | *essi* | **è**bbero | aperto |

| futuro semplice | | futuro anteriore | | |
|---|---|---|---|---|
| *io* | aprirò | *io* | avrò | aperto |
| *tu* | aprirai | *tu* | avrai | aperto |
| *egli* | aprirà | *egli* | avrà | aperto |
| *noi* | apriremo | *noi* | avremo | aperto |
| *voi* | aprirete | *voi* | avrete | aperto |
| *essi* | apriranno | *essi* | avranno | aperto |

## congiuntivo

| presente | | passato | | |
|---|---|---|---|---|
| *io* | apra | *io* | **à**bbia | aperto |
| *tu* | apra | *tu* | **à**bbia | aperto |
| *egli* | apra | *egli* | **à**bbia | aperto |
| *noi* | apriamo | *noi* | abbiamo | aperto |
| *voi* | apriate | *voi* | abbiate | aperto |
| *essi* | **à**prano | *essi* | **à**bbiano | aperto |

| imperfetto | | trapassato | | |
|---|---|---|---|---|
| *io* | aprissi | *io* | avessi | aperto |
| *tu* | aprissi | *tu* | avessi | aperto |
| *egli* | aprisse | *egli* | avesse | aperto |
| *noi* | apr**ì**ssimo | *noi* | av**é**ssimo | aperto |
| *voi* | apriste | *voi* | aveste | aperto |
| *essi* | apr**ì**ssero | *essi* | av**é**ssero | aperto |

## condizionale

| presente | | passato | | |
|---|---|---|---|---|
| *io* | aprirei | *io* | avrei | aperto |
| *tu* | apriresti | *tu* | avresti | aperto |
| *egli* | aprirebbe | *egli* | avrebbe | aperto |
| *noi* | apriremmo | *noi* | avremmo | aperto |
| *voi* | aprireste | *voi* | avreste | aperto |
| *essi* | aprir**è**bbero | *essi* | avr**è**bbero | aperto |

## imperativo

**presente**

| | |
|---|---|
| ... | |
| apri | *tu* |
| apra | *egli* |
| apriamo | *noi* |
| aprite | *voi* |
| **à**prano | *essi* |

## infinito

| presente | passato |
|---|---|
| aprire | avere aperto |

## participio

| presente | passato |
|---|---|
| aprente | aperto |

## gerundio

| presente | passato |
|---|---|
| aprendo | avendo aperto |

---

*Aprire* e i verbi che seguono questo modello (*coprire*, *offrire*, *soffrire* ecc.) modificano radice e desinenza a participio passato. Al passato remoto (I e III persona singolare e III plurale) presentano anche le forme irregolari in -ersi, -erse, -ersero.
*Inferire* nel senso di 'dare, colpire' al passato remoto presenta le forme irregolari *infersi*, *inferse*, *infersero*, participio passato *inferto*; nel senso di 'dedurre, desumere' al passato remoto ha le forme regolari *inferii*, *inferisti*, *inferì*, al participio passato *inferito*; all'indicativo e congiuntivo presente si coniuga come *finire* (tav. 96).

## indicativo

**presente**

| | |
|---|---|
| *io* | cucio |
| *tu* | cuci |
| *egli* | cuce |
| *noi* | cuciamo |
| *voi* | cucite |
| *essi* | cù**c**iono |

**imperfetto**

| | |
|---|---|
| *io* | cucivo |
| *tu* | cucivi |
| *egli* | cuciva |
| *noi* | cucivamo |
| *voi* | cucivate |
| *essi* | cucìvano |

**passato remoto**

| | |
|---|---|
| *io* | cucii |
| *tu* | cucisti |
| *egli* | cucì |
| *noi* | cucimmo |
| *voi* | cuciste |
| *essi* | cucìrono |

**futuro semplice**

| | |
|---|---|
| *io* | cucirò |
| *tu* | cucirai |
| *egli* | cucirà |
| *noi* | cuciremo |
| *voi* | cucirete |
| *essi* | cuciranno |

**passato prossimo**

| | | |
|---|---|---|
| *io* | ho | cucito |
| *tu* | hai | cucito |
| *egli* | ha | cucito |
| *noi* | abbiamo | cucito |
| *voi* | avete | cucito |
| *essi* | hanno | cucito |

**trapassato prossimo**

| | | |
|---|---|---|
| *io* | avevo | cucito |
| *tu* | avevi | cucito |
| *egli* | aveva | cucito |
| *noi* | avevamo | cucito |
| *voi* | avevate | cucito |
| *essi* | avévano | cucito |

**trapassato remoto**

| | | |
|---|---|---|
| *io* | ebbi | cucito |
| *tu* | avesti | cucito |
| *egli* | ebbe | cucito |
| *noi* | avemmo | cucito |
| *voi* | aveste | cucito |
| *essi* | èbbero | cucito |

**futuro anteriore**

| | | |
|---|---|---|
| *io* | avrò | cucito |
| *tu* | avrai | cucito |
| *egli* | avrà | cucito |
| *noi* | avremo | cucito |
| *voi* | avrete | cucito |
| *essi* | avranno | cucito |

## condizionale

**presente**

| | |
|---|---|
| *io* | cucirei |
| *tu* | cuciresti |
| *egli* | cucirebbe |
| *noi* | cuciremmo |
| *voi* | cucireste |
| *essi* | cucirèbbero |

**passato**

| | | |
|---|---|---|
| *io* | avrei | cucito |
| *tu* | avresti | cucito |
| *egli* | avrebbe | cucito |
| *noi* | avremmo | cucito |
| *voi* | avreste | cucito |
| *essi* | avrèbbero | cucito |

## imperativo

**presente**

| | |
|---|---|
| ... | |
| cuci | *tu* |
| cucia | *egli* |
| cuciamo | *noi* |
| cucite | *voi* |
| cùciano | *essi* |

## congiuntivo

**presente**

| | |
|---|---|
| *io* | cucia |
| *tu* | cucia |
| *egli* | cucia |
| *noi* | cuciamo |
| *voi* | cuciate |
| *essi* | cùciano |

**imperfetto**

| | |
|---|---|
| *io* | cucissi |
| *tu* | cucissi |
| *egli* | cucisse |
| *noi* | cucìssimo |
| *voi* | cuciste |
| *essi* | cucìssero |

**passato**

| | | |
|---|---|---|
| *io* | àbbia | cucito |
| *tu* | àbbia | cucito |
| *egli* | àbbia | cucito |
| *noi* | abbiamo | cucito |
| *voi* | abbiate | cucito |
| *essi* | àbbiano | cucito |

**trapassato**

| | | |
|---|---|---|
| *io* | avessi | cucito |
| *tu* | avessi | cucito |
| *egli* | avesse | cucito |
| *noi* | avéssimo | cucito |
| *voi* | aveste | cucito |
| *essi* | avéssero | cucito |

## infinito

| **presente** | **passato** |
|---|---|
| cucire | avere cucito |

## participio

| **presente** | **passato** |
|---|---|
| cucente | cucito |

## gerundio

| **presente** | **passato** |
|---|---|
| cucendo | avendo cucito |

*Cucire* e i suoi composti per mantenere il suono palatale della c al presente indicativo e congiuntivo e all'imperativo inseriscono una i prima delle desinenze che cominciano per a e o.

## indicativo

**presente**

| | |
|---|---|
| *io* | muoio |
| *tu* | muori |
| *egli* | muore |
| *noi* | moriamo |
| *voi* | morite |
| *essi* | muòiono |

**passato prossimo**

| | | |
|---|---|---|
| *io* | sono | morto |
| *tu* | sei | morto |
| *egli* | è | morto |
| *noi* | siamo | morti |
| *voi* | siete | morti |
| *essi* | sono | morti |

**imperfetto**

| | |
|---|---|
| *io* | morivo |
| *tu* | morivi |
| *egli* | moriva |
| *noi* | morivamo |
| *voi* | morivate |
| *essi* | morìvano |

**trapassato prossimo**

| | | |
|---|---|---|
| *io* | ero | morto |
| *tu* | eri | morto |
| *egli* | era | morto |
| *noi* | eravamo | morti |
| *voi* | eravate | morti |
| *essi* | èrano | morti |

**passato remoto**

| | |
|---|---|
| *io* | morii |
| *tu* | moristi |
| *egli* | morì |
| *noi* | morimmo |
| *voi* | moriste |
| *essi* | morìrono |

**trapassato remoto**

| | | |
|---|---|---|
| *io* | fui | morto |
| *tu* | fosti | morto |
| *egli* | fu | morto |
| *noi* | fummo | morti |
| *voi* | foste | morti |
| *essi* | fùrono | morti |

**futuro semplice**

| | |
|---|---|
| *io* | morirò, morrò |
| *tu* | morirai, morrai |
| *egli* | morirà, morrà |
| *noi* | moriremo, morremo |
| *voi* | morirete, morrete |
| *essi* | moriranno, morranno |

**futuro anteriore**

| | | |
|---|---|---|
| *io* | sarò | morto |
| *tu* | sarai | morto |
| *egli* | sarà | morto |
| *noi* | saremo | morti |
| *voi* | sarete | morti |
| *essi* | saranno | morti |

## condizionale

**presente**

| | |
|---|---|
| *io* | morirei, morrei |
| *tu* | moriresti, morresti |
| *egli* | morrebbe, morrebbe |
| *noi* | moriremmo, morremmo |
| *voi* | morireste, morreste |
| *essi* | morirèbbero, morrèbbero |

**passato**

| | | |
|---|---|---|
| *io* | sarei | morto |
| *tu* | saresti | morto |
| *egli* | sarebbe | morto |
| *noi* | saremmo | morti |
| *voi* | sareste | morti |
| *essi* | sarèbbero | morti |

## imperativo

**presente**

| | |
|---|---|
| ... | |
| muori | *tu* |
| muoia | *egli* |
| moriamo | *noi* |
| morite | *voi* |
| muòiano | *essi* |

## congiuntivo

**presente**

| | |
|---|---|
| *io* | muoia |
| *tu* | muoia |
| *egli* | muoia |
| *noi* | moriamo |
| *voi* | moriate |
| *essi* | muòiano |

**passato**

| | | |
|---|---|---|
| *io* | sia | morto |
| *tu* | sia | morto |
| *egli* | sia | morto |
| *noi* | siamo | morti |
| *voi* | siate | morti |
| *essi* | sìano | morti |

**imperfetto**

| | |
|---|---|
| *io* | morissi |
| *tu* | morissi |
| *egli* | morisse |
| *noi* | morìssimo |
| *voi* | moriste |
| *essi* | morìssero |

**trapassato**

| | | |
|---|---|---|
| *io* | fossi | morto |
| *tu* | fossi | morto |
| *egli* | fosse | morto |
| *noi* | fóssimo | morti |
| *voi* | foste | morti |
| *essi* | fóssero | morti |

## infinito

| presente | passato |
|---|---|
| morire | essere morto |

## participio

| presente | passato |
|---|---|
| morente | morto |

## gerundio

| presente | passato |
|---|---|
| morendo | essendo morto |

*Morire* presenta alcune particolarità:
- modifica la radice in alcune forme del presente indicativo e congiuntivo (muoi-);
- introduce il dittongo mobile uo sulle sillabe toniche (*io muòio*, *noi moriàmo*);
- al participio passato presenta la forma irregolare *morto*;
- al futuro semplice e al condizionale registra, in alternativa a quelle regolari, anche le forme contratte *io morrò / morrei* ecc.

## indicativo

| presente | | passato prossimo | | |
|---|---|---|---|---|
| *io* | salgo | *io* | sono | salito |
| *tu* | sali | *tu* | sei | salito |
| *egli* | sale | *egli* | è | salito |
| *noi* | saliamo | *noi* | siamo | saliti |
| *voi* | salite | *voi* | siete | saliti |
| *essi* | sàlgono | *essi* | sono | saliti |

| imperfetto | | trapassato prossimo | | |
|---|---|---|---|---|
| *io* | salivo | *io* | ero | salito |
| *tu* | salivi | *tu* | eri | salito |
| *egli* | saliva | *egli* | era | salito |
| *noi* | salivamo | *noi* | eravamo | saliti |
| *voi* | salivate | *voi* | eravate | saliti |
| *essi* | salìvano | *essi* | èrano | saliti |

| passato remoto | | trapassato remoto | | |
|---|---|---|---|---|
| *io* | salii | *io* | fui | salito |
| *tu* | salisti | *tu* | fosti | salito |
| *egli* | salì | *egli* | fu | salito |
| *noi* | salimmo | *noi* | fummo | saliti |
| *voi* | saliste | *voi* | foste | saliti |
| *essi* | salìrono | *essi* | fùrono | saliti |

| futuro semplice | | futuro anteriore | | |
|---|---|---|---|---|
| *io* | salirò | *io* | sarò | salito |
| *tu* | salirai | *tu* | sarai | salito |
| *egli* | salirà | *egli* | sarà | salito |
| *noi* | saliremo | *noi* | saremo | saliti |
| *voi* | salirete | *voi* | sarete | saliti |
| *essi* | saliranno | *essi* | saranno | saliti |

## condizionale

**presente**

| | |
|---|---|
| *io* | salirei |
| *tu* | saliresti |
| *egli* | salirebbe |
| *noi* | saliremmo |
| *voi* | salireste |
| *essi* | salirèbbero |

**passato**

| | | |
|---|---|---|
| *io* | sarei | salito |
| *tu* | saresti | salito |
| *egli* | sarebbe | salito |
| *noi* | saremmo | saliti |
| *voi* | sareste | saliti |
| *essi* | sarèbbero | saliti |

## imperativo

**presente**

...

| | |
|---|---|
| sali | *tu* |
| salga | *egli* |
| saliamo | *noi* |
| salite | *voi* |
| sàlgano | *essi* |

## congiuntivo

| presente | | passato | | |
|---|---|---|---|---|
| *io* | salga | *io* | sia | salito |
| *tu* | salga | *tu* | sia | salito |
| *egli* | salga | *egli* | sia | salito |
| *noi* | saliamo | *noi* | siamo | saliti |
| *voi* | saliate | *voi* | siate | saliti |
| *essi* | sàlgano | *essi* | sìano | saliti |

| imperfetto | | trapassato | | |
|---|---|---|---|---|
| *io* | salissi | *io* | fossi | salito |
| *tu* | salissi | *tu* | fossi | salito |
| *egli* | salisse | *egli* | fosse | salito |
| *noi* | salìssimo | *noi* | fóssimo | saliti |
| *voi* | saliste | *voi* | foste | saliti |
| *essi* | salìssero | *essi* | fóssero | saliti |

## infinito

| presente | passato |
|---|---|
| salire | essere salito |

## participio

| presente | passato |
|---|---|
| salente, saliente | salito |

## gerundio

| presente | passato |
|---|---|
| salendo | essendo salito |

---

In alcune forme del presente indicativo e congiuntivo e all'imperativo, *salire* e i suoi composti inseriscono una g prima delle desinenze che cominciano per a e per o. Al participio presente *salire* registra anche la forma *saliente*, mentre i composti la sola forma regolare in -ente.

## indicativo

| presente | | passato prossimo | | |
|---|---|---|---|---|
| *io* | odo | *io* | ho | udito |
| *tu* | odi | *tu* | hai | udito |
| *egli* | ode | *egli* | ha | udito |
| *noi* | udiamo | *noi* | abbiamo | udito |
| *voi* | udite | *voi* | avete | udito |
| *essi* | òdono | *essi* | hanno | udito |
| **imperfetto** | | **trapassato prossimo** | | |
| *io* | udivo | *io* | avevo | udito |
| *tu* | udivi | *tu* | avevi | udito |
| *egli* | udiva | *egli* | aveva | udito |
| *noi* | udivamo | *noi* | avevamo | udito |
| *voi* | udivate | *voi* | avevate | udito |
| *essi* | udìvano | *essi* | avévano | udito |
| **passato remoto** | | **trapassato remoto** | | |
| *io* | udii | *io* | ebbi | udito |
| *tu* | udisti | *tu* | avesti | udito |
| *egli* | udì | *egli* | ebbe | udito |
| *noi* | udimmo | *noi* | avemmo | udito |
| *voi* | udiste | *voi* | aveste | udito |
| *essi* | udìrono | *essi* | èbbero | udito |
| **futuro semplice** | | **futuro anteriore** | | |
| *io* | ud(i)rò | *io* | avrò | udito |
| *tu* | ud(i)rai | *tu* | avrai | udito |
| *egli* | ud(i)rà | *egli* | avrà | udito |
| *noi* | ud(i)remo | *noi* | avremo | udito |
| *voi* | ud(i)rete | *voi* | avrete | udito |
| *essi* | ud(i)ranno | *essi* | avranno | udito |

## condizionale

| presente | | passato | | |
|---|---|---|---|---|
| *io* | ud(i)rei | *io* | avrei | udito |
| *tu* | ud(i)resti | *tu* | avresti | udito |
| *egli* | ud(i)rebbe | *egli* | avrebbe | udito |
| *noi* | ud(i)remmo | *noi* | avremmo | udito |
| *voi* | ud(i)reste | *voi* | avreste | udito |
| *essi* | ud(i)rèbbero | *essi* | avrèbbero | udito |

## imperativo

**presente**

| | |
|---|---|
| ... | |
| odi | *tu* |
| oda | *egli* |
| udiamo | *noi* |
| udite | *voi* |
| òdano | *essi* |

## congiuntivo

| presente | | passato | | |
|---|---|---|---|---|
| *io* | oda | *io* | àbbia | udito |
| *tu* | oda | *tu* | àbbia | udito |
| *egli* | oda | *egli* | àbbia | udito |
| *noi* | udiamo | *noi* | abbiamo | udito |
| *voi* | udiate | *voi* | abbiate | udito |
| *essi* | òdano | *essi* | àbbiano | udito |
| **imperfetto** | | **trapassato** | | |
| *io* | udissi | *io* | avessi | udito |
| *tu* | udissi | *tu* | avessi | udito |
| *egli* | udisse | *egli* | avesse | udito |
| *noi* | udìssimo | *noi* | avéssimo | udito |
| *voi* | udiste | *voi* | aveste | udito |
| *essi* | udìssero | *essi* | avéssero | udito |

## infinito

| presente | passato |
|---|---|
| udire | avere udito |

## participio

| presente | passato |
|---|---|
| udente | udito |

## gerundio

| presente | passato |
|---|---|
| udendo | avendo udito |

*Udire* ha due particolarità:
- al presente indicativo e congiuntivo e all'imperativo presenta o nelle sillabe toniche (*io òdo*) e u in quelle atone (*noi udiàmo*);
- al futuro presente e al condizionale ha sia le forme estese (con i: *io udirò*) sia quelle contratte (senza i: *io udrò*).

## indicativo

**presente**

| | |
|---|---|
| *io* | esco |
| *tu* | esci |
| *egli* | esce |
| *noi* | usciamo |
| *voi* | uscite |
| *essi* | èscono |

**imperfetto**

| | |
|---|---|
| *io* | uscivo |
| *tu* | uscivi |
| *egli* | usciva |
| *noi* | uscivamo |
| *voi* | uscivate |
| *essi* | uscìvano |

**passato remoto**

| | |
|---|---|
| *io* | uscii |
| *tu* | uscisti |
| *egli* | uscì |
| *noi* | uscimmo |
| *voi* | usciste |
| *essi* | uscìrono |

**futuro semplice**

| | |
|---|---|
| *io* | uscirò |
| *tu* | uscirai |
| *egli* | uscirà |
| *noi* | usciremo |
| *voi* | uscirete |
| *essi* | usciranno |

**passato prossimo**

| | | |
|---|---|---|
| *io* | sono | uscito |
| *tu* | sei | uscito |
| *egli* | è | uscito |
| *noi* | siamo | usciti |
| *voi* | siete | usciti |
| *essi* | sono | usciti |

**trapassato prossimo**

| | | |
|---|---|---|
| *io* | ero | uscito |
| *tu* | eri | uscito |
| *egli* | era | uscito |
| *noi* | eravamo | usciti |
| *voi* | eravate | usciti |
| *essi* | èrano | usciti |

**trapassato remoto**

| | | |
|---|---|---|
| *io* | fui | uscito |
| *tu* | fosti | uscito |
| *egli* | fu | uscito |
| *noi* | fummo | usciti |
| *voi* | foste | usciti |
| *essi* | fùrono | usciti |

**futuro anteriore**

| | | |
|---|---|---|
| *io* | sarò | uscito |
| *tu* | sarai | uscito |
| *egli* | sarà | uscito |
| *noi* | saremo | usciti |
| *voi* | sarete | usciti |
| *essi* | saranno | usciti |

## condizionale

**presente**

| | |
|---|---|
| *io* | uscirei |
| *tu* | usciresti |
| *egli* | uscirebbe |
| *noi* | usciremmo |
| *voi* | uscireste |
| *essi* | uscirèbbero |

**passato**

| | | |
|---|---|---|
| *io* | sarei | uscito |
| *tu* | saresti | uscito |
| *egli* | sarebbe | uscito |
| *noi* | saremmo | usciti |
| *voi* | sareste | usciti |
| *essi* | sarèbbero | usciti |

## imperativo

**presente**

| | |
|---|---|
| ... | |
| esci | *tu* |
| esca | *egli* |
| usciamo | *noi* |
| uscite | *voi* |
| èscano | *essi* |

## congiuntivo

**presente**

| | |
|---|---|
| *io* | esca |
| *tu* | esca |
| *egli* | esca |
| *noi* | usciamo |
| *voi* | usciate |
| *essi* | èscano |

**imperfetto**

| | |
|---|---|
| *io* | uscissi |
| *tu* | uscissi |
| *egli* | uscisse |
| *noi* | uscìssimo |
| *voi* | usciste |
| *essi* | uscìssero |

**passato**

| | | |
|---|---|---|
| *io* | sia | uscito |
| *tu* | sia | uscito |
| *egli* | sia | uscito |
| *noi* | siamo | usciti |
| *voi* | siate | usciti |
| *essi* | sìano | usciti |

**trapassato**

| | | |
|---|---|---|
| *io* | fossi | uscito |
| *tu* | fossi | uscito |
| *egli* | fosse | uscito |
| *noi* | fóssimo | usciti |
| *voi* | foste | usciti |
| *essi* | fóssero | usciti |

## infinito

| **presente** | **passato** |
|---|---|
| uscire | essere uscito |

## participio

| **presente** | **passato** |
|---|---|
| uscente | uscito |

## gerundio

| **presente** | **passato** |
|---|---|
| uscendo | essendo uscito |

*Uscire* e i suoi composti al presente indicativo e congiuntivo e all'imperativo presentano e nelle sillabe toniche (*io èsco*) e u in quelle atone (*noi usciàmo*).

## indicativo

**presente**

| | |
|---|---|
| *io* | vengo |
| *tu* | vieni |
| *egli* | viene |
| *noi* | veniamo |
| *voi* | venite |
| *essi* | vèngono |

**imperfetto**

| | |
|---|---|
| *io* | venivo |
| *tu* | venivi |
| *egli* | veniva |
| *noi* | venivamo |
| *voi* | venivate |
| *essi* | venìvano |

**passato remoto**

| | |
|---|---|
| *io* | venni |
| *tu* | venisti |
| *egli* | venne |
| *noi* | venimmo |
| *voi* | veniste |
| *essi* | vénnero |

**futuro semplice**

| | |
|---|---|
| *io* | verrò |
| *tu* | verrai |
| *egli* | verrà |
| *noi* | verremo |
| *voi* | verrete |
| *essi* | verranno |

**passato prossimo**

| | | |
|---|---|---|
| *io* | sono | venuto |
| *tu* | sei | venuto |
| *egli* | è | venuto |
| *noi* | siamo | venuti |
| *voi* | siete | venuti |
| *essi* | sono | venuti |

**trapassato prossimo**

| | | |
|---|---|---|
| *io* | ero | venuto |
| *tu* | eri | venuto |
| *egli* | era | venuto |
| *noi* | eravamo | venuti |
| *voi* | eravate | venuti |
| *essi* | èrano | venuti |

**trapassato remoto**

| | | |
|---|---|---|
| *io* | fui | venuto |
| *tu* | fosti | venuto |
| *egli* | fu | venuto |
| *noi* | fummo | venuti |
| *voi* | foste | venuti |
| *essi* | fùrono | venuti |

**futuro anteriore**

| | | |
|---|---|---|
| *io* | sarò | venuto |
| *tu* | sarai | venuto |
| *egli* | sarà | venuto |
| *noi* | saremo | venuti |
| *voi* | sarete | venuti |
| *essi* | saranno | venuti |

## condizionale

**presente**

| | |
|---|---|
| *io* | verrei |
| *tu* | verresti |
| *egli* | verrebbe |
| *noi* | verremmo |
| *voi* | verreste |
| *essi* | verrèbbero |

**passato**

| | | |
|---|---|---|
| *io* | sarei | venuto |
| *tu* | saresti | venuto |
| *egli* | sarebbe | venuto |
| *noi* | saremmo | venuti |
| *voi* | sareste | venuti |
| *essi* | sarèbbero | venuti |

## imperativo

**presente**

| | |
|---|---|
| ... | |
| vieni | *tu* |
| venga | *egli* |
| veniamo | *noi* |
| venite | *voi* |
| vèngano | *essi* |

## congiuntivo

**presente**

| | |
|---|---|
| *io* | venga |
| *tu* | venga |
| *egli* | venga |
| *noi* | veniamo |
| *voi* | veniate |
| *essi* | vèngano |

**imperfetto**

| | |
|---|---|
| *io* | venissi |
| *tu* | venissi |
| *egli* | venisse |
| *noi* | venìssimo |
| *voi* | veniste |
| *essi* | venìssero |

**passato**

| | | |
|---|---|---|
| *io* | sia | venuto |
| *tu* | sia | venuto |
| *egli* | sia | venuto |
| *noi* | siamo | venuti |
| *voi* | siate | venuti |
| *essi* | sìano | venuti |

**trapassato**

| | | |
|---|---|---|
| *io* | fossi | venuto |
| *tu* | fossi | venuto |
| *egli* | fosse | venuto |
| *noi* | fóssimo | venuti |
| *voi* | foste | venuti |
| *essi* | fóssero | venuti |

## infinito

| **presente** | **passato** |
|---|---|
| venire | essere venuto |

## participio

| **presente** | **passato** |
|---|---|
| veniente | venuto |

## gerundio

| **presente** | **passato** |
|---|---|
| venendo | essendo venuto |

*Venire* e i suoi composti presentano numerose particolarità:
- al presente indicativo e congiuntivo e all'imperativo inseriscono una g prima delle desinenze che cominciano per a e per o; dittongano inoltre la e in ie nelle sillabe toniche (*egli viène*, *noi veniàmo*);
- modificano radice e desinenza alla I e III persona singolare e alla III plurale del passato remoto;
- al futuro semplice e al condizionale formano tutte le persone dalla radice verr-;
- al participio presente inseriscono una i prima della desinenza -ente (*veniente*);
- formano il participio passato con la desinenza in -uto.

# I PRINCIPALI VERBI DIFETTIVI

# legenda

| | |
|---|---|
| **I** | intransitivo |
| **T** | transitivo |
| **P** | pronominale |
| e | ausiliare *avere* (verbi intransitivi o impersonali) |
| e-a | ausiliare *essere* (più frequente) o *avere* (verbi intransitivi e impersonali) |

| | | |
|---|---|---|
| addirsi | **P** | Usate solo le forme *addice*, *addìcono*, *addiceva*, *addicévano*, *addicesse*, *addicéssero*. |
| affarsi | **P** | Usate solo le forme *si affà*, *si affaceva*, *si affacesse*. |
| aggradare | **I** | Usata solo la forma *aggrada*. |
| àlgere o algere | **I** | Usate solo le forme del passato remoto *io alsi, egli alse* e il participio presente *algente*. |
| bisognare | **I** | Usato solo alla III persona singolare e plurale. Coniugato come *amare* (tav. 5). |
| calére | **I** | Si usa quasi solo l'indicativo *cale*. Rari il passato remoto *calse*, il congiuntivo *caglia*, il gerundio *calendo*. |
| cèrnere | **T** | Sono molto rari il participio passato *cernito* e i tempi composti. Coniugato come *temere* (tav. 18). |
| còlere | **T** | Usata solo la III persona singolare del presente indicativo, *egli cole*. |
| combùrere | **T** | Si usano solo la III persona singolare del presente indicativo (*egli combure*), la I persona e la III del passato remoto (*io combussi*, *egli combusse*), il gerundio (*comburendo*), il participio presente (*comburente*), il participio passato (*combusto*) con i tempi composti. |
| compètere | **I** | Manca del participio passato e dei tempi composti. Coniugato come *temere* (tav. 18). |
| concèrnere | **T** | Manca del participio passato e dei tempi composti. Molto raro il passato remoto. Coniugato come *temere* (tav. 18). |
| consùmere | **T** | Usate solo le forme del passato remoto *io consunsi*, *egli consunse*, il participio passato *consunto* e i tempi composti. |
| controvèrtere | **T** | Usato solo al presente indicativo, all'imperfetto indicativo e congiuntivo e all'infinito. Coniugato come *sentire* (tav. 95). |
| decere | **I** | Si usa solo la III singolare del presente (*dece*) e dell'imperfetto (*deceva*). |
| delìnquere | **I** | Usato solo all'infinito. |
| dirìmere | **T** | Manca del participio passato e dei tempi composti. Coniugato come *redìmere* (tav. 70) |

| | | |
|---|---|---|
| discèrnere | **T** | Manca del participio passato e dei tempi composti. Coniugato come *temere* (tav. 18). |
| disdire | **I** | Nel significato *essere inadatto* viene usato solo alle III persone singolari e plurali; difettivo del participio e dei tempi composti. Coniugato come *dire* (tav. 35). |
| distare | **I** | Manca del participio passato e dei tempi composti. Coniugato come *amare* (tav. 5). |
| divèrgere | **I** | Manca del participio passato e dei tempi composti. Coniugato come *emergere* (tav. 42). |
| erómpere | **I** | Manca del participio passato e dei tempi composti. Coniugato come *rómpere* (tav. 74). |
| esìmere | **T P** | Manca del participio passato e dei tempi composti; raro il participio passato. Coniugato come *temere* (tav. 18). |
| estòllere | **T P** | Manca del passato remoto e del participio passato. Coniugato come *temere* (tav. 18). |
| estrovèrtere | **T P** | Manca del passato remoto. Participio passato *estroverso*. Per il resto, coniugato come *temere* (tav. 18). |
| fèrvere | **I** | Manca del participio passato e dei tempi composti. Coniugato come *temere* (tav. 18). |
| fùlgere | **I** | Manca del participio passato e dei tempi composti. Coniugato come *vòlgere* (tav. 94). |
| impèllere | **T** | Usati solo il passato remoto *io impulsi* ecc., il participio presente *impellente* e il participio passato *impulso*. |
| incómbere | **I** | Manca del participio passato e dei tempi composti. Coniugato come *temere* (tav. 18). |
| inerire | **I** | Manca del participio passato e dei tempi composti. Coniugato come *finire* (tav. 96). |
| invalere | **I e** | Usato solo alle III persone singolari e plurali e al participio passato (*invalso*). Coniugato come *valere* (tav. 89). |
| ire | **I e** | Usate solo la II persona plurale del presente indicativo e dell'imperativo *ite*, il participio passato *ito* e l'infinito. |
| licere o lìcere | **I e** | Usate solo le forme *lice*, *liceva*, *licévano*, *licesse*, *licéssero*. |

| | | |
|---|---|---|
| lùcere | **I** | Difettivo del participio passato e dei tempi composti. Usate quasi esclusivamente le forme *luce*, *lùcono*, *luceva*, *lucévano*, *lucesse*, *lucéssero*. |
| malandare | **I** | Usato solo all'infinito e al participio passato *malandato*. |
| malvolere | **T** | Usato solo all'infinito e al participio passato *malvoluto*. |
| mìngere | **I** | Non usati il participio passato e i tempi composti. Coniugato come *spìngere* (tav. 83). |
| mólcere | **T** | Usate tutte le forme dell'imperfetto indicativo (*io molcevo* ecc.) e congiuntivo (*io molcessi* ecc.) e le forme *egli molce*, *egli molca*, *essi mólcano*, *molcendo*. |
| neglìgere | **T** | Comunemente usati solo i modi indefiniti: participio passato *negletto*, participio presente *negligente*, gerundio *negligendo*, e infinito. |
| ostare | **I** | Difettivo del passato remoto, del participio passato e dei tempi composti. Coniugato come *amare* (tav. 5). |
| predilìgere | **T** | Manca del participio presente. Coniugato come *dirìgere* (tav. 36). |
| procómbere | **I** | Non sono usati il participio passato e i tempi composti. Coniugato come *temere* (tav. 18). |
| propèndere | **I** | Molto raro il participio passato *propenduto*. Coniugato come *temere* (tav. 18). |
| prùdere | **I** | Manca del participio passato e dei tempi composti. Raro il passato remoto. Coniugato come *temere* (tav. 18). |
| rifùlgere | **I e-a** | Raro il participio passato *rifulso*. Ai tempi semplici coniugato come *fùlgere* (vedi sopra). |
| rilùcere | **I** | Come *lùcere* (vedi sopra). |
| risplèndere | **I e-a** | Come *splèndere* (vedi sotto). |
| secèrnere | **T** | Ha participio passato, ma è usato quasi solo alla terza persona singolare e plurale dei tempi semplici. Coniugato come *temere* (tav. 18). |
| sèrpere | **I** | Manca del participio passato e dei tempi composti. Coniugato come *temere* (tav. 18). |

## I principali verbi difettivi

soccómbere **I e** Rari il participio passato e i tempi composti. Coniugato come *temere* (tav. 18).

solere **I** Usato solo all'indicativo presente (*io soglio, tu suoli, egli suole, noi sogliamo, voi solete, essi sògliono*), al passato remoto (*io solei, tu solesti* ecc.), al congiuntivo presente (*io soglia... noi sogliamo, voi sogliate, essi sògliano*), al participio passato *sòlito*.

splèndere **I** Non usati il participio passato e i tempi composti. Coniugato come *temere* (tav. 18).

sùggere **T** Manca del participio passato e dei tempi composti. Coniugato come *temere* (tav. 18).

tàngere **T** Manca del passato, del participio passato e dei tempi composti. Degli altri tempi e modi si usano solo le terze persone. Coniugato come *temere* (tav. 18).

tralùcere **I** Come *lùcere* (vedi sopra).

ùrgere **I T** Manca del passato remoto, dell'imperativo, del participio passato e dei tempi composti. Coniugato come *temere* (tav. 18).

vèrgere **I** Manca del participio passato e dei tempi composti. Coniugato come *temere* (tav. 18).

vèrtere **I** Manca del participio passato e dei tempi composti. Coniugato come *temere* (tav. 18).

vìgere **I** Usato solo alle III persone del presente indicativo e congiuntivo (*vige*, *vìgono*; *viga*, *vìgano*), dell'imperfetto indicativo e congiuntivo (*vigeva*, *vigévano*; *vigesse*, *vigéssero*), al gerundio (*vigendo*) e al participio presente (*vigente*).

# INDICE DEI VERBI

# legenda

**I** intransitivo
**T** transitivo
**P** pronominale
**D** difettivo
**imp** impersonale
**e** ausiliare *essere* (verbi intransitivi o impersonali)
**a-e** ausiliare *avere* (più frequente) o *essere* (verbi intransitivi e impersonali)
**e-a** ausiliare *essere* (più frequente) o *avere* (verbi intransitivi e impersonali)
**5** si coniuga secondo il modello descritto alla tavola 5
**5-16** si coniuga secondo il modello della tavola 5 (più frequentemente) o secondo il modello della tavola 16 (meno frequentemente)
**7/16** si coniuga secondo il modello della tavola 7 per le terminazioni, ma segue le regole di accentazione del modello di tavola 16.

In **blu grassetto** sono evidenziati i verbi modello coniugati nelle tavole.
Per i difettivi non si indica un numero di tavola, ma si rimanda all'"Elenco" alla p. 153.
La marcatura **imp** identifica tanto i verbi *esclusivamente* impersonali quanto quelli che possono essere usati *anche* impersonalmente. Quando il verbo usato impersonalmente assume un ausiliare diverso, se ne dà informazione dettagliata (p. es. **piòvere I imp e-a/I e**).

# A

# B

## C

## E

# F

## G

## H



## I

## J



## L

# N

## Q



## R

# T

# U

## Z